华中科技大学社会学文库

青年学者系列

老幼同养模式的
本土化实践

CHINESE LOCALIZATION OF THE
INTERGENERATIONAL PROGRAMS BETWEEN
SENIORS AND CHILDREN

王彦蓉　王海玉　著

社会科学文献出版社
SOCIAL SCIENCES ACADEMIC PRESS (CHINA)

华中科技大学社会学文库总序

在中国恢复、重建社会学学科的历程中，华中科技大学是最早参与的高校之一，也是当年的理工科高校中唯一参与恢复、重建社会学学科的高校。如今，华中科技大学（原为华中工学院，曾更名为华中理工大学，现为华中科技大学）社会学学科已逐步走向成熟，走在了中国高校社会学院系发展的前列。

30多年前，能在一个理工科的高校建立社会学学科，源于教育学家、华中工学院老院长朱九思先生的远见卓识。

20世纪八九十年代是华中科技大学社会学学科的初建时期。1980年，在费孝通先生的领导下，中国社会学研究会在北京举办第一届社会学讲习班，朱九思院长决定选派余荣珮、刘洪安等10位同志去北京参加讲习班学习，明确学校将建立社会学学科，勉励大家在讲习班好好学习，回来后担起建立社会学学科的重任。这是华中科技大学恢复、重建社会学学科的开端。这一年，在老一辈社会学者刘绪贻先生、艾玮生先生的指导和领导下，在朱九思院长的大力支持下，湖北省社会学学会成立。余荣珮带领华中工学院的教师参与了湖北省社会学学会的筹备工作，参加了湖北地区社会学界的许多会议和活动。华中工学院是湖北省社会学学会的重要成员单位。

参加北京社会学讲习班的10位同志学习结束之后，朱九思院长听取了他们汇报学习情况，对开展社会学学科建设工作做出了重要指示。1981年，华中工学院成立了社会学研究室，归属当时的马列课部。我大学毕业后被分配到华中工学院，1982年元旦之后我去学校报到，被分配到社会学研究室。1983年，在朱九思院长的支持下，在王康先生的筹划下，学校决定在社会学研究室的基础上成立社会学研究所，聘请王康先生为所长、刘中庸任副所长。1985 年，华中工学院决定在社会学研究所的基础上成立社会学系，聘请王康先生为系主任、刘中庸任副系主任；当年招收第一届社会学专业硕士研究生，同时招收了专科学生。1986 年，华中工学院经申报获社会学硕士学位授予权，成为最早拥有社会学学科硕士点的十所高校之一。1988 年，华中理工大学获教育部批准招收社会学专业本科生，当年招收了第一届社会学专业本科生。至此，社会学有了基本的人才培养体系，有规模的科学研究也开展起来。1997 年，华中理工大学成立了社会调查研究中心；同年，社会学系成为独立的系（学校二级单位）建制；2016 年 5 月，社会学系更名为社会学院。

在 20 世纪八九十年代的 20 年里，华中科技大学不仅确立了社会学学科的地位，而且为中国社会学学科的恢复、重建做出了重要贡献。1981 年，朱九思先生批准和筹备了两件事：一是在学校举办全国社会学讲习班；二是由学校承办中国社会学会成立大会。

由朱九思先生、王康先生亲自领导和组织，中国社会学研究会、华中工学院、湖北省社会学学会联合举办的全国社会学高级讲习班在 1982 年 3 月 15 日开学（讲习班至 6 月 15 日结束），上课地点是华中工学院西五楼一层的阶梯教室，授课专家有林南先生、刘融先生等 6 位美籍华裔教授，还有丁克全先生等，学员来自全国十几个省、自治区、直辖市，共 131 人。数年间，这些学员中的许多人成为各省（自治区、直辖市）、市社科院社会学研究所、高校社会学系的负责人和学术骨干，有些还成为国内外的知名学者。在讲习班结束之后，华中工学院社会学研究室的教师依据授课专家提供的大纲和学员的笔记，整理、印刷了讲习班的全套讲义，共 7 本，近 200 万字，并寄至每位讲习班的学员手中。在社会学恢复、重建的初期，社会学的资料极端匮乏，这套讲义是国内最早印刷的社会学资料之一，更是内容最丰富、印刷量最大的社会学资料。之后，经朱九思院长批准，华中工学院出版社出版了两期《社会学研究资料》，这也是中国社会学最早的正式出版物之一。

1982 年 4 月，中国社会学会成立暨第一届全国学术年会在华中工学院召开，开幕式在学校西边运动场举行。费孝通先生、雷洁琼先生亲临会议，来自全国的近 200 位学者出席会议，其中主要是中国社会学研究会的老一辈学者、各高校社会学专业负责人、各省（自治区、直辖市）社科院负责人、各省（自治区、直辖市）社会学会筹备负责人，全国社会学高级讲习班的全体学员列席了会议。会议期间，费孝通先生到高级讲习班为学员授课。

1999 年，华中理工大学承办了中国社会学恢复、重建 20 周年纪念暨 1999 年学术年会，全国各高校社会学系的负责人、各省（自治区、直辖市）社科院社会学所的负责人、各省（自治区、直辖市）社会学会的负责人大多参加了会议，特别是 20 年前参与社会学恢复、重建的许多前辈参加了会议，到会学者近 200 人。会议期间，周济校长在学校招待所二号楼会见了王康先生，对王康先生应朱九思老院长之邀请来校兼职、数年领导学校社会学学科建设表示感谢。

21 世纪以来，华中科技大学社会学学科进入了更为快速的发展时期。2000 年，增设了社会工作本科专业并招生；2001 年，获社会保障硕士点授予权并招生；2002 年，成立社会保障研究所、人口研究所；2003 年，建立应用心理学二级学科硕士点并招生；2005 年，成立华中科技大学乡村治理研究中心；2006 年，获社会学一级学科硕士点授予权、社会学二级学科博士点授予权、社会保障二级学科博士点授予权；2008 年，社会学学科成为湖北省重点学科；2009 年，获社会工作专业硕士点授予权；2010 年，招收第一届社会工作专业硕士学生；2011 年，获社会学一级学科博士点授予权；2013 年，获民政部批准成为国家社会工作专业人才培训基地；2014 年，成立城乡文化研究中心。教师队伍由保持多年的十几人逐渐增加，至今专任教师已有 30 多人。

华中科技大学社会学学科的发展，历经了两三代人的努力奋斗，曾经在社会学室、所、系工作的同志近 60 位，老一辈的有刘中庸教授、余荣珮教授，次年长的有张碧辉教授、郭碧坚教授、王平教授,还有李少文、李振文、孟二玲、童铁山、吴中宇、陈恢忠、雷洪、范洪、朱玲怡等,他们是华中科技大学社会学学科的创建者、引路人,是华中科技大学社会学的重大贡献者。我们没有忘记曾在社会学系工作,后又调离的一些教师,有徐玮、黎民、王传友、朱新秤、刘欣、赵孟营、风笑天、周长城、陈志霞等,他们在社会学系工作期间,都为社会学学科发展做出了贡献。

华中科技大学社会学学科的发展,也有其所培养的学生们的贡献。在 2005 年社会学博士点的申报表中,有一栏要填写 20 项在校学生(第一作者)发表的代表性成果,当年填在此栏的 20 篇已发表论文,不仅全部都是现在的 CSSCI 期刊源的论文,还有 4 篇被《新华文摘》全文转载、7 篇被《人大复印报刊资料》全文转载,更有发表在《中国人口科学》等学界公认的权威期刊上的论文。这个栏目的材料使许多评审专家对我系的学生培养打了满分,为获得博士点授予权做出了直接贡献。

华中科技大学社会学学科发展的 30 多年,受惠、受恩于全国社会学界的鼎力支持和帮助。费孝通先生、雷洁琼先生亲临学校指导、授课;王康先生亲自领导组建社会学研究所、社会学系,领导学科建设数年;郑杭生先生、陆学艺先生多次到学校讲学、指导学科建设;美籍华人林南教授等一大批国外学者及宋林飞教授、李强教授等,都曾多次来讲学、访问;还有近百位国内外社会学专家曾来讲学、交流。特别是在华中科技大学社会学学科创建的初期、幼年时期、艰难时期,老一辈社会学家、国内外社会学界的同人给予了我们学科建设的巨大帮助,华中科技大学的社会学后辈永远心存感谢!永远不会忘怀!

华中科技大学社会学学科在 30 多年中形成了优良的传统,这个传统的核心是低调奋进、不懈努力,即为了中国的社会学事业,无论条件、环境如何,无论自己的能力如何,都始终孜孜不倦、勇往直前。在一个理工科高校建立社会学学科,其"先天不足"是可想而知的,正是这种优良传统的支撑,使社会学学科逐步走向成熟、逐步壮大。"华中科技大学社会学文库",包括目前年龄大些的教师对自己以往研究成果的汇集，但更多是教师们近年的研究成果。这套文库的编辑出版，既是对以往学科建设的回顾和总结，又是目前学科建设的新开端，不仅体现了华中科技大学社会学的优良传统和成就，也预示着学科发挥优良传统将有更大的发展。

雷　洪

2016 年 5 月

前　言

　　"一老一小"自古是社会关切的重要民生问题，是实现美好社会的必要条件。党的十九届五中全会中也将积极应对人口老龄化上升为国家战略，《国民经济和社会发展第十四个五年规划和2035年远景目标纲要》中提出以"一老一小"为重点完善人口服务体系，发展普惠托育和基本养老服务体系。①

　　一些发达国家自20世纪60年代开始探索在机构和社区中不同类型的代际项目，尝试通过代际高质量的互动打破代际隔离，重塑代际关系。人的本质是社会关系的总和，关系对人们的生活质量和幸福感具有重要的作用。事实证明，代际项目可以使不同群体共同受益。由于老年人和幼儿处在生命周期的终点与起点，具有更多的相似性和互惠发展需要，老幼同养代际项目受到特别关注。不同于传统社会政策将老年人和幼儿作为单个群体分别对其面临的问题提供解决方法，老幼同养模式通过构建老年人和幼儿之间的代际关系，在个体层面为双方提供情感支持，达到满足其人际关系需要的目的，并在社会层面整合养老和育幼公共服务，实现服务的系统性和有效性。

　　中国最早于20世纪90年代开始在机构中探索老幼同养模式。无论是在幼儿园中开设养老院抑或在养老院中引入幼儿园，都为老幼同养模式在中国的发展积累了丰富的本土化实践经验。然而，老幼同养模式在中国的适用性和效果尚未得到评估，老幼同养模式在社区中的发展还处于初步探索阶段，因此有必要对中国现阶

---

① 《实施积极应对人口老龄化国家战略　服务"一老一小"普惠落到实处》，中国政府网，2021年6月9日，http://www.gov.cn/xinwen/2021-06/09/content_5616359.htm。

段的老幼同养模式进行科学分析，进而为该模式的推广做准备。

我们将老年人和幼儿之间在互动中建立的关系作为干预的过程变量，评估老幼互动对老年人、幼儿、家属、机构以及社区的影响。结果表明，通过老幼结伴式互动，老年人和幼儿之间的情感关系能够发展到稳定的拟亲属关系。拟亲属关系的建立一方面有助于强化老年人在自我效能、自尊、心盛幸福感和平和心方面的积极情绪，缓解老年人在抑郁、负性情绪等方面的消极情绪，对老年人的心理健康具有积极的作用，另一方面有利于提高幼儿的沟通能力和个人－社会能力，帮助幼儿形成安全和依恋感，表现出更多的亲社会行为，对幼儿的社会化发展具有积极的影响。同时，老年人和幼儿拟亲属关系的建立也可以为老年人和幼儿所在的家庭、机构及社区带来积极的意义，比如减轻老人家属的心理压力，帮助幼儿家长共同辅导幼儿成长，提高机构管理效率，减轻护工的压力，提高社区居民对老幼同养模式的认同度等。这为老幼同养模式在中国的实践提供了循证，也为老幼同养模式在中国的进一步实践提供了一定的借鉴和参考。

本书总体分为上编和下编两部分。上编主题为老幼同养模式的理论基础及实践，共六章内容。第一章向读者呈现老幼同养的缘起和发展。通过简单介绍代际项目，注重从活动群体、空间模式和互动频率三个维度界定老幼同养模式。第二章介绍老幼同养模式的理论基础，回答为什么推广代际项目和如何确保代际项目的有效性。第三章总结老幼同养模式在国外的实践，从互动内容、空间布局和互动效果三个方面进行综述。第四章、第五章和第六章介绍老幼同养模式在中国机构和社区中的探索，并指出老幼同养模式在中国发展中面临的挑战和机遇。下编是老幼同养模式的干预设计及研究，共四章内容。第七章基于老幼结伴式互动理论，分别设计老幼"结伴式个体互动"和老幼"结伴式小组互动"干预。第八章和第九章分别是老幼"结伴式个体互动"和老幼"结伴式小组互动"干预的实施过程和评估结果。第十章基于理论和已有实践，提出老幼同养模式在中国机构和社区推广的可行性方案，也为老幼同养模式在中国本土化实践的下一步发展指明方向。

　　本书是对老幼同养模式在中国实践的一个小结，在撰写的过程中，我们得到了多方人士的支持和帮助，在此，我们真挚地表示感谢和敬意。感谢在老幼同养模式实践中提供支持的专家学者：华中科技大学社会学院院长丁建定、香港蒙特梭利研究及发展学会前主席刘咏思、美国俄勒冈大学早期干预研究所 ASQ 系统中文版研发主任卞晓燕、华中科技大学建筑与城市规划学院老师秦晴；感谢三家老幼同养机构提供的支持，H 省 W 市 T 机构的高德明、李菊安、余小燕，J 省 N 市 S 机构的陈琪，G 省 G 市 X 机构的薛玫、邓莎。感谢在本书干预实验实施、文献检索、空间分布图绘制以及书稿修订中做出贡献的白冰、陈雨沁、郭悦、贺飞、侯琦、胡蝶、黄晴毓、李红雨、刘欣雨、罗卲予、马铭桧、唐玉莹、汪文华、吴梦思、徐章徽、薛渝杰、杨莹璇、姚佳辛、杨秀锦、喻子玥、郑雅尹、钟瑶瑶等。我们也期待更多的专家学者和实践者共同为老幼同养模式在中国的发展做出努力和贡献。

目　录

上　编
老幼同养模式的理论基础及实践

第一章　何为老幼同养？ ································· 003

第一节　代际项目简介 ································· 003

第二节　老幼同养模式简介 ····························· 017

第二章　老幼同养模式的理论基础 ····················· 025

第一节　个人导向的发展理论 ··························· 026

第二节　双方导向的关系理论 ··························· 029

第三节　社会导向的组织理论 ··························· 032

第三章　老幼同养模式在国外的实践 ··················· 035

第一节　老幼同养模式的互动内容 ······················· 039

第二节　老幼同养模式的空间布局 ······················· 044

第三节　老幼同养模式的互动效果 ······················· 049

第四节　老幼同养模式在国外的实践总结 ················· 054

第四章　老幼同养模式在中国机构中的探索 ············· 059

第一节　老幼同养模式在机构的现状 ····················· 060

第二节　老幼同养在机构的空间与互动模式 ··············· 066

第五章 老幼同养模式在中国社区中的探索 ·················· 089

第一节 老幼同养模式在社区的发展现状 ·················· 089

第二节 老幼同养模式在城市和农村社区的探索 ·········· 094

第六章 老幼同养模式在中国发展面临的挑战及机遇 ·········· 104

第一节 老幼同养模式面临的挑战 ·················· 104

第二节 老幼同养模式发展的机遇 ·················· 107

第三节 有关老幼同养模式发展的政策建议 ·········· 112

下 编
老幼同养模式的干预设计及研究

第七章 老幼同养模式在机构的干预设计 ·················· 121

第一节 老幼"结伴式互动"理论 ·················· 121

第二节 老幼"结伴式互动"干预设计 ·················· 127

第八章 老幼"结伴式个体互动"在机构的干预研究 ········· 146

第一节 老幼"结伴式个体互动"试点实验 ········· 146

第二节 老幼"结伴式个体互动"干预实验设计 ········· 152

第三节 老幼"结伴式个体互动"干预实施过程 ········· 161

第四节 老幼"结伴式个体互动"干预结果 ········· 164

第五节 老幼"结伴式个体互动"干预总结 ········· 195

第九章 老幼"结伴式小组互动"在机构的干预研究 ········· 200

第一节 老幼"结伴式小组互动"干预实验设计 ········· 200

第二节 老幼"结伴式小组互动"干预实施过程 ········· 205

第三节 老幼"结伴式小组互动"干预结果 ········· 207

第四节 老幼"结伴式小组互动"干预总结 ········· 221

第十章 老幼同养模式在中国机构和社区中的推广 ………… 225

第一节 老幼同养模式在机构中的推广 ……………… 225

第二节 老幼同养模式在社区中的推广 ……………… 240

参考文献 …………………………………………… 256

附 录 …………………………………………… 283

附录一 老人编码及基本情况 ……………………… 283

附录二 幼儿编码及基本情况 ……………………… 284

附录三 辅助人员编码 ……………………………… 286

附录四 老幼互动交流测量 ………………………… 287

后 记 …………………………………………… 289

上编 老幼同养模式的理论基础及实践

第一章 何为老幼同养?

第一节 代际项目简介

一 代际项目的发展背景

代际项目(Intergenerational Program,IGP),起源于 20 世纪 60 年代的美国,目的是解决因家庭结构变迁所导致的年青一代和年长一代之间的代际分离问题。因为社会隔离会导致年长和年轻亲属之间的互动减少,代际项目应运而生(Sánchez & Kaplan,2019)。地理距离的分隔和低频率的互动可能会导致负面的代际互动(如刻板印象和歧视),以及孤独和社会隔离的风险增加。这些趋势推动了一个新的社会服务领域——"代际项目和服务"的发展,它被认为是应对社区和社会文化、社会问题的良好工具,得到地方、国家机构,公共和私营部门以及社区团体的协作与支持。

代际项目最初是为了培养和加强几代人之间的联系而出现的,但是随着人口结构的变化,预期寿命在延长,代际所需的互动和交流的持续时间也会增加,如何为多代人提供长期持续的联系和互助是值得思考的问题。学者和其他实践者经过探索,在代际项目的基础上,提出建设"代际社区"(Intergenerational Communities)和"代际空间和场所"(Intergenerational Spaces and Places)的目标(Kaplan et al.,2016)。联合国认识到,通过代际项目为年青一代和年长一代之间提供自愿的、建设性的和定期互动的机会是应对老龄化社会相关问题的一个重要手段(The United Nations,2015)。

代际项目的发展历史虽短,但是自开始实施以来,已经取得了很大的进展（如表 1 - 1 所示）。代际项目在不同年代有其不同的时代任务和目标，代际项目在初期（1960～1970 年）是为了消除社会对老年人的刻板印象，减少代际隔离；在发展期（1980～1990 年）不仅关注老年人，也关注青少年和儿童发展，发展出了大量的代际互动项目；在成熟期（2000 年以后），代际项目呈现出多样化、多领域的发展特点，更加关注社区建设，以社区需求为发展目标，通过社区资源为各代人创造代际学习和交流的机会。

表 1 - 1 代际项目的发展历史

年份	项目	具体说明
1963	寄养祖父母项目（Foster Grandparents Program）	美国社区服务协会推出的一个社区行动项目，为低收入的老年人提供就业机会，将健康的老年人和有特殊需要的儿童进行配对，为儿童提供服务
1963	收养祖父母项目（Adopt a Grandparent Program）	美国佛罗里达大学附属中学发起的，让孩子们每周去疗养院上课
1965～1969	退休老年志愿者项目（Serve and Enrich Retirement by Volunteer Experience Program）	美国国家和社区服务团体承办，老年人与儿童和年轻人一起为社区提供志愿服务
1969	学生社区服务项目（Student Community Service Program）	倡导和发展学生志愿者以服务老年人为重点的服务项目
1976	教与学社区项目（Teaching-Learning Communities Program）	在密歇根州安娜堡的公立学校，将老年人引入课堂教学，为 K - 12 年级的孩子开发了第一个老龄教育项目
1978	世代联合项目（Generations Together University Program）	匹兹堡大学的第一个专门致力于代际交流的大学项目，该项目的目标是开发代际项目模型，研究其结果并推广
1984～1990	代际项目扩展（Intergenerational Program Expansion）	为高危儿童和高危家庭、怀孕少女、无家可归的儿童，被虐待和被遗弃的儿童以及有特殊需要的儿童以及日托中心的老年人开发了新的代际项目
1993	体验团计划（Experience Corps Program）	一项以志愿者为基础的辅导计划，聘请老年人担任公立学校困难学生的识字导师

年份	项目	具体说明
1995	新加坡"淡兵泥"三合一家庭中心项目（Tampines 3 - in - 1 Center Program）	将托幼（2～6岁）、学生托管（7～12岁）和老年人养老（55岁及以上）结合在一起，为儿童和老年人提供共同居住和生活的场所
2006	代际支持项目的生产力促进研究（Research on Productivity through Intergenerational Sympathy）	日本发起的一项代际项目，旨在教育和吸引老年人和志愿者，为他们学校的学龄儿童阅读图画书

资料来源：梳理纽曼（Newman，1989）及卡内多 - 加西亚等（Canedo-Garcia et al. 2017）的相关文献。

1. 代际项目的初期阶段

第一个代际项目是在1963年由美国联邦政府赞助的寄养祖父母项目（Foster Grandparents Program，FGP），在FGP项目中，60岁及以上的低收入老年人志愿为残疾儿童提供支持（Newman，1989），作为交换，老年人可以获得相应的津贴和补助。与此类似的是，1963年由美国佛罗里达大学附属中学发起的收养祖父母项目（Adopt a Grandparent Program），在这个项目中幼儿每周去附近的养老院探望老人（Newman，1989）。退休老年志愿者项目（Serve and Enrich Retirement by Volunteer Experience，SERVE）开始于1965年，社区的老年人组成志愿团队，在当地社区进行服务。此项目推动了老龄管理局在1965年出台《老年美国人法案》（*Old American Act of* 1965），为社区服务、健康服务、老年人权利项目等提供资金支持（Newman，1989）。综上，20世纪60年代的代际项目关注的焦点是老年人而不是儿童。到70年代，代际项目开始发生变化，将儿童发展作为重点。由加利福尼亚州、佛罗里达州和密歇根州的州教育部赞助的第一批代际项目出现在学校环境中，这些项目的开展既有利于提高老年人的自我价值感，也有利于提升儿童的学业成绩（Newman，1989）。例如，在加利福尼亚州，老年人走进学校课堂，为K-12年级学生教授阅读及数学等课程（Newman，1989）。此外，高等院校开始对代际项目产生兴趣，如匹兹堡大学与社会组织和政府合作，共同开展对代际项目的研究（Newman，1989）。在70年代末代际项目出现一个峰值，1979年的美国加利福尼亚州代际托儿法案，赞助了两个代际托儿所的建立，随后，加利福尼亚州建立了更多的代际托儿所。

2. 代际项目的发展期阶段

到 20 世纪 80 年代，代际项目在世界范围内广为人知。在欧洲，出版了"代际项目"手册，以创建可持续的长期代际项目（Newman，1989；Sánchez，2007）。此外，1982 年，世界老龄大会在维也纳召开，这是第一个以代际项目为中心的国际会议，是一个标志着代际项目成功发展的历史事件。在这次大会上，来自不同国家的代表对各自社会的代际隔阂进行了阐述，并努力提出共同的解决方案，以加强代际团结。在美国，成立了两个最重要的组织：一是全国老龄委员会（NCOA），成立于 1980 年，支持代际项目的发展；二是代际联盟（Generations United），成立于 1986 年，在美国老龄委员会、儿童福利联合会、退休人员协会以及儿童基金会四家机构的合作支持下，发展成一个全国性的儿童、青年和老年联合组织（Sánchez，2007）。在 80 年代，公众媒体开始传播代际项目的理念，例如，纪录片《亲密和谐》，展示了布鲁克林代际合唱团的创建过程（Noble，1981）。90 年代的特点是代际项目开始在社区发展中应用（Biggs & Lowenstein，2011；Sánchez，2007）。此外，代际项目从地方和国家上升到国际层面，1999 年，国际政府间合作伙伴联盟（The International Consortium for IGPs）成立，这是联合和加强世界各地政府间代际项目合作的努力（Sánchez，2007）。90 年代的另一个重要转变是代际项目开始将青少年和年轻人纳入规则，并且在亚洲的新加坡、日本等国家开始推行（Bringle & Kremer，1993；Giles & Eyler，1994；Newman，1989；Pine，1997；Watson et al.，1997）。1995 年，新加坡成立了"淡兵泥"三合一家庭中心（Tampines 3-in-1 Center），将托幼（2~6 岁）、学生托管（7~12 岁）和老年人养老（55 岁及以上）结合在一起，为儿童和老年人提供共同居住和生活的场所，他们可以组织游戏、烹饪、交流等活动，以满足不同世代的心理和社会需求（Amy Chong、于开莲，2003）。日本也相继成立多家养老与托幼结合的代际共享场所，并依托传统节日开展相关代际项目。

3. 代际项目成熟期阶段

自 21 世纪初以来，代际项目已经发展为解决社会问题的更加系统的方式（Biggs & Lowenstein，2011）。代际项目最初旨在将年轻人和老年人聚集在一起，现在则鼓励儿童、青少年和老年人为社会做出贡献（Alder，2003；Biggs & Lowenstein，2011；Newman，Morris，& Streetman.，1999；Ohsako，2002）。代际项目更多出现在儿童照料中心、学校、老年中心以及社区组织中，老年人和年轻人的需求、技能得到了充分的利用。在这一时期，欧洲将代际项目纳入政策框架，将 2012 年确定为"欧洲积极老龄化与代际团结年"，强调促进代际的团结与合作，以此建立积极老龄化社会，为代际项目的实践提供支持（Kaplan & Sánchez，2014）。与此同时，代际项目相关的理论和政策研究开始出现，在 2003 年，专门针对代际实践的期刊《代际关系期刊》（*Journal of Intergenerational Relationships*）开始出版发行，目前已经有大量的研究成果在其刊登，进一步促进了代际项目的发展。

综上所述，代际项目的发展已经成为一种全球现象。由于其具有许多的优势，代际项目在世界各地传播开来。代际项目最重要的优势和好处之一是它具有成本效益。与不同人群使用独立的空间和资源相比，代际项目有利于整合不同代际的空间和资源，以此节省更多的资源（Chamberlain et al.，1994）。此外，资助者和捐赠者更倾向于资助代际项目，因为他们的资金可以惠及多个人群。代际项目的第二个优势是，它满足了老年人的需求，使老年人能够获得有意义的志愿服务机会（Bureau of Labor Statistics，2005；Butts，2003）。代际项目的第三个优势是，它为不断增长的老龄化社会增加了知识和资源，为今后满足老年人多样化需求奠定了服务的基础。代际项目的第四个优势是，它为年轻人提供了辅导和榜样，因为许多家庭成员之间居住距离较远，缺乏代际的联系和接触，所以这一点尤其重要。代际项目的最后一个优势是，儿童、青少年可以为老年人提供陪伴和支持。简而言之，代际项目对社区发展具有一定的优势，并满足了不同年龄段的需求。此外，不同世代的人在参与代际项目后会体验到不同的益处。

二 代际项目的定义

人生的每个阶段都有一些特殊之处，主要包括新生儿期（0～1岁）、婴儿期（1～2岁）、学龄前（2～6岁）、学龄期（6～11岁）、青春期（11～18岁）、青壮年期（18～30岁）、中年前期（30～40岁）、中年中期（40～50岁）、中年后期（50～55岁）、退休前期（55～65岁）、低龄老年期（65～75岁）、中龄老年期（75～85岁）和高龄老年期（85岁以上）（Berk，2002）。尽管每个阶段的特征、年限各不相同，但这13个命名阶段都反映了年龄功能分化的现实。

代际关系是指参与者至少跨越两个或更长的阶段，或相隔20年（标准代际）。例如，青春期和青壮年期之间的关系不是代际关系。在数学上，人们可以考虑在满足上述标准的情况下，可能有多少阶段配对。在没有正式计算的情况下，将会有几十种这样的组合。埃利斯和格兰维尔提出，要将项目定义为代际项目，它必须显示出对两代人的益处和价值，并"证明两代人的生活质量都有所改善，并由此提高所有人的生活质量"（Ellis & Granville，1999）。在广义上，代际项目是指代际在共享物理空间的同时，实现代际的非正式或者正式的互动和交流。在狭义上，代际项目特指开展的有计划、有目的的代际活动。代际项目通过不同的项目方式支持代际高质量的互动和互惠发展。因此，代际项目可以理解为是由来自不同世代的人实施的一组结构化的实践，目的是促进代际的互动和理解。虽然对于代际项目目前还没有统一的定义，但是代际项目被一致认为是有目的性的代际互动，它可以使双方互惠，并对社区和社会具有积极影响。根据主体的不同，对代际项目的表述和解释也不尽相同（具体如表1-2所示）。

表1-2 不同主体对代际项目的定义

主体	名称	解释
美国全国老龄委员会（National Council on Aging，NCOA）	代际项目	加强两代人之间合作、互动或交流的活动和计划，涉及老年人和年轻人之间的技能、知识或经验的交流与分享

续表

主体	名称	解释
联合国教科文组织（United Nations Educational, Scientific and Cultural Organization, UNESO)	代际项目	在老年人和年轻人之间进行有意义的、持续地资源和学习交流的媒介，以提高个人和社会福利
世代联盟（Generations United, GU)	代际项目	促进不同代人之间合作、互动或交流的项目、政策和实践，分享不同世代的才能和资源，在有利于个人和社区的相互支持
代际实践国际联盟（International Consortium for Intergenerational Practice, ICIP)	代际实践	一种社会媒介，在年轻世代和高龄世代之间产生有目的性的资源与知识的交换，同时造福个人与社会
欧洲代际终身学习方法（European Approaches to Inter-Generational Lifelong Learning)	代际方案	有目的地让人们聚在一起，参加可以互惠的活动，促进代际的互相了解与尊重，并致力于建设更具凝聚力的社区
	代际学习	各年龄层的人习得技能与知识乃至态度与价值观的一种学习过程，是一种让老人分享智慧给年轻人，以及促进高龄者终生学习的方法

代际项目通常是侧重于促进老年人（60 岁及以上）和年青一代（通常是幼儿或青少年）之间接触的项目，并在非家庭的世代领域发挥作用（Chamberlain et al., 1994；Greaves & Farbus, 2006；Salari, 2002）。一般意义上，代际项目包含 3 个关键维度。首先，所有代际项目的核心都包含与时间相关的维度。无论是个人、家庭、组织还是社会，几代人都位于时间轴上。例如，当一个代际项目中涉及老年人和年轻人时，实际上是指这两个群体在他们一生中的轨迹所处的位置，这是代际项目的初始条件。其次，代际项目需要同时结合不同和相同之处。代际项目中涉及的几代人是不同的，处于不同的年龄和发展阶段，但也必须同时找到某种方法来促进他们的接近和连接。最后，代际项目的目的是促进代际接触，关注参与者的身份和意识，以此作为个人和社会发展的触发点。例如，经验丰富的老年人指导一群儿童从小学到中学的过渡，两代人都意识到了他们不同的身份和轨迹，这使指导变

得有意义。因此，代际项目可以被定义为：将年青一代和年长一代的成员联系起来，实现互惠互利，促进积极联系和缩小代际社会距离的项目（Newman et al.，1997b；Jarrott & Bruno，2016）。

三 代际项目的类型

为促进不同世代之间的交流和互动，各国对代际项目进行了多种类型的实践。根据不同参与者的变化，代际项目既有物理空间方面的探索，也有活动设计方面的多种尝试。

1. 代际参与者分类

根据年龄的不同，代际项目有不同的年龄组合。一般可以分为四大类：老年人照护婴幼儿（0～3岁），老年人和幼儿（3～6岁）共同学习和交流，老年人与青少年（6～18岁）相互的志愿服务，老年人走进大学生（18～25岁）课堂。无论是哪种服务形式，老年人与幼儿/青少年双方都能有所收益，并对社区建设和社会资本做出贡献，实现代际的融合。

（1）老年人与婴幼儿、幼儿的代际互动

老年人与婴幼儿（0～3岁）的互动以社区老幼日托服务为主，老年人可作为志愿者与婴幼儿的照顾者共同看护婴幼儿，或者老年人与婴幼儿共同进行游戏活动。社区老幼日托服务在同一地点为老年人和婴幼儿提供服务，可以减轻家庭的养老与托幼的负担。同时，社区老幼日托服务能够将婴幼儿、家长或照顾者、老人等多代人联系起来，促进不同代际的互动和交流。

老年人与幼儿（3～6岁）的代际互动具有多样化的形式和内容。相比其他年龄阶段，老年人与幼儿有更多的相似性，且老年人和幼儿具有互惠的发展需要。因此，老幼代际互动从老年人和幼儿的身心特点出发，开展了不同形式的互动，包括一对一配对、小组互动。互动具有多样化的内容，包括艺术休闲项目，如音乐疗法、园艺疗法、代际共读、小组游戏；发展知识和技能的幼儿早期教育计划，如涉及蒙特梭利课程，并引入老年人定期参与；利用代与代之间的社会联系来增加体育活动、提高生活质量的健康促进方案等。大量的研究结果表明，代际项目通过有目的和有意义的活动，可以为幼儿和老年人双方在个体层面带来健康、积极的态度和生活质量的提高等多方面的好处，同时也可以减少年龄歧视，增强社会资本，提高社区参与和归属感（Griff et al.，1996；Fees & Bradshaw，2003；Slaght & Stampley，2006；Yasunaga et al.，2016）。老年人与幼儿代际互动的具体内容将在后续章节具体阐释。

（2）老年人与青少年的代际互动

老年人与青少年的代际互动可以分为三种类型。第一，老年人志愿服务于青少年。针对高危或有情绪问题的青年一对一帮扶，代际学校导师，如老年志愿者以带有年龄相关信息的漫画和文章入手，展开讨论并询问青少年对衰老意义的理解（Larkin et al.，2005）。提高阅读技能作为代际小学模型的一部分，一直是代际互动的基本目标之一。老年人作为代际学校导师，通过课堂内外的一对一和小组形式的阅读课与学生一同完成特定的阅读任务来实现代际互动（Sánchez et al.，2020）。第二，青少年志愿服务于老年人，包括价值观与经验的交流学习、人生历程回顾、日托中心志愿服务。如青少年在为期五天的节日期间，对老年人进行视频及音频采访，并剪辑观看，学习他们的技能和价值观（Andrews et al.，2019）；青少年抄写老年人的生活史并一同探讨回忆（Faer，1995）。人生回顾项目可以增强老年人的自尊心及幸福感，通过采访和照片、器皿等旧物品触发老年人的记忆，并使年轻人以图画等方式记录并组织展览。这样不仅提升了老年人的自豪感，也加深了青少年对老年人的理解。青少年志愿者与日间照料中心的老年人在每周固定的时间结伴活动，提高老人智能手机和平板电脑的使用水平，彼此交流或共享互动，回忆分享人生经历（Spiteri，2016）。电子设备教学项目可以创造相互学习的机会，为老年人带来安全感和动力，从而缩小这方面的代沟，恢复老年人作为知识传递者的传统角色。第三，老青少共同从事娱乐活动。老年人与青少年以兴趣为主导，共同从事娱乐活动，包括音乐计划、摄影信件计划、舞蹈计划、乒乓球活动。在音乐计划的课程中，每期以不同的主题引出老年人与青少年的互动和思考，并最终使老年人与青少年同台演出强化积极影响。摄影过程给人一种赋权感，摄像机提供了一个非语言的工具，它充当了一种媒介，推动了老年人和青少年的讨论。舞蹈是进行代际体育活动的一种有趣、适宜、低成本的项目，可以提高青少年体质、减轻压力，促进身心健康；而对于老年人来说，舞蹈能够缓解焦虑、抑郁，对延缓身体机能和记忆衰退有积极的影响。

代际互动对老年人及青少年的积极影响也较为深远。对老年人来说，代际互动能够提升其生活满意度及幸福感，使其找到人生新的目标与意义，提高自我效能感和自我价值，缓解孤独或抑郁等负面情绪，提高其社会参与度（Maria & Souza，2010）。对于青少年来说，代际计划改变了其对老年人的刻板印象，对老年人的衰老这一现象有了更全面的认知和理解，同时提高了自身技能和关怀能力（Faer，1995）。这对两代人彼此之间刻板印象的改善，以及社会责任感的提升，都有积极意义，最终促进社会的包容与和谐。

（3）老年人与大学生代际互动

在高等教育中引入代际项目始于20世纪70年代末，目的是弥合老一辈和年青一代之间的鸿沟，使来自不同世代的个人能够合作，相互促进和彼此支持（Leedahl et al.，2019）。代际服务学习（Intergenerational Services Iearning）是以服务为基础的、学术内容丰富的体验式教育①形式，其教学策略将有意义的社区服务与指导和反思相结合，以丰富学习经验，传授公民责任，助力社区发展（Tam，2014）。服务学习是一种创新的教学方式或方法，将社区服务活动融入学术课程中。老年人与大学生之间的互动形式主要包括课程实践、代际辅导和代际服务学习。课程实践是以高校中的社会工作或者护理等专业的本科生及研究生课程为依托，以老年人全程参与或部分参与课程为手段，探索新的、老年相关的教学

---

① 体验式教育是一种哲学和方法论，教育者有目的地与学习者进行直接体验和集中思考，以增加知识、发展技能、澄清价值观和培养人们为社区做出贡献的能力。

模式，通过对教师、学生以及老年人的课程表现来分析课程效果。代际辅导包含老年人对社区高危青少年的辅导和大学生对老年群体的辅导，辅导围绕学习、电子健康素养、音乐、艺术等主题进行。代际服务学习主要是大学生根据专业学习要求在课程周期内为老年人提供志愿服务，志愿服务群体有特殊老年人和普通老年人，服务内容与大学生所学专业相一致。

在高等教育中实施代际项目，对老年人和学生双方是互利互惠的。参加代际服务学习项目的学生可以接触到并体验到他们将在整个职业生涯中与之互动的人群，消除关于老年人的刻板印象，通过发展对社区责任的理解来实现社区的承诺，以及发展与老年人的人际关系。老年人通过与大学生的互动，对大学生形成全面而真实的认识，打破刻板印象，了解大学生的善良、谦逊、耐心与创造力，使自己不再畏惧和大学生的合作（Gallagher & Carey，2012）。大学生对老年人的赞赏或感受的反馈会提升老年人的满足感。与大学生的深刻关系可以帮助老年人保持和增强与世界和他人的联系，减少孤独感，提升晚年生活的幸福感。

2. 互动场所的不同

随着代际项目的发展，其范围不断扩大，它们出现在学校、养老中心、儿童照料中心、图书馆以及社区组织中，呈现出网络化发展的趋势。

（1）以学校为依托的代际项目

在代际项目的实践中，学校作为老年人与幼儿及青少年共同交流和学习的重要场地，包括幼儿园、中小学、高校以及老年大学。美国的体验团计划（Experience Corps）招募老年志愿者到公立小学，为儿童提供学习和行为方面的支持（Fried et al.，2013）。日本的代际支持项目的生产力促进研究（Research on Productivity through Intergenerational Sympathy）招募健康的老年人到幼儿园和小学为儿童阅读图画书。老年人在帮助儿童学习的同时，可以传授区域文化（Fujiwara et al.，2006）。美国俄亥俄州（Ohio）建立代际学校（The Intergenerational School，TIS），所有年龄段的人都可以相互学习，社区不同类型的老年人被邀请到学校，担任"导师"角色,由此创建一个由终身学习者和充满活力的公民组成的多代社区。

（2）养老设施和幼儿设施复合的机构

在代际项目中,将养老设施和幼儿设施进行结合,组成代际中心,为老年人和幼儿互动提供便利的空间条件和互动优势。如美国西雅图圣文森特的"代际学习中心"（Intergenerational Learning Center）,将养老院与幼儿园结合。养老院与幼儿园位于同一栋楼,代际活动常在代际教室开展。在代际学习中心,孩子们和老年人每周五天都可以聚在一起,参加各种有计划或自发的活动,如音乐、舞蹈、艺术、午餐、讲故事或只是参观。一方面,这种有计划或自发的代际活动在使幼儿得到更多关怀的同时,有助于幼儿了解正常的衰老过程,减少对老年人的恐惧；另一方面,老年人通过与幼儿频繁地互动,既可以得到身体的锻炼,重塑自我价值感,也可以传授知识,充当优秀榜样。这些活动为两代人带来了互惠互利。

（3）以社区活动中心开展代际交流

在代际项目中,社区是不同年龄段共同居住的场所,通过社区公共空间可以开展代际的交流和互动,如社区房屋共享模式,将房主与需要住房并愿意提供帮助的人配对,来支持其他年龄段的人们住在家中。家庭提供者常以较低的租金（或者有时根本不需要租金）向家庭共享者提供备用房间,以换取他们对特定任务的支持。这些任务可能包括购物、做饭、遛狗、园艺、照看孩子、帮助使用电脑和提供陪伴、支持和友谊,可以看出非经济收益是家庭共享的核心。西班牙被认为是最早推行房屋共享模式,以满足老年人和年轻人对共享房屋需求的国家（Labit & Dubost, 2017）。在这种模式中,房屋共享的房主通常是老年人,共享者通常是青年,老年人为年轻人提供住宿,年轻人为老年人提供生活照料和情感支持。它有助于打破代际隔阂和文化障碍,促进不同世代间的相互理解和包容。

（4）以图书馆开展老幼代际阅读

代际阅读（Intergenerational Reading）指年老一代与年青一代进行的持续而有意义的阅读活动。2011年9月,国际图书联合会召开"作为代际联系纽带的阅读，走向更加凝聚力的社会"国际研讨会，并发表《图书馆、阅读和代际对话的突尼斯宣言》（*Tunisia Declaration on Libraries, Reading and Intergenerational Dialogue*），明确提出图书馆在终身读者的创造中起着至关重要的作用，图书馆应利用丰富的基础设施，开展面向老年人和年轻人的代际项目，促进阅读、相互理解和照顾双方的利益，减少年龄隔离，建立有凝聚力的社区。自此，世界各国非血缘关系的代际阅读迅速推广发展，美国的代际阅读实践也迅速蔓延开来。欧美国家代际阅读活动是全民动员，发起者不仅包括护理组织、教育机构、政府部门、研究机构，也包括社区。常见的代际阅读活动形式有代际读写活动、阅读分享活动、阅读辅导活动和体验式阅读活动等。

3. 代际活动内容分类

代际项目具有多样化的活动内容，可将其分为教育、工艺/园艺、基于叙事的活动、游戏、音乐、家务/生活、粗大动作等不同类型。

在教育活动中，老年人以"导师"的角色，为幼儿的学业成绩提供识字支持、数学支持、阅读支持以及写作支持（Fried et al., 2013；George, 2011；Rebok et al., 2004；Hamilton et al., 1999；Sparling & Rogers, 1985；Chamberlain et al., 1994），其中幼儿和老年人一起阅读是最为常见的，能够创造一个学习识字和表达的有意义的环境。在这些教育活动中，老年人以志愿服务的形式访问学校，宣传暴力预防知识，对幼儿的不良行为进行纠正（Fried et al., 2013；Rebok et al., 2004）。

工艺/园艺活动作为一项精细动作的活动，主要包括拼贴、手工艺、印刷等（Hayes, 2003；Heydon et al., 2018；Jarrott et al., 2006；Sparling & Rogers, 1985；Short-DeGraff & Diamond., 1996；Travis et al., 1993）。在社区，幼儿和老年人共同进行园艺活动，从种植、培育到品尝，他们有了更多接近大自然的机会（Gleeson, 2019）。

在基于叙事的活动中，主要是老年人根据生活经历和记忆为幼儿讲述传统习俗、古老的手工艺以及当时流行的游戏等（Ramón-Gancedo，2018），或者创造性地以小组的形式讲故事（Low et al.，2015；Heydon et al.，2018；Jarrott et al.，2006；Travis et al.，1997）。除了老年人为幼儿讲述故事和经历外，还有基于表演的项目，由幼儿向老年人分享他们在圣诞节的经历（Morita & Kobayashi，2013）。

游戏也是代际计划的一部分，包括宾果游戏、传统游戏、手指绘画等（Low et al.，2015；Golenko et al.，2020；Chamberlain et al.，1994；Morita & Kobayashi，2013；Travis et al.，1997）。对于年龄较低的幼儿，也会为其准备适宜的玩具（Skropeta et al.，2014）。Skropeta等（2014）将游戏分为结构化和非结构化，相对来说，结构化的活动更有组织性和计划性，但大部分游戏以非结构化为主。

音乐活动对参与者的要求相对较低，幼儿和老年人可以通过唱歌、演奏乐器、欣赏音乐等活动建立关系（George，2011；Golenko et al.，2020；Hayes，2003；Hamilton et al.，1999；Sparling & Rogers.，1985；Travis et al.，1997）。DeVore、Aeschlimann（2016）描述了幼儿和老年人通过学习传统歌曲，建立伙伴关系。纽曼通过专业的音乐治疗师开展有组织的活动，包括集体歌唱、跟着音乐跳舞等（Newman & ward，1993）。

在家务/生活活动中，老年人通过烹饪向幼儿传授生活技能（Hayes，2003；Hamilton et al.，1999；Travis et al.，1997），幼儿和老年人可以一起制作食物。此外，幼儿在看望老年人时，可以了解老年人的生活环境（Ramón-Gancedo，2018），学习家务活动（Sparling & Rogers.，1985）。幼儿能够为老年人提供陪伴/探访、聊天、送餐、跑腿以及清扫等服务活动（Kelley，2005）。

在代际活动中，粗大动作以锻炼大肌肉为主，代际项目除了关注认知、情感目标外，运动目标也应该被考虑进来，包括篮球、排球以及其他体育项目（Hayes，2003；Hamilton et al.，1999；Sparling & Rogers.，1985）。

第二节　老幼同养模式简介

一　老幼同养模式的概念界定

老幼同养作为代际项目中针对老年人和幼儿的一种形式，具有广义和狭义两种概念。广义的老幼同养是指老年人和幼儿定期或不定期互访，进行有计划的代际活动。狭义的老幼同养是指在隶属于统一机构管理的老幼代际共享站点中，老年人和幼儿不仅开展有计划的代际活动，而且进行非正式的日常生活互动。根据代际项目的概念和分类，老幼同养可从三个维度来定义：一是活动的群体；二是空间模式；三是老幼之间的代际互动频率。

第一，活动群体。老幼同养的活动群体是指 65 岁以上的老年人与 0~6 岁的幼儿之间基于互惠发展的需要而进行的互动（如表 1-3 所示）。一方面，老年人和幼儿有类似的生理特点，这为老幼同养提供了可行性。两者较成年人相比，视觉和听觉等感知能力、思维以及反应能力均处于发展过程中的弱势阶段，因此在接触交流的过程中可以实现节奏同步，在教养的内容和方法上有诸多相似之处。另一方面，老年人和幼儿的心理特征能够相互补充，在满足自身发展需要的同时，为对方的发展做出贡献。老年人积累的知识和智慧，与幼儿对世界未知的好奇心互补；老年人记忆的衰退与幼儿的形象记忆互补；老年人随年龄增加而不断增强的对外界的依赖性和幼儿随身心发展而不断增强的独立性互补；幼儿活泼、善良、关心他人的性情能够缓解老人情绪上的孤独感和无望感；老年人的利他心理及对他人的关怀可以缓解幼儿情绪的不稳定性，对幼儿建立好奇心、同理心和培养社交智慧等有积极作用（周怡，2017；徐明刚、罗彤彤，2017；赵如钦，2018）。老幼代际互动是一种互惠机制，幼儿的发展特点（包括好奇心、活力、创造力和服务的兴趣）可以满足老年人的生理和情感需求；年长一代通过代际体验，向年青一代传达价值观、文化和生活技能，使得老年人的"生成性"特点契合幼儿的发展需要（Erikson，

1994）。老年群体与幼儿群体的这种互惠性需求，是老幼同养可持续发展的必要条件。

表1-3　幼儿和老年人发展的互惠性

	幼儿	老年人
发展特点	活泼好动、好奇心强	寂寞、孤独
知识	获取	传授
价值观	形成期	成熟期
社会关系	社交扩展	社交减弱
自我价值	帮助别人	帮助和教导

资料来源：Newman et al.，1997a：18-19。

第二，空间模式。根据空间距离的不同，老幼同养的空间模式可以分为定期随访型和紧邻而居型。在定期随访型中，养老机构和幼儿机构合作，组织老年人和幼儿定期进行交流活动。紧邻而居型是将养老机构和幼儿机构建造在一起或使其紧密相邻，通过空间和资源的共享，使老年人和幼儿在同一地点接受服务，并在这个过程中实现老年人和幼儿的相互融入。相比定期随访型的空间结构，紧邻而居型的老幼同养模式能够提升资源的利用效率，减少老幼互动过程中的交通成本和安全风险。

在紧邻而居型中，根据机构的管理模式，进一步可以分为独立机构管理和统一机构管理两种类型。前者的养老设施和幼儿设施分属于两个独立机构运营和管理，二者为合作关系。后者的养老设施和幼儿设施隶属于一个机构管理。相比较而言，统一机构管理不仅可以减少行政管理上的分隔，而且可以统筹规划互动的形式和内容，为老幼实现非正式日常互动和常规性代际活动提供更多的便利条件。

第三，老幼代际互动频率。根据老幼互动频率的不同，可以分为间歇性互动和规律性互动。在间歇性互动中，老人和幼儿之间的互动是偶然的，间隔时间较长，较常见的是在节假日组织老幼互动；在规律性互动中，老人和幼儿之间的互动是定期的，间隔时间较短，如一月一次，一周一次甚至每天一次，这种方式的老幼互动频率较高，更易建立二者之间的情感关系。

根据以上三个维度，我们在本专著中将老幼同养具体定义为：针对老年人和幼儿（0~6岁），将养老和幼儿设施在空间上紧邻而居，并由统一机构管理，使双方在有计划、有组织的活动中进行日常化地、规律性地接触和互动，共享空间和资源，最终实现老年人和幼儿的互惠互利。

二 老幼同养模式的意义

改革开放以来，随着市场化、全球化、工业化以及信息化等进程的深入，中国的经济高速发展，但是社会服务不足，面临各种社会问题。人口老龄化和家庭结构的变化对社会服务提出更高的发展要求，社会各界对此高度关注。传统社会政策试图通过对人群进行分类，逐个解决问题，如按年龄进行划分，包括幼儿、青少年、老年人等，然后再各个击破，寻求相应的解决办法。而老幼同养模式作为一种创新的服务模式，提出跨人群的解决方式，有利于满足更多群体的需求。老幼同养模式的优势在于对资源的整合和有效利用，在家庭、机构、社区和社会层面，老幼同养模式尝试解决一系列当前中国面临的问题，如老龄化、婴幼儿照护、幼儿教育等方面。

1. 打破年龄隔离，促进社会代际融合

随着家庭规模的缩小和人口结构的变化，老年人和年轻人之间的距离在不断扩大，社会隔离的程度增加。2014年《中国家庭发展报告》数据显示，家庭规模日益小型化，平均每户3口人，微型家庭的比例不断上升。[①] 据2015年《中国家庭发展报告》，由两代人组成的核心家庭占比60%以上，单人和空巢家庭不断增加。[②] 不断缩小的家庭规模，导致年轻人和老年人的居住安排发生

① 《中国首个〈中国家庭发展报告〉5月14日发布》，中国政府网，2014年5月14日，http://www.gov.cn/xinwen/2014-05/14/content_2679681.htm。

② 《2015家庭发展报告：中国家庭平均3.35人》，中国社会科学网，2015年5月13日，http://www.cssn.cn/dybg/gqdy_ttxw/201505/t20150513_1793503.shtml。

变化，独居、空巢现象突出，老年人遭遇社会隔离的风险增大。从人口结构来看，2010 年第六次人口普查数据中，中国 60 岁及以上的人口比例为 13.3%，24 岁及以下的青年人口的比例为 33.7%。人口老龄化使得老年人与青年人互动的机会变少，老年人的社交网络逐渐收缩。老年人和年轻人的社会隔离，会导致代际接触缺乏，从而引发不同代际的年龄歧视、刻板印象和消极态度等问题（Newman et al.，1997a）。代际的接触和交流被证明是干预年龄隔离的有效措施（Couper et al.，1991；McNair & Moore，2010；Dionigi，2015）。研究发现，幼儿和老年人之间有意义的接触，能促使幼儿对老年人有更积极的态度（Giles & Reid，2005）。老幼同养模式通过有意义的活动和频繁的接触为老年人和幼儿发展代际关系，一方面能够打破社会隔离的状态，增加老年人的社会参与度；另一方面，代际的接触能够提高幼儿对老年人的正确认识，促进代际融合。

2. 提供情感支持，完善精神慰藉服务

随着家庭结构的核心化与小型化，独居、空巢老人、留守老人等现象日益增多，越来越多的老年人社交圈减小。在生理功能衰退的情况下，老年人的心里越来越缺乏安全感，他们感到孤独，甚至出现情绪消极、抑郁等问题，且老年人的社会参与率不高，缺乏成就感。目前，老年人精神慰藉的主要来源是家庭子辈的支持，供给主体单一（尤吾兵，2015），传统家庭结构的变化导致家庭慰藉功能弱化，亟须社会为老年人提供精神赡养。目前，社区精神慰藉服务发展缓慢，服务内容单一，供给不足，难以满足老年人的实际需求（谭英花、于洪帅、史健勇，2015）。综上，传统的家庭养老逐渐向社会养老转变，老幼同养模式则将原有的家庭内部代际关系转向社会代际关系，通过老年人和幼儿之间情感关系的建立，为老年人提供精神慰藉，满足其情感需求。目前，中国对老年人的精神赡养制度和服务尚处于起步阶段（王雪峤，2015），而老幼同养模式立足于老年人的情感需求，有利于增加老年人的积极情绪、减少消极情绪，增强生活幸福感，对进一步完善老年人精神赡养体系具有重要的现实意义。

3. 增加社会参与，促进老人能力发展

人口老龄化的预期健康寿命的延长，一方面要求将老年人的日常照料常态化，因为老年人健康状况的改善增加了对预防保健、心理照护、文化娱乐等多元化服务的需求；另一方面，健康的老年人可继续从事生产劳动或参与其他各种社会活动。因此，老年人社会参与是"老有所为"的体现，即老年人自愿参与社会发展，为社会做出力所能及的有益贡献（邬沧萍、王高，1991）。老年人参与社会活动能够减缓身体和精神的衰退，通过劳动增加收入，减轻社会或家庭的养老负担，对老年人感受自我生命价值具有重要意义（李宗华，2009）。老幼同养模式为老年人提供了参与有意义活动的机会，老年人在与幼儿的互动中，将自己的生活经验和技能传递给幼儿，通过幼儿的积极反馈，提高对自我的认识和强化价值感。因此，老幼同养模式可以为老年人保持活力、参与社区服务、实现个人价值提供机会，同时，对幼儿成长和发展做出贡献，具有互惠的益处。此外，机构和社区可通过有偿支付，如养老服务券、"时间储蓄"等方式，吸引老年人参与社会活动，也能为处于贫困状态的老年人提供增加收入的方式。

4. 支持隔代抚养，增加多元照护力量

家庭结构的变化不仅对养老服务带来冲击，也影响育幼服务的发展。2015 年出台二孩政策以来，据统计，2017 年新出生人口为 1758 万人，二孩占比首次超过了 50%，比重提升至 51%。[①] 从二孩政策的实施来看，新生人口得到了增长，同时，也面临幼儿照料和发展的问题。在社会转型的背景下，工作需要、生活压力以及离婚率的升高等各种因素，使年轻父母无暇照顾子女。另外，现有社会托幼服务不足，难以满足对幼儿的早期照顾需求。在我国很多家庭不得不选择隔代养育的方式，由祖父母扮演父母的角色。目前，中国由祖父母参与照料孙子女的比例达到 58%（Ko &

---

① 《2017 年我国卫生健康事业发展统计公报》，中国政府网，2018 年 6 月 12 日，http://www.nhc.gov.cn/guihuaxxs/s10743/201806/44e3cdfe11fa4c7f928c879d435b6a18.shtml。

Hank，2014）。隔代抚养比例的增加导致幼儿照护主体单一，缺乏多元的互动对象，随之而来的是一系列问题。研究表明，由于祖父母缺乏足够的支持、其面临健康状况的负面影响以及照料中的力不从心（Burnetted et al.，2013），隔代抚养会对儿童的行为、心理健康等造成不良的影响。邓长明、陈光虎、石淑华（2003）发现隔代抚养儿童的行为问题出现的概率高于亲代抚养，社会适应、智力等发展能力低于父母抚养（汪萍等，2009）。郭筱琳（2014）追踪发现，隔代抚养的儿童在心理发展水平上低于非隔代抚养的儿童。在隔代抚养中，由于祖辈的文化水平有限，无法对儿童的学业进行及时的辅导，会对儿童的学业成绩产生消极的影响（王敬峰，2010）。老幼同养模式在社区建立老幼日托，一方面，有能力的老年人可以为社区中其他家庭的孙子女提供临时照护，从而使该家庭的祖父母得到一定的休息；另一方面，老幼日托能够调动社区的资源，共同支持隔代抚养，为幼儿照护提供专业的指导和帮助，从而提高幼儿的照护质量。幼儿在与其他老年人的接触中，能够提高社会化发展。此外，可以建立祖父母与社区其他老年人之间的人际关系和社会支持。因此，老幼同养模式通过资源整合，发展老幼日托服务，有助于解决养老和育幼两项难题，对缓解家庭压力、促进社区代际融合和可持续发展具有重要作用。

5. 增加代际互动，满足幼儿发展需要

二孩政策的通过，加剧了家庭对社会育幼服务的需求。虽然隔代养育在一定程度上弥补了亲代育幼的不足，但是祖父母的能力有限，使得隔代养育更侧重"养"而不是"教"，会对幼儿发展带来负面影响，因此，亟须社会提供多样化、专业化的育幼服务。老幼同养模式作为一项社会服务，立足于幼儿发展需要，幼儿通过与老年人进行有计划、有意义的互动，能够促进能力发展。幼儿阶段的发展不仅包括身体发育、语言发展和认知发展，也包括个体的心理特征、社会性发展。幼儿期对他人和周围环境的信任感、自主性等会对人生发展的各个时期产生影响（Laura & Berk，2005）。对安全感的需要中，幼儿阶段的安全和依恋是健康心理功

能的基础，老幼代际互动中，老人成为幼儿家庭成员以外的社会化代理人，成为幼儿可能的依恋对象。积极的老幼"拟亲属"关系能够强化幼儿在亲子关系中的安全感和依恋感，修补不良的亲子关系带来的负面影响。对表扬和鼓励的需要中，表扬和鼓励是一种积极的评价和接纳的态度，能够增强幼儿的自信和积极情绪。老人对幼儿的鼓励可以提高幼儿对自我的评价，增强幼儿的自信心。对责任感的需要中，责任的培养能够发展幼儿的自主感与主动感，幼儿在与老人的互动过程中，可以做力所能及的事情，帮助老人，从而增强自我价值感和主观能动性。综上，老幼同养模式可作为专业化的育幼服务，在社区托幼服务的基础上，增加有意义的代际互动，从而提高幼儿的发展能力。同时，它能够对幼儿的发展状况进行专业的评估，及时纠正幼儿不良的行为，做到早发现、早干预。

6. 连接留守老幼，搭建情感关系桥梁

在城镇化进程中，年轻劳动力外流，农村留守老人和幼儿成为特殊的群体，其对情感的需求更为强烈。据民政部 2016 年统计，我国有 1600 万农村留守老人。[①] 农村社会服务供给更加匮乏，留守老人的文化娱乐活动单一，难以满足老年人的多元化的精神需求。农村劳动力人口的迁移，使得大量"留守儿童"需要祖父母照料。民政部统计数据显示，截至 2018 年 8 月底，全国共有农村留守儿童 697 万余人。[②] 留守儿童由于长期和父母分离，缺少与父母的情感交流，内心感到孤单和失落，甚至出现性格上的孤僻和心理上的压抑（叶敬忠等，2006）。农村留守老人和幼儿都有情感的需求，可相互照应、共享服务。老幼同养模式通过代际互动，能够为留守老人和幼儿建立情感关系，满足双方对"亲情"的需

---

① 《民政部关于做好农村留守老人关爱服务工作的提案答复的函》，中华人民共和国民政部官网，2018 年 9 月 27 日，http://www.mca.gov.cn/article/gk/jytabljg-gk/zxwyta/201811/20181100013102.shtml。

② 《民政部 2018 年第四季度例行新闻发布会》，中华人民共和国国务院新闻办公室官网，2018 年 10 月 30 日，http://www.scio.gov.cn/xwfbh/gbwxwfbh/xwfbh/mzb/Document/1640510/1640510.htm。

求。因此，老幼同养模式对留守老幼具有重要意义，一方面可以发挥老年人的资源和优势，低龄老人可以在能力范围内照料儿童和高龄老人，老人对幼儿的耐心陪伴和爱护，能够提高幼儿的安全感；另一方面，幼儿的天真和欢乐，可以激发老年人的活力和热情。

综上所述，老幼同养模式为养老服务和育幼服务的整合提供了新的视角，将老年群体、幼儿群体、机构和社区等多元力量结合起来，通过代际的合作，共同为社区和社会做出贡献。在社区层面，老幼同养是跨越家庭的服务。老年人在照护幼儿的过程中，可以实现终身学习，获得就业机会，建立与当下社会的紧密连接；同时幼儿也可以为老人带来生命的活力，缓解他们的孤独与心理压力，提高老年人晚年的生命质量，从而实现幼儿的价值。在社会层面，老幼同养是社会服务系统的一部分。老年人同养模式对不同群体间服务的整合，是对共同需求的回应，是对资源的高效利用。在社会服务发展中，整体合作阶段是当前对公共服务改革的新趋势，"整体型"立足于解决人们的实际需求，通过公私合作、跨部门合作等，实现资源的高度整合，有利于公共服务的系统性发展（Bloomfield，2006）。在老幼同养模式中，老年群体和幼儿群体既是服务需求者，也是服务供给者，通过供需的有效匹配，双方都能对促进彼此生活质量的提升做出贡献。老幼同养模式的发展是基于"增能"（empowerment）视角，不仅为老年人和幼儿提高服务需求，更重要的是充分发挥他们的价值，通过老年人与幼儿的合作，把更多不同代际的人群结合在一起，实现不同世代的社会价值。因此，老幼同养模式的目标是为老年人和幼儿设计提升其生活质量的连续性服务，实现"老有所养、幼有所依"。

第二章 老幼同养模式的
理论基础

在研究以及实践领域，理论服务有许多重要的目的，其中包括：提供连贯性、方向和关注的焦点；提出假设、目标、想法和应用；解释、预测和理解。与此同时，在项目评估方面，理论强调给定项目旨在产生的变化，并阐述项目活动应该以何种方式产生这些变化，以便实践者可以选择适当的结果来衡量（Lawrence-jacobson，2006）。代际理论也不例外。具体来讲，代际理论旨在回答两个基本的问题：①为什么要推广代际项目；②如何确保代际项目的有效性。

代际项目的实践发展与理论发展是相辅相成的，代际项目的实践发展总体经历两个阶段：第一个阶段为一个年龄段的人为另一个年龄段的人提供帮助；第二个阶段为多样化、互惠互利的代际关系，使个人、家庭、邻里、社区乃至整个社会都得益。代际项目的理论发展则经历了三个相应阶段：①个人导向的发展理论；②双方导向的关系理论；③社会导向的组织理论（见表2-1）。代际理论主要来自两个领域：对现有理论的应用和对代际理论的发展（涌现理论）。

表2-1 代际理论

代际理论的阶段	现有理论	代际理论（涌现理论）
个人导向的发展理论	人类发展理论	老年群体：生命历程自我发展理论
		儿童群体：社会化发展理论

代际理论的阶段	现有理论	代际理论（涌现理论）
双方导向的关系理论	关系理论	代际关系理论与代际互动理论的结合及重构
	活动理论	
	接触理论	代际接触理论
	情境学习理论	代际学习理论
社会导向的组织理论	社会资本理论	社会资本理论与社会网络理论在代际关系中的结合
	社会网络理论	

第一节　个人导向的发展理论

传统意义上，代际项目方案的基本原理来自人类发展理论，关注的是互动本身，以及老年人和年青一代参与者的心理、社会和教育收益（Kuehne & Kaplan，2001）。纽曼等（Newman et al.，1997b）认为"常识"和大量经验数据表明，在不同的背景和活动中将老年人和年青一代结合在一起将产生"积极的发展效益"。

1. 老年人生命历程自我发展理论

代际项目对老年人的"生产性"发展具有积极的影响。纽曼和他的合作者进一步提出，成年人保持社交活跃，并与他人保持社会联系的能力对维持其生理、情感和心理功能至关重要（Newman，et al.，1997b），这也正是本领域关注的核心概念（Erikson，1963；Gould，1978；Havighurst，1970；Kohlberg，1958）。在这方面最著名的理论家之一是埃里克森，他的生命历程自我发展理论（life span ego-development theory）（Erikson，1963）一直被应用到代际实践中。生命发展的第七个阶段，即生成性（generativity）与停滞性（stagnation）阶段，尤其符合代际项目的发展。根据埃里克森（Erikson，1982）的观点，生成性涉及感知一个人的自我与一个人死后仍将生存和延续的未来相连，他（她）把自我奉献给新的未来，并希望未来是安全的。埃里克森将"生成性"定义为成年人建立和引导下一代的兴趣，或者在某个特定的情况下，可能会成为（祖）父母责任的主要目标。一旦这种行为没有实现，就会带给个人停滞以及人际交往缺乏的感觉（Erikson，1950）。因此，老年阶段的"生成性"（generativity）特点要求老年人通过代际体验，将自己的知识、智慧和独特的生活技能传递给年青一代，使年轻人获益，也使自己成为"意义的守护者"（Erikson，1994）。

在代际实践中，艾格斯和李斯利强调，代际项目的目标是为学龄前儿童和老年人之间建立有意义的关系，为老年人提供发展生成性的机会，促进老年人的精神福祉（Eggers & Hensley，2005）。艾格斯和李斯利（2005）在研究中也通过对老年人的访谈证明了埃里克森的生成性阶段，其调查结果表明：①通过代际接触老年人的灵性（spirituality）得到加强；②与幼儿的互动，为老年人创造了一种与他人的关联感和对未来的希望；③老年人致力于继续发展和与他人建立联系，也就是埃里克森所描述的"生成的爱"（Erikson，1980）。赫尔曼等从一项代际项目的结果发现，与控制组相比，参加代际项目的老年人在教授下一代生活技能时，能够获得更高的心理社会水平，尤其是在"生成性"方面的得分更高（Herrmann et al.，2005）。从代际角度看，儿童的发展特点（包括好奇心、活力、创造力和服务的兴趣）非常适合满足老年人的生理和情感需求，缓解老年人寂寞和孤独的情绪，使其获得情感支持，因而在代际互动中，老年人能够感受到幼儿及青少年带来的活力和快乐，为自身提供生成能力发展的契机，进而实现自身发展的需要。

2. 儿童社会化发展理论

代际项目对儿童的社会化发展具有促进作用。埃里克森等（Erikson，1959；Erikson，1963；Erikson et al.，1986）在心理社会性发展理论（theory of psychosocial development）中提出个体与他人的社会交互作用有助于心理的社会性发展，包括人与人之间的相互了解和相互作用的变化，以及我们个体作为社会成员对自己的认识和理解。维果斯基的社会文化理论（sociocultural theory）进一步指出，儿童的社会化发展是通过和其他儿童及成人解决问题的互动而获得的（Vygotsky，1979）。维果斯基将儿童视为学徒，认为他们从同伴和成人参与者那里学习知识、文化以及社会行为，同伴和成人不只是呈现做事的新方式，而是提供帮助、指导和动机（Vygotsky，1997）。在父母、老师、同辈和其他成人提供的帮助下，儿童变得越来越聪明，开始自己解决问题，并形成他们的知识体系、思考过程、信念和价值观（Fernyhough，1997；Edwards，2004）。

事实上，儿童在发展的不同阶段会面临不同的发展任务或危机，每个阶段的危机的解决都需要成年人的帮助。危机或冲突的积极解决有助于个体自我力量的增强，更好地适应环境。具体来讲，幼儿在 0～6 岁会经历 3 个发展阶段。①0～18 个月经历"信任对不信任"阶段（trust-versus-mistrust stage），是指幼儿从环境支持中感到信任或对他人感到害怕和担忧。这一阶段的主要任务是帮助幼儿建立对周围环境的信任。代际项目旨在营造一种积极的、安全的环境，幼儿在与老年人的互动过程中，能够建立安全感和依恋，有利于幼儿强化自我信念，对幼儿健康人格的形成具有重要意义。②18～36 个月经历"自主对羞愧怀疑"阶段（autonomy-versus-shame-and-doubt stage），是指幼儿的探索如果受到鼓励，会产生自我满足感，如果受到阻止或过度保护，则会自我怀疑，缺乏独立性。这一阶段的主要任务是在安全范围内鼓励幼儿探索并给予一定的自由，帮助幼儿发展出独立性和自主性。在代际项目中，幼儿可以在老年人的积极鼓励下，独立完成与其兴趣和能力匹配的活动，这有助于幼儿自主意识的发展，强化幼儿的自主感。③36～72 个月经历"主动对内疚"阶段（initiative-versus-guilt stage），是指幼儿体验独立做事的阶段，但如果事情失败则会产生内疚感，因为幼儿开始把自己看成对自己行为负责任的人，开始自己作决定。这一阶段的主要任务是为幼儿提供独立行动的机会，同时给予指导，支持和鼓励幼儿主动性的发展。在代际项目中，老年人扮演"帮助者""指导者"的角色，对幼儿的主动探索提供鼓励和支持，并适时地提供指导，这使得幼儿能够在主动探索中完成任务，有助于幼儿创造力和责任感的培养。此外，0～6 岁是幼儿语言沟通能力发展的关键时期，幼儿在与老年人的互动中，能够自主交流、合作，共同协商解决问题，这有助于提高幼儿的言语沟通、情绪表达以及关怀他人等方面的社交技能（Marcia et al.，2004）。

从代际角度看，幼儿在与老年人直接的、有意义的接触中，能够亲身感受老年人的行为和心理特点，从而理解老年人的处境，并学会关心和尊重老年人，对衰老有更多正确的认识（Gaggioli et al.，2014）。同时，由于老年人具有丰富的生活经验、智慧和较强的理解力，可作为幼儿社会化学习的榜样。幼儿可以从老年人身上学到其价值观、文化和独特的生活技能，这有助于解决幼儿发展过程中的危机（VanderVen，2011）。

第二节　双方导向的关系理论

关系理论和活动理论被认为是建立代际理论的基础（VanderVen，1999）。Miller（1976）首次发表的关系理论（relational theory）认为，人类的发展不应该被视为是隔离的过程，相反，"参与共情关系的能力既是发展的主要目标，也是发展产生的机制"（Spencer，2000）。该理论认为，"与他人联系"是人类的基本动机，"与他人联系取代了自我，成为兴趣的主要领域或发展过程的轨迹"（Spencer，2000）。基于"关系是人类发展的基础"这一观点，该理论强调，人们不能脱离关系语境或发生这些关系的文化语境来理解个体。与关系理论息息相关的活动理论提出，人际关系可以塑造人们所从事活动的选择和性质，与此同时，活动也可以塑造或修正人际关系。活动理论与关系理论相结合，可以对代际理论的实践提供理论支持。

研究表明，关系作为人类发展的源泉，对儿童的发展尤其重要（Fewster，1990；Krueger，1998），儿童早期的主要关系是产生安全感和依恋的关键，对构建后续关系的蓝图和未来形成积极关系有重要作用（Berk，2002）。同时，社会关系是老年人保持社会参与，获得安慰和帮助的重要来源，社会关系网络提供的支持有助于成功解决老龄化的问题（Avlund et al.，2004；Evans，2009）。代际关系建立的重点是将处于生命周期两端参与者的需求、发展任务以及资产等进行匹配。"匹配"的目的是在一段关系中确定选择参与者的标准，以使这段关系对双方来说都具有最长久和成功的可能性。代际项目将老年参与者的爱好、职业等与儿童的兴趣相匹配，促进老年人和儿童建立互惠（reciprocity）关系。这种代际关系是主体间关系，是双向的，对老年人和儿童双方都有积极的作用。

活动理论关注的是人们的行动，他们在做什么，他们所处的环境以及调节活动的对象和工具。活动包含了人们与环境或背景的关系（Chaiklin & Lave，1996）。从老年人对活动参与的需要来看，适应性理论提出，老年人保持活跃和投入的能力对身心健康具有强大的积极影响。Atchley、Robert 和 Smith（1991）强调，老年阶段最重要的适应任务是应对角色和活力的丧失，当个人失去了从事习惯性活动的能力时，他们可以通过新的、更合适的活动来取代。因此，通过鼓励和培训老年人参与有意义的代际活动，可以提高老年群体的社会参与水平，发展友谊关系，从而提升环境适应力。从儿童发展的角度来看，游戏对儿童的社会性发展、认知与身体发展均有帮助，甚至在大脑的发育和发展中起到重要作用（Samuelsson & Johansson，2006；Whitebread et al.，2009）。儿童通过游戏学习新知识，体验新感受，其中，合作性游戏（cooperative play）涉及较高水平的互动和社会性行为，儿童在与他人的合作中，表达自己的想法、进行语言沟通以及解决问题等（Brownell et al.，2006）。可以说，游戏是代际关系建立的媒介，老年人和儿童能够在游戏中进行互动和社会性交往。

目前，接触理论的应用已被证明是代际实践的指南，该理论强调代际关系的建立需要一定的活动条件。Allport、Clark 和 Pettigrew 等学者提出，不同群体之间的社会接触可以促进更准确的认知和减少偏见，但是只有在特定原则下才会发生，这些原则包括 Allport、Clark 和 Pettigrew（1954）提出的四个原则和 Pettigrew（1998）提出的第五个原则。Allport、Clark 和 Pettigrew（1954）指出，在适当的条件下，群体间的接触可以减少不同群体间的偏见和歧视，并明确了最佳接触的四个关键条件：①平等的群体地位；

②共同目标；③群体间合作；④权威、法律或习惯的支持。Pettigrew（1998）补充"发展友谊机会"作为接触理论的第五个原则，他认为当群体间的接触促进自我表露（self‑disclosure）等友谊机制时，群体间的接触更积极，但是这需要通过反复接触才能实现。比如，最初可能彼此不适应的参与者，通过经常的定期接触与另一代人形成了熟悉的伙伴关系。当实施者提出问题以促进自我交流时，他们会在了解彼此的兴趣和故事中建立友谊。

具体到代际互动中，这五个原则可以体现为以下几个方面。第一，平等的群体地位。该原则基于优势视角，认为每个人都有能力为项目做出贡献并从中受益。在代际互动中，幼儿和老年人经常被认为是不能做事情，但是他们倾向于有机会锻炼自己的技能并与他人分享（Camp et al.，1997；Salari，2002）。因此，在设计活动时，需要考虑幼儿和老年人双方的技能，以便让每个人都能发挥积极作用。第二，以合作和共同目标为特征的群体间联系。该原则要求设计者考虑老幼双方的发展目标和兴趣。第三，利益相关者的支持。该原则是指对活动的规划和实施。在代际互动中，幼儿和老年人是相对弱势的群体，老幼代际互动需要机构管理者、幼师以及护工等中间力量的支持，为幼儿和老年人设计活动，并定期组织互动。利益相关者的支持对代际项目的持续起到关键作用（Hamilton et al.，1999）。第四，发展友谊。该原则强调了情感关系的重要性，在代际环境中，幼儿和老年人通过定期的、频繁的活动，有更多机会相互了解，从而有助于双方发展信任关系（Travis et al.，1997）。

Jarrott 和 Smith（2011）的研究结果表明，在接触理论指导下的代际项目中，儿童和老年人都被观察到更高的积极参与度和主动性。相反，在传统项目中，由于缺乏接触理论原则（或未能优化这些原则）的指导导致代际互动水平较低。Gigliotti 等（2005）在接触理论的启发下，尝试研究儿童和老年人之间经常性和定期性接触的效果，对在常规学年建立代际关系进行调查，其研究发现，儿童和老年参与者之间定期持续的互动确实可以增加双方发展友谊的机会，提高代际交往水平。

与接触理论相关的情境学习理论在代际项目中同样应用广泛。该理论最初由 Lave 和 Wenger（1991）提出并由 Wenger（1998）进一步发展。该理论认为，学习是在社会环境中进行的，人们在特定的环境中共同完成一项任务，从而使得个人行动得到真实的结果。从儿童的角度看，社会认知学习理论（social-cognitive learning theory）强调人们可以通过观察他人的行为而进行学习，被观察的对象称为榜样（Bandura，1994，2002）。因此，儿童通过观察和模仿由于行为而获得强化的榜样，最终学会自己表现出这些行为（Bandura，1977）。并非所有榜样对于亲社会行为都有相同的效果，相比那些看起来较冷漠的成人，儿童更倾向于模仿友善的、有回应的成人，且模仿具有很强竞争力或很高威望的榜样更有效（Yarrow et al.，1973；Bandura，1977）。从老年人的角度看，终身学习（lifelong learning）理论提出参与学习是预防思维老化的有效方法，虽然老年人的生理衰老是不可避免的，但是心理认知能力可以通过学习得以巩固和提高。参与老年学习有助于老年人对自身认知能力的维系与提升（Fisher，1998），在此基础上，代际学习可以促进老年人和儿童在正式或非正式的情境中，通过传输和交换生活技能、文化、价值观和知识等进行相互学习，从而培养积极的代际关系。具体来看，老年人具有丰富的知识、经验和思想积累，可作为儿童学习和成长的榜样；同时，儿童的创新意识和创造力也值得老年人学习。因此，代际项目是跨代的社会学习，这是不同于人类发展理论的独立维度（Peterat & Mayer-Smith，2006）。

第三节　社会导向的组织理论

代际项目在增强个人发展、培养代际关系的同时，有助于发展更具有包容性的社区和社会（Statham，2009）。在代际项目中，幼儿及青少年照护者（包括家长、祖父母或保姆等）的参与，可以促进多代人之间的交流和联系，增强社区的凝聚力（Skropeta et al.，2014）。从社区发展的角度看，社会资本和社会网络理论可为社区代际项目提供有用的框架（Mancini et al.，2005）。

社会资本（social capital）是指存在与个体或社会单元所拥有的关系网络中的实际资源和潜在资源的总和（Nahapiet & Ghoshal, 1998）。社会资本的积累能够提高社会福利水平、社会凝聚力，促进社会包容（Helliwell, 2001）。社会资本与其他形式资源的最重要的区别在于，其他形式的资本都基于资产或个人，而社会资本则产生于个体间的关系结构，以及个体与其他所属社区的联系中。投资社会资本，能够最大限度地促进人的全面发展，包括建立良好的社会关系，获得更多的个人自由，以及加强人力资本等。在代际项目中，Boström（2003，2009）将社会资本描述为，在人们为实现共同目标而努力的社会环境中衍生和培育的资本。投资于儿童和老年人的社会资本，是双方通过反复互动形成关系，并共同创造社会资本，包括信任、社会规范、义务以及认同感。

与此同时，Boström（2003，2009）认为，必须有一个积极的社会环境才能进行社会资本的投资。非正式和正式的社会网络正是社会资本的重要来源。社会关系通过社会结构及其成员的义务、期望和可信度来影响个人和社区的福祉（Coleman, 1988）。社会网络（social network）指社会个体成员间因为互动而形成的、相对稳定的关系体系。社会网络关注的是人与人之间的联系和互动，这些互动联系会影响人们的社会行为（Wellman, 1988）。社会网络理论认为，社会的结构是由其中的行动者（个人或组织）通过社会关系或某以特殊类型的纽带（tie）联系起来的一张网络。Jarrott、Smith（2011）在研究一项社区能力建设的项目中发现，代际项目可以在参与者之间建立关系，贡献双方的社会资本并支持个人发展；同时，社会资本（如共享知识、互惠和信任等）可以加强正式和非正式的社会网络关系，优化和维持社会成员之间的代际互动和关心，从而产生强大的社区组织能力。DeVore、Aeschlimann（2016）及Fried等（2013）也发现，代际互动的积极作用能够延伸到社区，吸引更多的老年人、家庭和社区居民的加入，产生更广泛的社会网络和团队合作，有利于社区归属感和凝聚力的发展。

代际项目作为一项创新的服务模式，目的是促进跨生命周期的老年人和儿童进行互动和相互学习。但是参与者的年龄差异较大，且涉及家庭、机构及社区等多方面的社会关系，这使得单一的理论难以解释和指导代际项目的实践。已有学者提出，代际理论应该是在现有理论应用的基础上，对不同理论进行重构，同时结合实证研究，发展出独立的代际理论（VanderVen，2011）。这一理论角度，需要充分地考虑代际项目中的双方参与者及其相互作用，并将双方的发展视为动态过程。因此，VanderVen 提出将涌现理论（emergent theory）的方法应用到代际理论的发展中。涌现（emergence）这一概念最早由系统科学的开创者 Bertalanffy（1968）提出，他把"涌现"定义为系统的整体界定所产生的一种性质。可以将其理解为，诸多部分如果按照某种方式形成系统，就会产生系统整体，具有部分或部分加和不具有的属性、特征、行为、功能等，整体一旦被还原为互不相干的各部分，这些属性、特征、行为、功能便不复存在，即"整体大于部分之和"。它暗示着一种整体理论的发展，包含尽可能多的相关理论和实证研究。对于代际理论，Jaccard 和 Jacoby（2010）认为，涌现理论包括从数据中衍生出的理论和检验已经形成的理论以及实证研究。基于涌现的理论方法包括三个步骤：描述、理解和解释。在代际理论的应用中，需要对不同代际项目的描述进行回顾，从中反思学习，并为这些发现提供可能的解释。

在现有理论基础上，代际理论包括个体发展、双方关系和社会组织三个层面：在个体发展中，将老年人生理历程自我发展理论与儿童社会化发展理论进行整合，老年人"生成性"特点要求其将自身的经验、知识和价值观传递给儿童；同时，儿童通过与老年人的互动和学习，经历社会化过程。在双方关系中，将代际关系理论与代际互动理论进行整合，老年人和儿童通过代际的互动建立互惠关系。代际接触理论指出了积极互动所需的条件，代际学习理论强调老年人和儿童相互学习，是两个主体间的关系。在社会组织中，将社会资本理论与社会网络理论进行整合，代际项目在促进老年人和儿童建立关系时，能够产生广泛的社会网络关系，这构成了社区社会资本，是实现社区发展和社会和谐的社会资源。

第三章　老幼同养模式在
国外的实践

随着"银色浪潮"的到来，以及世界范围内家庭结构的变化，如何为两代及两代以上的人们提供互动、参与和支持的实践变得越来越重要。基于此，学者对代际关系产生了新的兴趣（Van-Vliet，2011；Biggs & Carr，2015），世界许多国家和地区也在重新关注代际实践，期望借此消除年轻人与老年人之间的社会隔离，促进代际融合（Jarrott，2011；Hatton-Yeo，2010）。根据目标的不同，代际实践可以分为社区实践和机构实践。

在社区实践中，"代际社区"（Intergenerational Communities）的概念被广泛提及。"代际社区"与以往的"多代社区"不同，后者虽然是多代环境，但是缺乏代际接触，是非互动性的，即不同年龄段之间是"平行共存"（parallel coexistence）。而前者意在加强代际的联系，各代人共同创造联合学习和互动的机会。从本质上说，代际社区关注的是处于不同地位的代际关系，以及这些关系如何发挥作用，提高社区生活质量。具体而言，代际社区融合了年龄友好型社区（Elder-friendly Communities）和儿童友好型社区（Child-friendly Communities）的理念，不再局限于对特定年龄问题的解决，而是促进所有社区居民的健康和福祉。其中，老年友好型社区强调满足老年人的需求和提高其生活质量，旨在使社区成为老年人变老的好去处，促进就地老龄化（Feather，2013）。儿童友好型社区强调儿童能够对社区发展做出贡献，而不是"被保护对象"（Campbell & Erbstein，2012）。在代际社区中，所有年龄段都是社区不可或缺和有价值的一部分，研究发现，年青一代和老年人都能受益于以代际交流为目标的项目（MacCallum et al.，

2010）。老年人在帮助和支持儿童及年轻父母的同时，也在帮助他们自己建立一个优质、舒适的社区，让他们能够就地养老（Ghaza-leh et al.，2011）。相应地，儿童也能为老年人以及社区其他人员做出贡献，增加世代之间的交流和互动，帮助建立社区睦邻友好关系（Sinclair & Watson，2014）。社区老幼同养模式能够促进更广泛的社区融合，不仅关注到老年人和儿童之间的互动交流，也将社区发展、社会资本建设以及年龄友好型社区作为目标，促进所有年龄段的人通过有意义的代际互动激活社会关系，增强社区居民的认同感和责任感，建立真正可持续的社区。

在机构实践中，由"多代空间设施"转向"老幼复合设施"，逐渐强调机构"养老"和"育幼"的双重属性。自1995年起，美国开始推行老年人设施和幼儿设施的复合，其中，较为典型的是西雅图圣文森特的"代际学习中心"（Intergenerational Learning Center）。随后，日本和德国也相继展开了系统的研究和实践，鼓励养老院和幼儿园进行复合（闫红曦，2018）。在20世纪90年代，日本开始进行不同形态的老幼设施的复合，最多见的是将托儿所、幼儿园与老年日托服务结合，设置老幼看护中心或老幼活动中心。2015年前后，德国联邦家庭事务、老年、妇女及青年部（Bundesministerium für Familie，Senioren，Frauen and Jugend，BMFSFJ）也开始鼓励幼儿园建在养老院旁边，推行"一老一小"项目。机构老幼同养模式更具有针对性，将重点关注到老人和幼儿的生活照料和相互学习、交流的需求。在实践中，老幼复合设施更具有优势，其功能完备，能够在同一地点为老年人和幼儿两个群体提供服务，且节约资源，为机构增添家庭氛围，为老年人和幼儿的互动活动提供空间支持。

综上所述，老幼同养模式在社区和机构的实践，有其独特的优势和特点。从以往研究来看，老幼同养模式主要包括互动内容和空间布局两部分，互动内容是指有计划的、规律性的老幼代际互动项目，空间布局则是为正式和非正式互动提供空间支持。因此，本章将老幼同养模式在国外社区和机构实践作为研究的重点，通过系统综述的方法，总结国外老幼同养模式的实践经验，为中国老幼同养模式在机构和社区发展提供参考的依据。

系统综述旨在整理符合预先指定的资格标准的所有经验证据，以回答特定的研究问题，具有 4 个特点：①一套明确的、可重复使用的方法；②试图确定符合资格标准的所有研究的系统搜索；③评估纳入研究结果的有效性，通过评估判断偏倚风险；④系统地介绍和综合纳入研究的特点和结果（Liberati et al.，2009）。因此，我们采取系统综述（Systematic Review）的方法，来研究代际项目相关的文献。在国内外数据库中进行文献检索的方法和筛选步骤如下所示。

1. 检索的数据库

本研究检索的数据库包括英文数据库 Web of Science、Wiley Online Library、Taylor & Francis SSH + ST、Science Direct 和中文数据库中国知网数据库、维普期刊网、万方数据、台湾数据库。对检索到的综述类文献的参考文献进行人工检索，增补在检索过程中漏检的文献。

2. 检索策略

①检索词：中文包括代际参与、代际互动、代际服务、居住模式等 37 个主要关键词；英文包括 Intergenerational activity、Intergenerational program、Intergenerational practice 等 32 个主要关键词，关键词的确定是根据已有知识积累和查找过程中的更新。②发表的时间和语言：1960 ~ 2020 年，英文、中文。③文献类型：文章、评论、摘要、著作、案例报告。

3. 纳入或排除标准

本研究在选择标准、数据分析和结果报告中参考了系统综述和荟萃分析优先报告（Preferred Reporting Items for Systematic Reviews and Meta Analyses，PRISMA）指南中的步骤和程序（Liberati et al.，2009；Moher et. al.，2015）和 Cochrane 系统评价指南（Higgins & Green，2011）。

在初步筛选后，设定纳入与排除标准：①项目所在地区为国外（非中国）；②涉及 60 岁以上老人的代际项目，排除其他年龄段人群；③涉及 0 ~ 6 岁幼儿的代际项目，排除 6 岁以上的儿童、青少年、大学生参与的代际项目；④涉及非亲属关系的老人和幼儿开展的代际项目，排除祖父母和幼儿互动的项目；⑤纳入具有系统性、可持续性的代际活动，排除一次性的老幼代际互动。

4. 筛选结果

根据关键词短语在中英文数据库进行查找，并以 Endnote 管理文献。根据筛选的过程，绘制流程图，每个阶段排除文献的数量及原因如图 3 - 1。

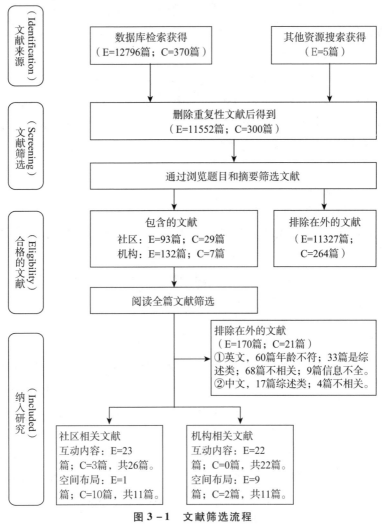

图 3 - 1　文献筛选流程

说明：E 代表英文文献，C 代表中文文献。

第一节 老幼同养模式的互动内容

一 老幼同养模式的实施项目

在国外实践中，较为典型的老幼代际互动包括美国的体验团计划（Experience Corps，EC）、日本的代际支持项目的生产力促进研究（Research on Productivity through Intergenerational Sympathy，REPRINTS）、澳大利亚的代际游戏小组（Intergenerational Playgroup Program，IPP）和美国的共享设施代际项目（Shared Site Intergenerational Program，SSIP）（如表 3 - 1 所示）。

表 3 - 1　不同类型的代际活动

项目名称	实施时间	代表国家	参与者	活动内容	活动地点
体验团计划（EC）	1996 年	美国	老年志愿者、幼儿/小学生	辅导小学生的学业成绩及问题行为的纠正等	公立小学
代际支持项目的生产力促进研究（REPRINTS）	2004 年	日本	老年志愿者、幼儿/小学生	共同阅读图画书	幼儿园、小学
代际游戏小组（IPP）	2009 年	澳大利亚	老年人、家长及幼儿	共同游戏体验	社区老年护理设施
共享设施代际项目（SSIP）	1978 年	美国	老年人、幼儿/青少年	在共享设施开展正式和非正式的代际活动	机构/社区共享设施

1. 体验团计划

体验团计划是美国巴尔的摩（Baltimore）的长期代际项目，在参考了志愿服务实践能够有效促进老年人健康的科学依据后，于 1993～1995 年开发完成，自 1996 年起开始实施，旨在对个人、学校和更广泛的社区三个层面产生积极影响。这一计划通过招聘、培训和部署一大批老年人，志愿服务于资源和设施不足的公立小学，来改善儿童的生活和学业成绩。老年人在整个学年中每周至少需要提供 15 小时的志愿者服务，例如在小学担任导师和辅导员等，在阅读、数学和图书馆工作以及解决冲突和行为问题等方面对儿童产生积极的影响。同时，这种深度的志愿服务参与，不仅能够增进老年人的身体健康，提高他们的认知能力，而且有益于儿童的教育结果，也影响着学校和周围社区社会资本的形成（Fried et al. , 2004；Glass et al. , 2004）。

2. 代际支持项目的生产力促进研究

日本在 2004 年开始实施 REPRINTS（the Research of Productivity by Intergenerational Sympathy Program），它是一个专注于增加智力活动和提高社会功能的代际项目研究（Fujiwara et al. , 2006；Yasunaga et al. , 2016）。该项目让老年志愿者为幼儿园和小学适龄儿童阅读图画书，期望保持并改善老年人的功能性能力（functional capacity）、社交网络（social networks）、生理及心理功能（physical/psychological functioning），同时促进儿童的健康成长（Sakurai et al. , 2016）。REPRINTS 项目利用图画书作为代际接触的主要工具，使老年志愿者能够为社会和年青一代做出贡献。在幼儿园，儿童和老年志愿者每节课 30 分钟，读三到四本图画书。在小学，他们每天早上读一两本图画书，每节课 15 分钟。有时，他们还会在午休时间为幼儿们读图画书。在公立托儿所，他们自由阅读图画书，并在放学后与幼儿一起游戏。此外，REPRINTS 也有来自社区的其他人，如其他年龄段的学生、家长和老师等的共同参与，因此，它也有助于促进社区不同成员间的代际关系，并构建社区社会资本。

3. 代际游戏小组

代际游戏（IPP）于 2009 年在澳大利亚的墨尔本开始实施，该项目关注居住在老年护理设施的老年人在参与游戏小组的体验，强调家长、工作人员和社区居民的共同参与，以促进代际的社会互动和社会资本的建立。代际游戏小组通常指涉及三代或更多代的游戏组，包括婴儿、幼儿、学龄前儿童以及他们的父母或照顾者、祖父母和其他老人共同组成的非正式的活动。代际游戏将几代人联系起来，为老年人和儿童提供了丰富且有趣的机会，让他们相互学习，享受彼此的陪伴（Davis et al.，2002）。在这一过程中，老年人可以是讲故事的人，也可以是历史学家或老师，他们得以拥有更多机会回忆童年，获得游戏体验，并成为幼儿积极的榜样（Davis et al.，2002）。

4. 共享设施代际项目

共享设施代际项目，是为幼儿/青少年和老年人在同一时间同一地点提供持续服务的项目，这些项目包括共享房间、资源和员工，并且可以由单个组织或单独的实体运营（Goyer，2001）。共享设施代际项目是一种创新的模式，优势在于通过物理空间的共享，为老年人和年青一代之间的联系提供了理想的机会，减少了老年人或幼儿/青少年前往活动地点的路途消耗，在降低时间成本和安全风险的同时，也为老年人和幼儿/青少年创造了更多非正式互动和代际活动开展的机会。在代际项目的实践中，根据老年人和年青一代服务融合程度的不同，可以分为一体化融合程度和较低融合程度。前者需要共享厨房以及娱乐区等物理空间，融合养老和育幼的管理人员和工作人员，在此基础上开展持续的正式和非正式的活动；后者则不具备空间的共享和管理的融合，只是偶尔开展非正式互动（Goyer，1998）。共享设施代际项目为一体化融合提供可行性，能够促进老年人和年青一代走向更深、更可持续的人际关系和组织间伙伴关系，为建立社会资本和增加世代之间的社会互动做出贡献。

总体而言，老幼同养模式在社区和机构的实践具有相似性，都是通过有计划的、定期的、持续性的项目，促进老年人和幼儿之间有意义的代际互动，且无论是机构还是社区实践，都强调了社会资本的形成，在为老幼建立代际关系的同时，促进不同世代之间的联系。

二　老幼同养模式的活动内容

通过对以往研究的综述来看，老幼代际互动具有丰富多样的活动内容。根据活动理论，适宜的活动可以弥补老人因衰老而丧失的角色，从而达到塑造或修正人际关系的目的。因此，活动内容是老幼代际互动有效性的首要因素。

具体来说，老幼代际互动的活动可以在不同维度上进行划分。①由于老人因身体情况有不同的分化，Griff 等（1996）让幼儿和身体虚弱、居住在社区以及患有阿尔茨海默病的三种类型的老年人分别互动，并据此将活动细分为 16 种类型，以此判断双方对不同活动的偏好。②Hayes（2003）将活动内容分为结构化和非结构化两类。相对而言，代际活动的结构化程度越低，越能促进幼儿和老年人之间达成高水平的自发性互动。③Morita 等（2013）将活动内容分为基于表演式的互动（performance-based）和基于社会交往式的互动（social-oriented）两大类。研究发现，基于社会交往式互动的代际活动相比基于表演式互动的活动，可以赋予老年人更有意义的角色（如导师或榜样），为代际互动带来更多建设性的行为。

根据活动主题的不同，老幼代际互动又可以分为以下几个方面。①艺术休闲项目，如音乐疗法、园艺疗法、代际共读、小组游戏。②发展知识和技能的幼儿早期教育计划，如涉及蒙特梭利课程，引入老年人的定期参与。③利用代与代之间的社会联系来增加体育活动、提高生活质量的健康促进方案。④特殊群体的代际互动，如阿尔茨海默病患者和幼儿的一对一互动。⑤叙事活动，促进非正式和自发跨年龄互动的开放式活动。

现有研究中有多样化的活动内容，虽然对活动内容的适用性和效果没有达成共识，但是形成了代际活动的三个关键因素，包括匹配幼儿和老年人的兴趣、技能和能力，活动中扮演的角色以及活动本身的价值。

Norouzi 等（2015）研究发现，当老年参与者将他们的爱好、职业等要素与幼儿的兴趣（阅读、烹饪等）相匹配时，幼儿的技能得到了提高，老年人也能从活动中受益。相反，当活动内容对老年人的听力、视力等造成挑战时，会使得老年人感到沮丧（Heydon et al.，2018）。Sparling 和 Rogers（1985）研究发现，老年人的兴趣、技能受其以前的教育背景和社会经济地位的影响，受教育程度越高，对幼儿知识和经验的分享越多。因此，在对幼儿和老年人的配对时，需要考虑幼儿和老年人的兴趣、技能和能力以及自身特征等因素。

在老年人的生成性视角中，老年人的发展需要是将自身的技能和经历传递给幼儿。Jarrott 等（2006）研究发现，当老年人被赋予有意义的角色时，老年人能够感受到被需要、被重视，自我价值感会增强。对幼儿来说也是同样的，当幼儿被赋予教师的角色时（老年人向幼儿学习），幼儿的有用感和被尊重感得以强化（Gamliel & Gabay，2014）。在项目开始之前需要对幼儿和老年参与者进行培训，了解另一代的需求和特点。培训能够帮助幼儿和老年人在不同情况下扮演合适的角色，促进积极地沟通和交流（Dunham & Casadonte，2009）。

除此以外，活动所具有的价值和对参与者的意义比活动类型本身更重要（Travis et al.，1993；Galbraith et. al，2015）。Travis 等（1993）对七项代际活动的价值和适用性进行了分析：在自由交谈活动中，幼儿通过老年人的倾听和回应获得认知；音乐活动提供了传达情感的媒介，但是复杂的语言和动作会成为幼儿和老年人的负担；在讲故事活动中，即使视力障碍或不能阅读的老年人，也可以讲述年轻时的经历和过去的故事；烹饪是一件传递知识和技能的有意义的活动；工艺品对视力、注意力和动手能力的要求更高；年龄较低的幼儿对游戏规则理解程度低，且有时适合幼儿发展的游戏不一定适合老年人；在访问活动中，当幼儿和老年人之间的访问活动缺少意义和体验时，访问活动并不能使参与者受益。因此，为促进幼儿和老年人有效的交流，活动内容应具有灵活性和自由度，增加幼儿和老年人的自发互动（Hayes，2003）。

综上，老幼代际互动的活动内容设计需要考虑幼儿和老年人的发展特点，包括双方的健康状况、年龄、教育背景、社会经济地位等，并以此进行兴趣和能力的匹配。在活动中对幼儿和老年人赋予相应的有意义的角色，能增强参与者的自我价值感。在前两项的基础上，为幼儿和老年人选择适宜的活动内容，并允许灵活的调整，促进幼儿和老年人自发的互动行为。总而言之，老幼代际互动的内容需要经过精细化的设计和规划，以满足幼儿和老年人的发展需要。

第二节 老幼同养模式的空间布局

一 老幼同养在社区的空间布局

在老幼同养模式的实践中，空间布局在促进代际的交流和互动方面起着关键作用。社区和机构有着不同的空间布局，因此形成了不同的空间模式。社区养老方式下的代际复合或具体的老幼空间结合，多将社区养老设施与育儿设施进行复合设计，较为常见的是社区日间照料中心、社区老年人活动站、托老所与幼儿园或托儿所的结合。在社区中，当空间结构同时考虑老年人和儿童的需求时，共用场地和设施减少了对独立的、年龄分隔的建筑的需求，因此降低了相关的建设和维护成本，有利于实现资源的有效利用。此外，共享空间为老年人和儿童提供了参与代际交流和互动的机会，促进了正式的和非正式互动的产生，比如在社区为老年人、学龄前和幼儿园的幼儿提供日托服务，将老年人和幼儿聚集在一起进行运动和音乐等艺术活动（Smith，2010）。在代际社区空间布局的实践中，具有代表性的是合作居住模式、多代屋模式和代际共享站点模式，这些模式都具有一定的积极意义，包括节约土地使用，节省运营成本；满足社区内养老和育幼的双重需要；减小代际隔阂，改善社区人际关系。

1. 合作居住模式

20世纪60年代，由于越来越多的夫妻因需要同时工作而无力照看幼儿，为促进社区代际的互助，"合作居住"（Cohousing）的社区模式在丹麦产生并迅速扩散到其他国家。合作居住社区是由若干私人住房和一个共有住房（common house）组成，每个家庭都拥有自己相对私密的独立住房。同时，社区居民共同分享公共设施，包括聚会餐厅、厨房、儿童游戏区以及客房等空间。社区居民可以共同经营他们的社区，一起活动，一起吃饭，一起照看幼儿，共同承担责任，使邻里之间形成可以互相扶持的社区环境

（李碧舟、杨健，2016）。在共有住房/共享设施内，社区成员可以跨代互动。该社区的典型特征是：①居民组织和参与住房开发的规划和设计过程，并且作为团体进行最终决策；②私人空间和公共空间皆具；③重视邻里设计，营造强烈的社区感；④完全的居民管理；⑤社区居民的收入来源是独立的；⑥社区成员共同承担决策的责任（付本臣、孟雪、张宇，2019）。

2. 多代屋

多代屋是指为不同年龄段居民提供互动交流机会，并鼓励彼此支持的公共活动空间。从2006年开始，德国联邦政府开始推行多代屋模式，为社区的婴幼儿照料、幼儿保育、青少年辅导、家庭支持、老年人社会参与等提供空间与服务支持（温芳、王竹、裘知，2015）。多代屋不仅共享物理空间，而且可以作为多个年龄段成员定期会面、交流的地点，促进不同世代之间的非正式互动。各代人可以在多代屋中共同积极地生活，在此，老年人可以将自己的生活经验和智慧传递给年轻人和幼儿，幼儿和年轻人也可以带给老年人欢乐，帮助老年人，实现代际的互动和代际融合。

3. 代际共享站点

代际共享站点（Intergenerational Shared Sites）指用以促进多世代（含年老一代与年青一代）之间开展有目的、有计划的互动项目的共享空间，包括向所有世代开放的会面地点以及功能复合型设施。代际共享站点模式最早开始于1978年美国的弥赛亚村（Messiah Village），在社区长期护理中心引入儿童照料服务项目（Newman，1989）。代际共享站点既有社区中的实践，也有机构中的实践，根据地点的不同，可以分为三种类型：①在社区老人日间照料中心增加儿童照顾服务；②托幼中心和养老院相邻或合并，在同一地点为幼儿和老年人提供服务；③在学校开设代际学习中心，增强老年人与幼儿/青少年之间的互动（Goyer，1998）。在社区的实践更强调空间的共享，而机构的实践则强调地点的共享。代际共享站点的关键是在单一地点（a single location）促进代际开展频繁和定期的正式或非正式的互动。

在实践中，社区老幼同养的空间布局平衡了老年人和幼儿及社区居民对独立性和交流性的需求。"合作居住"社区将私人生活和社区生活相结合，在满足私人居住空间的同时，共用公共空间，包括聚会空间、餐厅、厨房以及儿童游戏区、青少年活动室等。"多代屋"模式是为社区居民提供互动和交流的公共空间，空间根据社区居民的需求，进行了不同区域的划分，包括成人区——为成年人提供会面、交流的场所；儿童区——为儿童提供游戏、学习等服务。此外，为老年人单独设置了放松区域，使不愿意直接参与活动的老年人，以间接地视觉注意融入社区生活。代际共享站点关注到代际环境的设计和开发，使空间环境不仅满足参与者的生理和心理需求，而且能够促进代际产生积极的互动和关系。然而，也有研究发现，当老年人持续与幼儿共享空间环境和资源时，对老年人具有负面的影响（Salari，2002）。在这一方面，可以借鉴成功的代际共享站点的经验，即兼顾老年人和幼儿双方的发展特点，在空间设计中，既有共享空间，也应该有专有空间，使参与者双方都能发挥自主性，实现代际的平等（Ruggiano，2012）。基于此，社区老幼同养空间布局既要满足居民独立性的需求，同时也要提供互动交流的机会。

根据社区老幼同养的空间布局，空间具有"基本功能"和"附加功能"两种功能。"基本功能"是指空间功能，为多代人提供自发"相遇"的场所。"附加功能"是扩展的服务项目，如老年人生活照料、儿童发展教育等，使其成为社区联系的枢纽（程鑫、房志勇，2015）。在"多代屋"模式中，主要提供四种类型的代际服务，包括发展型，促进多代之间的相互学习和帮扶；活动型，组建多代兴趣小组，加强代际的互动和交流；会面型，为多代人提供会面和交谈的场所；服务型，提供儿童照看、老年人照护、家政服务等多种形式的服务（温芳、王竹、裘知，2015）。代际共享站点模式实现了"基本功能"和"附加功能"的有效结合，研究发现，这种模式更有利于营造家庭氛围（Rosenberg，1993）。

综上所述，社区老幼同养空间向社区各代人群开放使用，不仅包括老年人和幼儿，也涉及社区内其他年龄段，强调不同世代之间的交流和互动。空间除具有基本功能外，也为活动的开展提供空间支持，以促进老年人和幼儿之间开展正式的和非正式的互动。

二　老幼同养在机构的空间布局

机构养老方式下的代际复合空间以机构为依托，已有实际案例多以老年公寓、养老院、福利院等养老类机构与幼儿园相邻或结合，减少了老年人和幼儿之间访问的距离，为老幼代际互动提供了便利的条件和机会。老幼复合设施一般由统一机构管理，能够实现资源的优化配置。更重要的是，对于居住在养老院的老年人，老幼同养模式能够营造一种家庭的氛围，对老年人和幼儿及机构带来相应的益处。

在机构实践中，代际共享站点最常见的模式是养老院与托幼机构/幼儿园结合，可以由单个组织来运营，实现在同一地点同时为老年人和幼儿提供服务或活动。同一站点减少了距离带来的阻碍，更便于为老年人和幼儿设计活动，同时能够促进更多的非正式互动。这种空间环境的设计需要适应老年人和幼儿的生理和心理的需求，通过空间布局促进或抑制代际的互动，体现了人与环境之间的双向作用。

相比社区，机构有更多资源和条件新建或改造老幼复合设施，因此，如何为养老设施和育幼设施合理安排空间布局是老幼复合设施的重点。人口老龄化居世界首位的日本在20世纪90年代开始探索老幼复合设施，根据空间组织形式的不同，日本老幼复合设施可以分为"并列型"、"层叠型"、"混合型"、"一体型"和"独立型"五种类型（李逸舟，2019；王超越，2018）。

"并列型"的养老和幼儿设施有各自独立的出入口和功能空间，共享公共活动区域，是扩建较为方便且较为常见的建筑形式。"层叠型"的养老和幼儿设施进行垂直的复合，两种设施的功能空间相对独立，能起到节约用地的功能。"混合型"设施综合了"并列型"和"层叠型"两种空间形式，即老幼设施各有可独立使用的楼层，但也在部分楼层互相连通，由此既能满足老人与儿童各自个性化的需求，并留有相对独立化的空间，尊重了隐私需要；

同时也通过上下楼层以及部分楼层代际共享空间的连通，增大了老幼互动的场所，增多了老幼互动的机会。它是一种较为理想的合建方式，但对加建和改建项目而言改造的难度也较大。"一体型"设施采取家庭化的方式，不做明确的养老和幼儿设施的区分。例如，日本在人口稀少的地区，为节约人力和成本，将幼儿园、养老院及残障人士照料设施共同设计，成为"复合型"设施。"独立型"设施中的养老和幼儿设施位于同一场地的不同建筑内，根据两种设施间是否有联系，可以分为"半独立型"和"独立型"两种。独立型建筑一般只共享室外活动场地，两种设施有其独立的内部空间。

可以说，机构老幼同养的空间布局无论是哪种复合形式，都是通过空间设置平衡老年人和幼儿对独立性和交流性的需求。在老幼复合设施中，公共空间能够促进老年人和幼儿的交流和互动，在规律的活动中产生熟悉感，增强代际的融合。独立空间能够满足老年人和幼儿对各自独立生活的需求，例如，不喜欢社交的使用者可以自由选择是否加入群体交流。因此，公共空间和独立空间的合理布局，能够促进老年人和幼儿的自发交流，且为老幼互动活动提供便利的空间支持和硬件设施。

综上所述，社区和机构空间布局都是以老年人和幼儿的发展特点和需求指导设计，注重空间的独立性和交流性，通过空间功能促进老年人和幼儿之间的正式和非正式的互动。社区和机构老幼同养模式不同之处在于，前者强调"空间"的共享，后者强调"站点"的共享。老幼同养模式在社区实践时，可充分利用社区现有的空间资源，如公共图书馆、学校等，减少新建或改造的成本，对"空间"的共享更具有开放性，有利于社区居民的共同参与。但是社区代际共享空间的缺点是没有特定的固定场地，这就需要对现有空间进行功能和时间应用上的重新划分。老幼同养模式在机构实践时，强调在同一地点为老年人和幼儿同时提供服务，其优势在于老年人和幼儿有固定的互动场地，且这种养老院和幼儿园的结合能够促进更多的非正式互动的产生，有利于营造"家庭"氛围；缺点是老幼同养机构需要新建或改造，成本较高，且可复制性较低。

第三节　老幼同养模式的互动效果

一　老幼同养对老年人的效果

1. 减缓认知功能和身体能力的衰退

老年人随着年龄增长，身体机能退化，患阿尔茨海默病的风险随之提高。通过适当的活动进行社会互动，有助于减缓认知功能的衰退，并使阿尔茨海默病患者的剩余能力最大化（Cohen & Weisman，1991；Day et al.，2000）。Fried 等（2013）报告了代际互动能够帮助老年人减少活动障碍，在次要结果中能够减缓记忆的衰退，减缓平衡、行走速度等功能的丧失。Camp 等（1997）将患有阿尔茨海默病的老年人和幼儿进行一对一的配对，他们作为一个团队，共同完成蒙特梭利课程对学习和记忆方面的训练。研究发现，患有阿尔茨海默病的老年人可以在互动中胜任"导师"的角色，通过自身的社交技能和长期记忆指导幼儿，在这个过程中，阿尔茨海默病患者表现出正常或超常的能力，有利于改善认知缺陷。

2. 减少消极情绪，强化积极情绪

老年人由于与家人和朋友隔离，更容易产生孤独、焦虑、抑郁、低自尊等消极情绪，自主性和控制力也逐渐下降。代际项目作为老年人健康的主要促进手段，可以降低老年人因意义感缺失而导致的社会孤立和孤独的风险。研究发现，代际音乐疗法（Intergenerational Music Therapy）能够有效抑制老年人特别是阿尔茨海默病患者的焦虑和抑郁情绪，强化老年人的参与动机和提高体力活动水平，并改善其生活质量（Detmer et al.，2020）。Low 等（2015）发现老年人在与幼儿一对一配对参加老友记项目（Grandfriends Program），老年人在感受到幼儿带来的活力和温暖时，情绪得到了极大的改善，压力显著下降（$p = 0.01$）。研究表明，代际互动在一定程度上能够缓解老年人感受到的社会压力（George，

2011）。对老年人自我价值感的研究中，George（2011）采用随机对照实验，干预组的老年人和幼儿进行了 8 次唱歌、阅读和写作的指导活动，老年人在其中承担"导师"的角色，老年人的使命感和价值感有所强化。Ramón-Gancedo（2018）研究中，老年人作为志愿者帮助有阅读困难的幼儿，在搜集资料向幼儿讲述的过程中，老年人感到更多的自我价值得以实现，自尊心增强。对老年人心理幸福感的研究中，Herrmann 等（2005）研究发现，参加代际课程的老年人心理社会幸福感显著增强。

3. 保持身份认同，提高社会参与

从活动理论角度来看，老年人可以依靠自己的努力积极参与社会，建立新的社会角色来替代因丧偶或退休而失去的角色，在新的社会结构中取得自己的地位。代际项目为老年人提供了有意义的社会角色和利用其经验和技能的机会，并使老年人在向另一代人传授知识和技能的过程中体验快乐和价值。Murayama 等（2015）对代际支持项目的生产力促进研究（REPRINTS）进行了评估。在该活动中，65 岁以上的志愿者在教育环境中对学龄前儿童和学龄儿童进行图画书阅读项目的教育和动员。实验结果显示，干预组员的意义感在所有方面都显著增强，他们的凝聚力和责任感得到改善（Murayama et al.，2015）。代际项目引导老年人参与儿童的生活和活动以及他们的发展，使老年人感到他们正在为社会做出贡献，这体现在一种意义感和更大的社会联系感上（Boström，2004；Kaplan，1997）。

二 老幼同养对幼儿的效果

1. 发展社交技能，解决自我中心

埃里克森的生命周期理论认为，个体在成长的每个阶段都会存在危机，危机的积极解决有助于个体自我力量的增强，更好地适应环境，儿童早期发展阶段的危机解决需要成年人的帮助（Wertsch，1985）。在代际项目中，幼儿可以通过与老年人的合作学习来内化社会技能和社会规则，进行自我调节，并发展与其他人合作的能力，解决"自我中心"的问题，促进自我效能、毅力、

自尊的发展，表现出更多的亲社会行为（Dellman-Jenkins et al.，1991）。I-PLAY 项目基于一个前提假设，即老年人的认知退化与儿童的发展水平相当。幼儿正处于学习社交和认知技能的开始阶段，同样，老年人的认知功能正在下降，这使得老年人和幼儿处于更加平等的地位。幼儿通过学习老年人的经历来扩大他们的知识面，同时练习他们的交流和解决问题的技巧（Lux et al.，2019）。

2. 调节情绪行为，增强同理心

代际项目影响的一个可能领域是同理心的形成，它始于幼儿期，受社会互动和接触不同社会群体的影响（Harter，1982；Kochanska et al.，1994）。同理心的发展可能对智力发展有更广泛的影响，包括更好的心理灵活性和情绪调节。通过让幼儿接触与他们截然不同的人，特别是存在较大年龄差异和经历差异的老年人，并让他们思考这些人的需求和行为，幼儿可能会发展出更强的同理心和更强的调节自己行为和情绪的能力（Davis，Larkin，& Graves.，2002）。在代际教育环境中，幼儿与老年人一起参加特殊和日常活动，这些活动通常需要延迟他们自己的需求，以利于老年人，从而锻炼自己的耐心。汉密尔顿等（Hamilton et al.，1999）和 Hayes（2003）研究发现，代际互动有助于培养幼儿的外向和示范性行为，幼儿在主动帮助老年人的过程中，自我价值感提高，增强了同理心和沟通能力。

3. 减少对老年人的年龄歧视

年龄歧视是指一个人或一个群体仅仅基于感知的年龄而产生的刻板印象。老年人因为随着年龄增长导致的身体机能退化、社会角色减少和从生产领域的退出，经常被视为难以或无法继续为社会做出贡献，而处于社会边缘。帕克（Park，2015）通过研究发现，参与代际项目的幼儿对老年人的态度有积极的变化，具体包括幼儿对衰老的发展概念，对老年人的态度、社会距离、社会接受度和同理心等方面。McAlister、Briner 和 Maggi（2019）认为，幼儿教育中的代际项目是一种通过拆除现有权力结构来减少年龄歧视，强调包容和与老年人交往的创新方法。代际项目中的教育者和老年人在开始时往往不愿意一起工作，但是随着时间的推移，随着教师、幼儿和老年人的互动，他们的沟通和合作自然会发展，进而产生相互尊重和理解（Heydon，2013），幼儿也可以观察到老师和老年人之间积极而相互尊重的互动，并进行模仿学习。Chamberlain 等（1994）研究发现，幼儿在被问到老年人时的回答是积极的，愿意与老年人成为朋友。代际互动中对衰老和老年人的正向引导，能够让幼儿对衰老、生命周期有更加正面的认知（Ramón-Gancedo，2018）。

4. 预防犯罪风险

代际关怀项目（Intergenerational Care，IGC）作为一个可能的早期儿童干预战略，其教育和社会技能部分已被证明是针对高犯罪风险儿童的早期干预方案的有效内容。与老年人交往有助于幼儿建立对长辈的安全依恋，这些亲社会依恋的发展也可以转移到其他群体中，这反过来可以帮助幼儿发展与同龄人、家庭和机构的安全关系。对非正式社会控制的亲社会依恋能够降低犯罪的风险（Whitten et al.，2017）。在体验团计划（Experience Corps，EC）中，幼儿在老年志愿者的指导下，阅读和学习成绩提高，幼儿的行为问题出现的频率降低，课堂行为得到改善（Fried et al.，2013；Rebok et al.，2004）。

三 老幼同养对老幼关系的效果

老幼代际互动对老年人和幼儿具有互惠的益处，老年人保持了更多的认知技能，感到被爱、被倾听和被重视，而幼儿们则渴望了解更多关于老年人告诉他们的事情，比如他们的传统、游戏，他们使用的农具，等等。这极大地激励了幼儿们去学习，满足他们的好奇心。老幼代际互动最重要的是为老年人和幼儿建立起"拟亲属"关系，这种关系的形成能够满足老年人和幼儿对情感的需求，同时正向促进代际互动。George（2011）发现在代际互动中，老年人将幼儿视作"代理孙子女"，这种心理联系有助于加深关系，幼儿和老年人能够从代际关系的社交网络中互惠受益，缓解社会隔离感。Skropeta 等（2014）研究也发现，代际互动为缺乏家庭联系的幼儿和老年人建立联系，双方在关系中彼此受益。在老幼代际互动中，活动内容将发展友谊作为目标；在园艺活动中，幼儿和老年人互帮互助（Gleeson，2019）；在集体唱歌活动中，建立人际关系，创造集体意义（DeVore & Aeschlimann.，2016）。Ramón-Gancedo（2018）研究发现，代际关系让幼儿和老年人发展了自发的友谊和关心，并且产生了亲密感和有效的情感联系。

四　老幼同养对机构/社区的效果

研究发现，老幼代际互动能够促进机构/社区产生"家庭"的氛围（Kuehne & Kaplan，2001）。Foster（1997）也发现，幼儿定期参与养老院共享站点代际项目，可以对老年人有更广泛的认知和联系；而对于居住在养老院的老年人来说，老幼代际互动营造出更像"家庭"的氛围。罗森柏格（Rosenberg，1993）在访谈家长和管理者时发现，绝大多数家长表示老幼代际互动对幼儿是有益的，管理者认为代际项目增强了机构"家"一般的氛围。Fried等（2013）和Rebok等（2004）研究发现，老幼代际互动有助于改善学校的氛围，让幼儿在整体氛围的改变中受益。此外，代际互动能够在社区层面产生集群效应（cluster effect），让更多的群体受益。Ramón-Gancedo（2018）研究发现，代际互动不仅能促进幼儿和老年人代际关系的建立，同时还将代际互动扩展到整个学校，调动教师、家长和学校的积极参与，将促进代际交流和互动作为共同目标。Skropeta、Colvin和Sladen（2014）发现老幼代际互动得到了社区居民的认可，并拓展了社会关系。DeVore、Aeschlimann（2016）和Fried等（2013）也发现，代际互动的积极作用能够延伸到社区，吸引更多的老年人、家庭和社区居民的加入，产生更广泛的社交网络和团队合作。这种集体效能扩大代际互动的影响力，有利于社区归属感和凝聚力的发展。

值得注意的是，老幼代际互动对幼儿、老年人以及机构/社区层面多为积极影响，但是由于样本量、测量工具、研究设计等因素的影响，报告中也有负面或无效应的结果。Skropeta、Colvin和Sladen（2014）虽然报告了参与代际互动的老年人的疲劳感显著下降（参与互动的老年人平均年龄在85岁，在不干预的情况下，老年人的精力是会不断下降的）。但是由于缺少对照组的比较，效果无法得到证实。从现有代际互动的研究来看，短期的代际互动很难改变老年人的身体健康，这需要长期的、持续的项目。Low 等（2015）研究发现，对 4 岁幼儿的评估存在困难，幼儿会根据以前的经验来回答，无法理解访谈时的问题。因此，对幼儿的直接评估存在挑战，需要为幼儿开发合适的量表，或通过父母填答的方式间接评估。除对老年人的态度外，也可加入对幼儿的能力发展和社交情绪等多方面的评估，更准确地分析可能存在的因果关系。

第四节　老幼同养模式在国外的实践总结

一　影响老幼同养模式实践的因素

通过对国外社区和机构实践的总结，影响老幼同养模式实践的因素主要分为空间环境和活动设计两方面。第一，空间环境在社区和机构实践中起着关键作用。从以往研究来看，社区老幼复合设施是将养老资源和幼儿服务相结合，这种共用设施既需要满足老年人的需求，也需要满足幼儿的发展特点。成功的社区空间环境是基本功能与附加功能的结合，基本功能是为老幼提供活动的空间场所，附加功能则是通过开展老幼之间的互动体现空间的功能和作用。与社区实践不同，机构实践更强调老年人和幼儿在同一地点接受服务，而空间环境的设计直接影响代际关系的建立。因此，空间环境既需要满足老年人和幼儿的需求，同时也需要通过特定的空间布局和组织形式，促进老幼之间的互动和交流。可以说，老幼空间环境是促进老年人和幼儿之间开展正式的和非正式互动的关键。社区和机构可以凭借自身的空间优势，改造或重新划分功能，以使其更符合老幼代际互动的需要。

第二，老幼代际互动活动促进老幼间的融合。社区和机构老幼代际互动项目，可通过三个维度描述：强度（参与的频率）、广度（活动的范围）和持续时间（活动的时间长短）。这三点是代际互动基本要素，也是影响代际互动成效的因素。如代际互动项目频率应适中，间隔越久越难以维持项目成效且易造成成员流失，间隔短则老幼难以消化项目内容，且易产生反感情绪。Fried 等（2013）研究发现，老年人在较长一段时间内，每周投入大量的时间（剂量）与幼儿互动，对促进幼儿和老年人的健康非常关键。因此，干预时间的长短以及干预的频率对老幼代际互动的目标起着决定性作用。适宜时间、规律性的互动，让参与者有时间相互了解，增加联系。短时间的互动虽然可以达到活动内容的目标，但是代际关系建立的目标更为重要，而这需要长期的接触和交流。在活动内容设计中，是否基于他们的需求和能力等实际情况，选择适合他们的活动；是否注重成员参与度；是否对活动内容进行灵活调整等也是影响老幼代际互动的因素。

此外，对参与者、项目实施者的培训是代际互动的前提。对于幼儿和老年参与者的培训，需要详细介绍另一代人的需求和特点，以及他们在互动中需要扮演的角色。培训促进幼儿和老年人相互了解，有利于积极沟通和交流的产生。Hayes（2003）研究发现，持续的培训是代际互动干预方案修订和明确干预流程的重要组成部分。同时，幼儿和老年人是两个相对弱势的群体，教师、照顾者、机构管理人员等作为中间力量，对老幼代际互动起着重要作用。因此，研究者通过工作压力量表、访谈、焦点小组等方式评估幼师、护工等对代际互动的满意度，以及代际互动对其自身的积极影响（Golenko et al.，2020；George，2011）。

二　老幼同养模式在社区的实践总结

老幼同养模式在社区的实践，能够促进可持续代际社区，即具有包容性、凝聚力和长期安全的社区的建立（Pain，2005）。以往社区项目只关注到一代人的需求，要么是对老年友好型的，要么是对儿童友好型的，而"代际"视角转向"多代人"之间的关系，促进社会包容和代际合作。

老幼同养模式推动社区制定更广泛、更有凝聚力的社区项目，这些项目以社区特定的空间区域为基础，以解决跨年龄的问题为重点，实施具有战略性的协作并将社区建设目标转化为实际的计划和活动。在此基础上，发展出很多成功的社区模式。比如，美国亚利桑那州的年龄友好社区模式（Communities for All Ages）旨在社区建立代际学习中心和代际生活中心。在代际学习中心，社区成员可以共享社区的工作空间、教室和社区图书馆等；在代际生活中心，可以利用当地的教堂，为社区居民提供一系列的课程、活动和聚会。代际社区干预项目（Intergenerational Community Intervention）是通过"时间银行"进行社区资源的交换。时间银行中的货币是为他人提供资源或志愿服务所花费的时间，个体通过帮助他人积累信用，当自己需要帮助时，就能够获得别人的相应帮助。在对已有实践的总结来看，老幼同养模式以互动的方式发展社区代际关系，包括互动的环境和互动内容。互动环境作为空间联络点，可以在学校、公园、阅览室、社区多功能中心等社区环境中实施，为代际互动、关系建立提供空间支持。活动内容和互动环境的相互作用，使得老幼同养模式能够激活社会关系，以增强共同的社区认同感和责任感，促进社区为美好生活共同努力。

此外，研究表明，社区项目的不可持续和社区意识的薄弱，与社区居民缺乏共同的价值观和长期目标有关（Mancini et al.，2003）。老幼同养模式以社区发展为目标，促进社会包容（包括所有世代成员）和代际合作/团结。这使得具有不同认知、动机和价值观的不同利益相关者，在共同认同的价值观和社区文化的基础上，创建可持续性社区（Swisher et al.，2009）。老幼同养模式涉及多个学科和机构，机构与跨部门之间的协作能够促进社区代际项目的长久发展。专业人员以积极主动的方式从事跨部门、跨机构和跨学科的代际实践，建立战略伙伴关系，有效调动社区资源。具体实践中，Jarrott、Gigliotti和Smock（2006）基于优势角度提出结果管理模式，促进社区能力和计划目标的实现。在结果管理模式中，首先需要评估社区的需求和优势；其次，确定社区期望的目标和项目期望的目标，并达成一致；最后，实施基于理论/证据的活动。Weaver、Naar和Jarrott（2019）以接触理论为框架，对研究者和社区工作人员建立合作关系的条件进行了分析，研究发现，社区合作伙伴关系的发展，需要得到社区工作人员、参与者以及其他利益相关者的支持；建立平等、共享的合作伙伴关系；对项目的密切合作；协调研究计划的目标，以确定共同目标；通过频繁的、面对面的交流促进积极沟通。当社区老幼代际互动符合接触理论的原则时，研究者和社区工作人员有更积极的态度，社区伙伴关系的发展，是代际互动可持续性的关键组成部分。

三　老幼同养模式在机构的实践总结

老幼同养模式在机构实践中，将养老机构与幼儿机构结合，在适宜时长、规律性的代际接触中促进老年人和幼儿建立积极的关系。这种模式具有潜在的成本效益，根据 Peterson 和 Butts（2001）的发现，社会保障基金能够吸引儿童和老年人服务两方面的捐赠，扩大资金选择。Hayden（2003）通过对代际共享站点项目的财务分析得到"成本效益"清单，其中包括为老年人和幼儿提供的共享服务。Jarrott 和 Bruno（2007）通过对政府社会服务体系运营成本的比较分析发现，为同一处老年人和年青一代同时提供服务时，总支出会减少，项目成本会降低。此外，具有高水平代际接触项目的运营成本仅相当于或低于不具有代际联系的项目。综上，老幼同养模式对代际项目的持续性发展和政府社会保障体系具有重要作用。

总结以往经验，成功的老幼同养模式还需要以下几个要素。①各利益相关者需要明确共同的目标，促进老年人和幼儿在共同感兴趣和互利的活动中合作。老幼同养项目的目标既需要考虑老年人和幼儿的需求，也需要考虑机构的资源和优势，在需求评估的基础上，确定共同的发展目标。②良好的关系是项目可持续的关键，研究者需与机构建立良好的合作伙伴关系，在平等共享的基础上，对项目的设计、干预流程和效果评估方式等达成一致，建立相互信任、共同合作的关系，得到机构在场地、人员、组织技能、资源等方面的支持。③活动的设计需要根据老年人和幼儿的能力和特点量身定制活动，将幼儿和老年人的兴趣和能力匹配，考虑活动中的角色和身份，以及活动本身的价值，允许灵活调整，增加自发互动。此外，允许参与者参与活动的规划和设计，提高参与者的积极性和自主性。④工作人员的安排，包括适宜的参与者比例；对工作人员培训，以便与老年人和幼儿进行合作，并从生命平行发展需要的角度理解代际合作的益处。工作人员的任务是保护老年人和幼儿的安全，同时促进他们在积极地互动中建立情感关系。⑤制作专业手册（指南）。为了使老幼同养实践领域专业化，研究人员和实践者需要制定实践标准以及各种资源如何操作的指南，这些干预手册能够支持参与和实施老幼同养项目开发的个人和组织。⑥创造代际互动的空间环境。空间环境的目标不仅是一个适合老年人和幼儿的环境，更需要促进代际互动。因此，如何利用空间环境促进老幼之间的互动是关键。从现有实践来看，老幼同养机构的可复制性低，可将"共享站点"扩展到"共享空间"，发挥现有的空间，如公共图书馆、学校等，促进正式和非正式互动的开展。

第四章　老幼同养模式在中国机构中的探索

与国外开展老幼代际互动的背景类似，随着"银色浪潮"的到来，中国从 20 世纪 90 年代开始探索老幼同养模式，在幼儿园中开设养老院或在养老院中引入幼儿园，在不断的发展过程中，逐渐形成三家较为成熟的老幼同养机构。

本章共分为两大部分（如图 4-1 所示），第一部分介绍中国

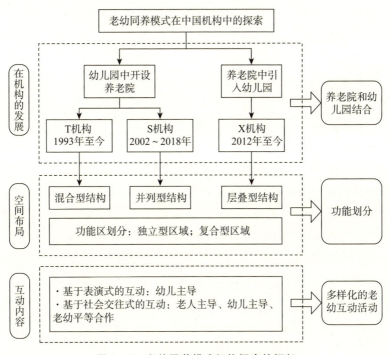

图 4-1　老幼同养模式机构探索的框架

老幼同养机构的发展；第二部分对比三家老幼同养机构的空间模式，包括空间结构布局及功能区划分，并将互动内容分为基于表演式的互动和基于社会交往式的互动进行分析。

第一节 老幼同养模式在机构的现状

一 中国主要老幼同养机构介绍

在老幼代际互动中，根据养老设施和幼儿设施空间距离的不同，可分为访问模式（Visting Sites）和老幼共享站点模式（Shared Sites）。访问模式是由老年人到幼儿园或学校提供指导或服务，或者幼儿到养老院慰问老年人；老幼共享站点模式是指养老院和幼儿园结合或毗邻，老年人和幼儿可以在同一地点进行日常化的互动（Vecchio et al.，2018）。这种将养老院和幼儿园结合在一起的机构称为"老幼同养机构"，其优势在于减少老年人或幼儿前往活动地点的路途消耗，在降低时间成本和安全风险的同时，也为老年人和幼儿的互动提供更多的机会。

在我国，三家老幼同养机构的基本情况见表 4 - 1。H 省 W 市 T 机构是在幼儿园中引入养老院，其老幼同养模式开始于 1993 年。根据政策要求，T 机构于 2005 年搬迁至 W 市 Z 公园后，逐步扩大规模，形成了目前拥有 300 多名幼儿和 100 多位老人的大型机构。J 省 N 市 S 机构成立于 2002 年，原是一家幼儿园，后在幼儿园中新建了养老院，有 200 多名幼儿和 30 多位老人。在 2018 年，由于老幼同养模式无法继续进行，S 机构将老人疏散到其他养老院，目前幼儿园仍在正常运营。G 省 G 市 X 机构于 2012 年成立，在养老院的基础上，将一层改造为幼儿生活区域，二层、三层划分为老人生活区域。X 机构的规模较小，有 60 多名幼儿和 30 多位老人。

表 4 - 1　老幼同养机构的基本情况

	T 机构	S 机构	X 机构
地理位置	H 省 W 市	J 省 N 市	G 省 G 市
开始时间	1993 年	2002 年	2012 年
老幼结合方式	幼儿园中新增养老院	幼儿园中新建养老院	养老院中新增幼儿园
建筑面积	1200 平方米	2700 平方米	3300 平方米
服务对象	自理、半失能、失能老人/3~6 岁幼儿	自理、半失能、失能老人/3~6 岁幼儿	自理、半失能、失能老人/3~6 岁幼儿
服务人数	养老床位 100 个；幼儿园 300 多人	养老床位 30 个；幼儿园 200 多人	养老床位 30 个；幼儿园 60 多人
机构类型	民办养老院/公办幼儿园	民办养老院/公办幼儿园	民办养老院/民办幼儿园

1. T 机构

T 机构幼儿园建于 1956 年，其最初位于 W 区 S 山脚下，原址是一座庙。1978 年，庙被拆迁，改建成了 4 层楼的教室。随着 1982 年计划生育政策的实施，幼儿园学生人数从当时的 600 多名减至 100 多名。在机构规模缩减和部分独生子女问题日益突出的双重压力下，院长决定邀请老红军来给幼儿讲故事。老红军有着吃苦耐劳的精神，通过讲述当年抗战时期的经历，可以让孩子感受到当下生活的来之不易。因老人每日来回不便且易发生安全问题，1993 年，院长将闲置的第 4 层楼整理出来，邀请老红军免费入住，这成为老幼同养的一个开端。1994 年，机构新增了 9 位老人，考虑到运营成本和服务质量，T 机构开始向老人收取相应的费用，并在幼儿教育中加入了生活教育，尝试老幼互动模式。2003 年，政府计划重建 S 山生态体系。T 机构正巧处于 S 山脚下，应工程需要，山脚下的建筑必须搬迁。于是，在 2005 年，T 机构正式搬迁至 Z 公园，这为 T 机构的进一步发展提供了契机。在空间结构方面，新建的老幼同养机构 1 层是幼儿的生活区域，2 层是老人的生活区域，并在 2011 年将相邻的工厂租赁下来，改造成养老院，扩大规模。在老幼互动方面，T 机构从 2012 年开始将"老幼同乐"

作为园本活动，探索了多样化的老幼互动活动。T机构是探索最早，也是发展至今最为成熟的老幼同养机构。

2. S机构

S机构幼儿园建于1984年，是所在社区成立最早的幼儿园。受计划生育政策的影响，社区幼儿园生源逐年减少，导致幼儿园经营出现困难。与此同时，从1999年开始，我国进入老龄化社会，老年人口增多，高龄、空巢老人的数目增长，亟须机构养老缓解老龄化带来的压力。于是，政府鼓励各企事业单位开办养老机构。当时，S机构所在社区没有养老机构，老人的养老需求难以得到满足。因此，在当地民政部门的支持下，S机构于2002年在幼儿园内新建了一栋2层楼房，提供床位给社区的老人居住。刚开始，幼儿园和养老院分属两个管理团队，难以统一协调，存在管理混乱、相互推诿等现象。因此，S机构决定将养老院收购，由自己统一管理，这为老幼互动提供了便利的机会。在空间结构方面，S机构的养老院和幼儿园在同一院内，老人生活区域和幼儿生活区域分属两栋楼。在老幼互动方面，S机构充分利用老幼同乐资源，将"老少同乐"作为办园特色，增强老人和幼儿间的互动和交流。但是在多重因素的作用下，S机构的老幼同养模式难以继续，因此，在2018年，S机构疏散了养老院的老人，目前，幼儿园正常运行。

3. X机构

X机构养老院建于1996年，是全国第一家民建民营的养老机构。在养老机构中，院长发现老人的生活能够得到照料，但是亟须心理的照护。原因是，居住在机构的老人家属探望的次数少，缺少家庭的情感支持，又与机构内其他人的交流较少，缺少倾诉渠道。

为了提高老人的心理幸福感，院长尝试了不同的方式。首先，同辈群体的支持。院长希望增加老人与老人之间的交流和接触，使他们能够相互照应，疏解彼此内心的烦恼。但是，一些老人的家属对此表示不同意，担心可能出现"黄昏恋"，影响到家产分配，这种方式只能宣告失败。其次，养老院定期组织各种活动，比如棋艺比赛、读书看报、文艺演出等，通过给予奖励吸引老人参与，但是在这种方式中老人处于被动地位，参与活动的积极性较低。其实，老人最开心的还是自己的子女能够来看望他，因此院长制作签到簿，对家属的探望次数进行积分，次数多的家属可以凭借积分在养老院的休息室兑换咖啡和茶，以此来激励家属前来探望，但是收效甚微。最后，用幼儿影响老人。由于之前的方式都没有取得实质性的效果，老年人的心理需求还是无法得到长期且持久的满足。于是，院长提出了一个大胆的想法，即把幼儿园办进养老院。因为幼儿是活泼的、富有生命力的，老人看到幼儿会想到自己的孙子女，想到他们成长的过程，这能够燃起老人对生活的希望。因此，在 2012 年，X 机构将 1 层的四个老人房间改造为幼儿教室，让老人能够时时看到活泼、天真的幼儿，这种方式得到了老人的支持和赞扬。在 2013 年，X 机构将 1 层全部改造为幼儿园。在空间结构方面，X 机构 1 层是幼儿生活区域，2、3 层是老人生活区域。在老幼互动方面，由于 X 机构的规模相对较小，失能及半失能老人的比例更高，对于适合老人和幼儿的互动目前还在进一步探索中。

综上，三家机构成立老幼同养模式的方式虽不尽相同，但殊途同归，都是将养老院和幼儿园进行了结合。这种模式让原本沉闷的养老院变得热闹，让老人感受到幼儿的欢乐，获得情感慰藉。与此同时，老人丰富的生活经验也能够便利地传递给幼儿，让幼儿在收获知识的同时，在潜移默化中，学会尊重和关心老人。总的来看，三家机构的探索为老幼同养模式在本土社会的发展提供了可行性的依据。

二　老幼同养机构管理制度

1. 组织架构

三家机构都形成了一体化的行政体系，由一个总院长和两个副院长共同管理，形成了两个独立管理团队和一个共同管理团队（如图 4－2 所示）。T 机构原幼儿园园长作为总院长，下属两个副院长分别管理幼儿园和养老院。在 X 机构中，由原养老院的院长作为总院长，设置两个副院长分别管理养老院和幼儿园。S 机构在刚成立时，养老院和幼儿园分别有两套行政管理团队，各自为政。行政体系的分离，导致老年人和幼儿虽然居住在一个院子里，但是基本没有互动的机会。而且，两个管理者之间难免意见不合，缺少最终的决策者。反复考虑后，幼儿园的园长接手了养老院，一方面是为了将养老院和幼儿园统一管理，节约资源；另一方面，老年人和幼儿天生就是契合的，这样可以为老年人和幼儿的互动创造更多机会。

一体化的行政体系有利于老幼同养模式的发展，一方面，总院长作为最终决策者，可以协商、调解养老院和幼儿园之间的管理冲突；另一方面，一体化行政体系能够调动养老院和幼儿园的工作人员，共同参与老幼互动。

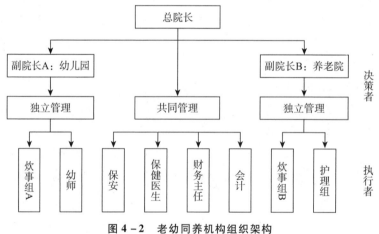

图 4-2 老幼同养机构组织架构

2. 制度规定

（1）对老幼的准入标准

在实践中，三家机构都对老人和幼儿的准入标准进行了严格的规定。对老人的准入标准方面，S 机构只招收自理、无传染病、精神状态良好、且具备一定文化知识的老人，这样，老人可以在老幼互动中传授知识和经验给幼儿；在 X 机构中，老人在入院前需要进行体验，对有传染病和精神状态较差的老人不予接收；在 T 机构中，家属需要与机构额外签订一份医疗协议，确保老人没有精神疾病和传染病。对幼儿的准入标准方面，三家机构都要求幼儿身体健康，没有传染病，且幼儿园每天严格执行晨检午检，发现问题及时处理。

（2）对老幼的安全保障

对老幼的安全方面的规定包括老幼不得私自接触、老幼互动场地的安全措施以及老人去世时的隐蔽处理。为了确保老幼彼此生活区域的独立和安全，三家老幼同养机构都规定老幼不可私自接触，老人须在护工或幼儿园老师的陪同下，走进教室与幼儿互动；幼儿须在幼儿园老师的带领下走进老人房间，以避免老幼私自接触带来不必要的安全风险。对于老幼互动场地，无论是室内还是室外，三家机构都要求管理人员和幼儿园老师提前布置场地，并考虑天气、温度等因素，做好应急准备。在老幼互动时，管理人员和幼儿园老师会全程在场，关注每个老人和幼儿，防止发生意外。

在老幼同养机构中，老人去世可能引起幼儿的注意，带来潜在的安全风险。这也是老幼同养机构在发展过程中面临的最大挑战。在国外，生命教育更早地进入幼儿的课堂，帮助幼儿认识和了解生命的整个过程。在欧美国家的老幼同养模式中，离世老人被家人接走时，会刻意经过孩子们的房间，孩子们默默向老人致意。这些孩子们在接触死亡之前，已经接受过宗教、家庭或学校的生命教育课程，相信老人是去往另一个世界，人都会走向衰老和死亡。但是目前，国内对于生命教育的推行较慢，一方面幼儿不理解死亡，老人看似毫无理由的突然消失可能给幼儿带来心理创伤；另一方面，老人离世被幼儿看到会引起幼儿家长的恐慌。

在实践中，S机构只有一个老幼共用的出入口，老人去世时，很难避开幼儿的视线，家长对此非常不满，这是导致S机构关闭养老院的主要原因。X机构会定期检查老人的状况，对临终或重症的老人，提前给家属发放通知，由家属接老人回家，且X机构有单独的出入口，不会引起幼儿的注意。在T机构中，对于临终和去世老人的离院也有相应的规定：第一，对重症老人重点关注，当情况恶化时，及时向家属发放《病危通知》，由家属接老人回家；第二，无法及时离开或有特殊情况的，老人去世时须听从机构的安排。出殡时间是晚9点到凌晨4点，避开幼儿、家长以及公园散步的人。同时，机构对家属的进出路线进行了严格的规定，且不允许家属携带任何丧葬物品到养老院。

（3）对老幼互动的规定

T机构在2012年将"老幼同乐"融入日常的教学和生活中，由幼儿园老师设计课程，探索自理、半失能及失能老人与幼儿的互动。机构对老幼互动的频率和活动内容都进行了明确的规定，以促进老幼开展多样化的活动。在互动频率方面，由每月一次到每周一次，老幼互动的频率逐渐增多，且老幼互动的效果更加明显。在活动设计方面，活动的内容要符合老年人和幼儿的发展特点，自理老人以室外集体活动为主，增强老幼间的交流和互动；半失能的老人开展手工类活动，锻炼老幼的上肢；失能老人安排幼儿探望，让老人接受幼儿的关心和慰问。在注意事项方面，要求护工注重老年人的仪容仪表，穿戴整洁；老年人不可以有随地吐痰、乱扔垃圾的行为，对幼儿要有爱心；对幼儿来说，老师要进行正确的引导，让幼儿懂得尊重和关心老人，不在老人面前奔跑、打闹，要学会慢慢搀扶老人，懂得和老人分享作品和食物。

第二节 老幼同养在机构的空间与互动模式

一 老幼同养空间－行为互动理论

空间－行为互动理论以社会理论为基础，以时间地理学、行为地理学和活动分析法等行为学派经典理论为方法论，从基于空间和基于人的研究视角出发，构建空间－行为互动理论框架（柴彦威等，2017）。空间－行为互动理论系统分析空间对行为的作用以及行为对空间的作用，在宏观层面，研究社会资源如何决定人们在城市中的空间位置，而空间位置又如何影响人们对社会经济地位的获得；在中观层面，研究空间对人际关系的影响，以及人际互动所需的空间；在微观层面，研究空间与自我认同的关系、空间如何塑造人的心理，以及人们对空间赋予不同的意义（司敏，2004）。以往研究在空间－行为互动理论的指导下，进行了大量的科学实践和实证研究，分析城市社区和农村地区居民日常生活活动的空间特征（塔娜、柴彦威、关美宝，2005；申悦、柴彦威、郭文伯，2013；唐永佩等，2018）。

本研究以空间－行为互动理论作为老幼同养互动模式的理论框架，在空间对行为的作用方面，侧重考虑空间的制约，通过人的行为透视空间的合理性；在行为对空间的作用方面，侧重考虑人的主观能动性，通过改变空间的安排以满足需求。老幼同养互动模式是空间和行为相互作用、相互影响的变化过程，将空间中的老人、幼儿和空间产生相互关联，通过空间交流共享的同时为老人和幼儿建立情感关系。

在老幼同养互动模式中，老幼是整个互动过程的主体，空间的互动应该以老人和幼儿的需求为核心展开，即老幼相似的交流互动和自我价值实现的心理需求。根据美国心理学家马斯洛的需求层次理论（如图4-3所示；马斯洛，1987），可以将老人和幼儿的互动需求从低到高依次分为交流互动、安全感、独立与共享、成就感和自我价值的实现（如图4-4所示）。交流互动是指老人和幼儿之间共享交流的需求，通过互动建立情感关系；安全感来源于对空间场所的熟悉和认可，老幼同养机构需要满足老人和幼儿生活区域的独立，彼此不受干扰；独立和共享是在满足老幼安全感的基础上，为老幼提供独立与共享相统一的空间环境，老幼同养机构既需要为老幼提供单独活动的场地，也需要共用的活动场地，满足老幼共享交流的需求；成就感来自老人和幼儿互动过程中对彼此的认可和赞扬，以此产生相互的尊重，促使老人和幼儿通过积极的反馈和社会参与实现自我价值。

总而言之，老幼同养机构中空间的独立性和共享性是老幼低层次的需求满足，而更高层次的需求满足则需要在特定的空间结构中，为老人和幼儿开展有意义的活动，促进老幼情感关系的建立，增强自我价值感。

图 4 - 3 马斯洛需要层次理论

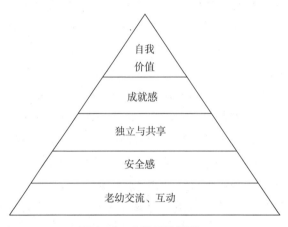

图 4 - 4 老幼互动需要

基于空间－行为互动理论，老幼互动活动和空间之间的关系是双向的过程（如图 4 - 5 所示）。交流互动是老人和幼儿最基本的需求，老幼对有意义活动的参与，有利于老人和幼儿之间建立稳定的情感关系，这是老幼同养模式的发展目标。空间为老幼互动活动的开展提供有利的空间资源，而老幼互动活动是空间功能和价值的体现，空间和活动是密不可分，相互作用的。

综上，老幼同养互动模式是空间与行为的相互作用。空间是老人与幼儿形成互动交往的媒介，空间的设计应该以老幼的需求为本，通过互动活动不断完善空间功能，扩大老人和幼儿互动的范围，促进老幼在相互交流中建立情感关系，实现自我价值。

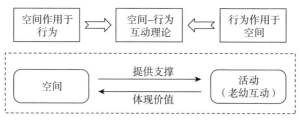

图4-5　老幼同养互动模式

二　老幼同养在机构中的空间模式

1. 空间结构的布局

在老幼代际居住模式中，关键在于各类空间如何组合以更好地促进老幼交流和互动，这就涉及对空间布局的思考。老年和幼儿设施根据建筑结构的不同，可以分为五种类型，包括并列型、层叠型、混合型、一体型以及独立型（如表4-2所示）。"并列型"结构是老年设施和幼儿设施有各自的生活区域和独立的出入口，老人和幼儿可以共用庭院及室外活动场地进行交流。"层叠型"结构是老年设施和幼儿设施纵向叠加，是楼上、楼下的关系，优点在于可以节约用地，比较经济实用；缺点是行动不便的老人或幼儿难以进行上下楼的活动。"混合型"结构综合"并列型"和"层叠型"的特点，是一种较为理想的合建方式，老年设施和幼儿设施既有各自独立的专属楼层，也可以共用某一楼层实现交流和互动。"一体型"结构中老年设施和儿童设施的功能没有进行明确的区分，所有空间都是交叉设置。优点是采用家庭式一体化空间，能够营造家庭的氛围；缺点在于管理困难，只适用于规模较小的设施。"独立型"结构中老年设施和儿童设施分别位于不同的建筑内，根据建筑间有无联系，可以分为"半独立型"和"独立型"，可以共享室外的活动场地，保持各自内部空间的独立。在实践探索中，三家老幼同养机构为了更契合老年人和幼儿的互动需求，都对原有的建筑结构进行了不同程度的改造，形成了"并列型"、"层叠型"和"混合型"三种不同的空间结构布局。

表 4 - 2 老幼复合设施类型

类型	分类依据	空间分布	模式简化图	典型机构	使用形态	特点/不足	互动频率
并列型	1. 老幼设施横向相邻 2. 有各自独立的出入口	A B（●出入口）	A／B 出入口 共用空间	S机构	1. 在同一院内老幼设施平行而立 2. 老幼共用同一出入口 3. 老幼在室外场地互动	1. 视线交流多 2. 老幼无室内共用场地 3. 同一出入口，出行受到干扰	较低
层叠型	1. 老幼设施纵向叠加 2. 共用出入口	A B（●出入口）	A／B 出入口 共用空间	X机构	1. 在同一院内幼儿生活区域在一层，二层、三层为老人生活区域 2. 老幼有各自独立的出入口 3. 老幼在室外场地互动	1. 老幼空间独立 2. 老幼无室内共用场地 3. 上下楼不便，未设置无障碍通道	较低
混合型	1. 老幼设施既有横向相邻，也有纵向叠加 2. 有各自独立的出入口	A／B AB（●出入口）	A B 出入口 共用空间	T机构	1. 在同一院内，幼儿生活区域在一层，二层是老人生活区域 2. 老幼有各自独立的出入口 3. 老幼在室内和室外场地互动	1. 既有单独空间，也有共享空间 2. 室内和室外共用场地可交替使用 3. 老人分配不合理，失能及半能居住二楼	较高
一体型	1. 老幼设施没有区分，所有空间交叉使用 2. 共用出入口	AB（●出入口）	A B 出入口				
独立型	1. 老幼设施位于两栋建筑内，彼此独立 2. 有各自的出入口	A B（●出入口）	A B 出入口／出入口 共用空间				

注：A 养老设施；B 幼儿设施；● 出入口。

资料来源：根据司马蕾《老幼复合型社区养老机构的构想与实践——日本的经验与启示》，《城市建筑》2015 年第 1 期整理。

（1）并列型空间结构

S机构位于J省N市，地处N市主城区东北部。从机构周边环境来看，西边与南边是一条约5米宽的河流，北面和东面都是居民区。根据周围建筑的密集程度来看，S机构位于高密度居民区内，周围居民楼比S机构的建筑更高，这在一定程度上阻碍了光线的进入，影响了机构内的视野。此外，S机构所在社区的交通网混乱，车辆堵塞较为严重，环境相对嘈杂。

在机构改造方面，2002年S机构在幼儿园内新建一栋两层楼的养老院。从机构空间布局来看，S机构属于"并列型"空间结构，北面的幼儿专用空间（浅色区域）和南面的老年专用空间（深色区域）分别独立设置。养老设施和幼儿设施内部相通，从东到西分别是阅读室、活动室以及餐厅；外部是老年人和幼儿公共的室外活动场地。机构有两个出入口，主出入口需要从主干道经过约10米的通道才能到达机构大门，次出入口紧挨着外面的公共厕所，宽度只有1米左右，一般不使用（见图4-6）。

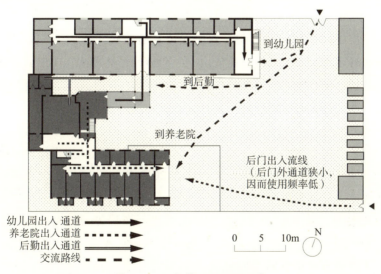

图4-6　S机构一层平面示意

S机构养老院和幼儿园都是两层楼建筑，二层平行而立，在同一水平线上有更多的视线交流。（见图4-7）但是，幼儿教室的窗户较多，起到隔离视线功能的墙比较少，对面养老院的老人及家属的举动容易吸引幼儿，使其注意力不集中，学习受到影响。因此，在并列型空间结构中，如果养老院和幼儿园是平行设置，会带来视线接触过多的问题，可考虑将养老院修建在幼儿园的对角线处。

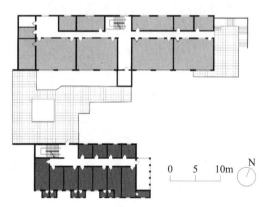

图 4 - 7　S 机构二层平面示意

（2）层叠型空间结构

X 机构位于 G 省 G 市，它所在位置地处 G 市东南部。从机构周边环境来看，X 机构三面依山，一面靠河，环境适宜。根据周围建筑的密集程度来看，X 机构位于中密度居民区，周围居民楼分布较分散，光线和视野较好。此外，X 机构周边有多个主干线，交通便利。

X 机构东南北三面是三层楼的建筑，西面是供休闲娱乐的花圃和亭子。在机构改造方面，X 机构在 2012 年将一层的四个老人房间改造为幼儿教室，在 2013 年，将一层的所有老人房间都改造为幼儿教室（如图 4 - 8 所示）。从机构空间布局来看，X 机构属于"层叠型"空间结构，一层的幼儿专用空间（浅色区域）和二层、三层的老年专用空间（深色区域）纵向叠加（见图 4 - 8、4 - 9、4 - 10）。X 机构中间的院落是老幼公共的室外活动场地，在二层约 40 平方米的平台是老人的室外活动场地。机构的两个出入口相邻，左边的主入口用以幼儿出行，右边的次出入口经过通道和新建的木质楼梯，可以直接到达二层的老人房间。

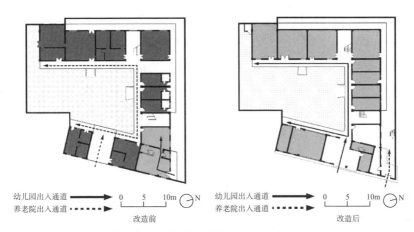

图4-8 X机构改造前后一层平面示意

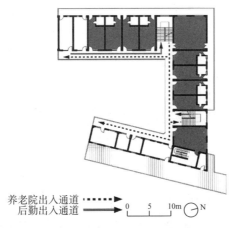

图4-9 X机构二层平面示意

X机构的老年空间和幼儿空间是楼上、楼下的关系，有利于营造老幼各自空间的独立性，楼上的老年人可以通过平台观看到楼下活动的幼儿，有利于老年人与幼儿的视线交流。缺点是难以在垂直通道设置无障碍设施，老年人到一层与幼儿互动交流的可能性降低。考虑到老年人行动不便，可充分利用二层的室外活动平台，为老年人和幼儿开展代际互动。

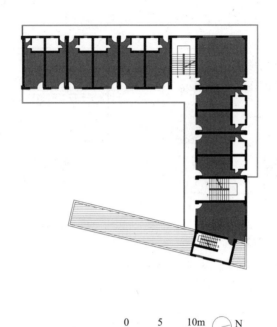

0　　5　　10m　◯ N

图 4 – 10　X 机构三层平面示意

（3）混合型空间结构

T 机构位于 H 省 W 市，它所在城区位于 W 市东南部。从机构周边环境来看，T 机构在公园内部，北面紧挨居民区，南面是公园的草坪。根据周围建筑的密集程度来看，T 机构位于低密度居民区，绿地和活动场地较多。与 S 机构和 X 机构相比，T 机构的视野更加开阔，光线充足，具备天然的环境优势。T 机构有两个出入口，南面的主出入口有两条道路到主干线，一条是与 T 机构相距约 20 米的公园的次出入口，另一条是与机构相距约 300 米的公园主出入口。T 机构北面的次出入口经过主干线，与居民区相连。可以说，T 机构的交通便利，环境适宜。

在机构改造方面，2005 ~ 2011 年，T 机构是由一层的幼儿专用空间（浅色区域）和二层的老年专用空间（深色区域）纵向叠加的"层叠型"空间结构（如图 4 – 11、4 – 12 所示）。在 2012 年，T 机构扩大规模，租赁了相邻的工厂，改造为一层楼的养老院。一层的老年专用空间（深色区域）和幼儿专用空间（浅色区域）相邻而立，内部由两条通道连接，外部是老年人和幼儿公共的室外活动场地，形成了"并列型"的空间结构。因此，T机构具备了"并列型"和"层叠型"两种空间结构，属于"混合型"空间结构。

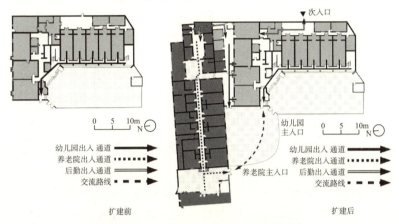

图 4 - 11　T 机构扩建前后一层平面示意

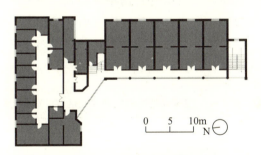

图 4 - 12　T 机构二层平面示意

　　T机构"并列式"空间结构中，一层的养老院和幼儿园相邻而立，阻碍视线的墙较多，避免了老年人和幼儿过度的视线交流。为了满足老年人和幼儿对视线交流和独立空间的需求，T机构在传统"层叠型"空间结构上进行了改进。在传统的"层叠型"空间结构中，二层和一层的视线是交互的，没有阻碍，这时幼儿、家长及社区居民可以清晰地看到二层老人的生活状态。考虑到老年人独立空间的需求和隐私的保护，T机构在二层新增了铁丝网和箩筐，适度地遮挡视线，居住在二层的老年人依然可以透过箩筐与楼下的幼儿进行视线交流。此外，T机构将失能及半失能的老年人安排在二层，让行动不便的老年人通过楼上的平台与幼儿进行视线的交流；将生活自理的老年人安排在一层，便于老年人和幼儿在户外开展老幼互动活动。总体而言，"混合型"空间结构将"并列型"和"并列型"的优势组合起来，能够平衡空间的独立性和共享性，更加符合老年人和幼儿共同生活及互动交流的需求。

2. 空间功能区的划分

在老幼同养模式的空间结构中，既需要单一性的空间，满足老幼对独立性的需求，也需要"多义空间"，激发和增强老幼间的互动和交流。多义空间是指空间本身包含一种或几种主要的外在的功能，可以鼓励组织多种活动（李海乐，2004）。例如，餐饮空间包含餐饮、棋牌、阅览等多种功能，并还可能承担起"社区食堂"的作用。交通空间也不仅仅发挥联通效果，还可打造复合型走廊，赋予其更多功能（胡惠琴、闫红曦，2017；张园，2015）。经调研，三家老幼同养机构的功能空间包括以下几个方面：老人居住区、幼儿教室、厨房及餐厅区、室内活动场地、室外活动场地、出入口、管理者办公区等。对于空间结构功能区的划分可以分为独立型区域和复合型区域两种（见表4-3）。

表4-3　三家老幼同养机构功能区划分形式

类型	功能区	S机构	X机构	T机构
独立型区域	老人居住区	√	√	√
	老人厨房及餐厅区	√	√	√
	老人室内活动场地	√	×	√
	老人室外活动场地	×	√	√
	老人出入口	×	√	√
	幼儿教室	√	√	√
	幼儿厨房及餐厅区	√	√	√
	幼儿室内活动场地	√	√	√
	幼儿室外活动场地	×	√	√
	幼儿出入口	×	√	√

类型	功能区	S 机构	X 机构	T 机构
复合型区域	老幼共用室内活动场地	×	×	√
	老幼共用室外活动场地	√	√	√
	管理者办公区	√	√	√

注：S 机构只有一个出入口，老幼共用。表中"√"代表有；"×"代表无。

（1）老幼独立的生活区

三家老幼同养机构的老人居住区和幼儿教室是完全独立的。考虑到老人和幼儿的单独互动可能带来的安全风险及其他不可控因素，三家机构都在原有空间结构的基础上，对老人和幼儿的行为进行了人为的限制。

在 S 机构中，室内通道与幼儿图书室、老人活动室和餐厅区相连，在幼儿上学期间，关闭的图书室将老人和幼儿的生活空间分隔开。在 X 机构中，从二层通往一层的楼梯口用木质门进行隔离，幼儿上学期间，门会上锁，限制老人和幼儿的私自接触。在 T 机构中，一层的养老院和幼儿园中间有两条通道，一条是从最北面的老人房间通过，老人房间有两个门，分别面向幼儿园和养老院，平时，面向幼儿园的门会上锁；另一条通道由铁栅栏隔离，在幼儿上学期间，铁栅栏会上锁，防止老人和幼儿私自走进彼此独立的生活空间。此外，T 机构在二层养老院到一层的楼梯口处设置电子门锁，每天由老人志愿者负责执勤，避免老人私自外出。

总的来看，三家机构对老人居住区和幼儿教室功能区的划分是完全独立的，一方面，可以确保老人和幼儿各自生活的独立性，避免了私自接触带来的风险；另一方面，老幼同养模式还在探索和发展阶段，老人和幼儿的完全融合有待进一步的实践，而就目前已有经验来看，老人和幼儿生活区的独立是有必要的。

（2）老幼分开的餐厅区

在三家老幼同养机构中，餐厅区是完全分开的。一方面是因为教育局和民政部出于对幼儿或老人饮食安全的考虑，要求老人和幼儿的餐厅区彼此分开，机构应该具备两套完全不同的设备，包括餐桌、开水间、消毒间以及厨房等。在 S 机构中，餐厅区在老人活动室和幼儿图书室的中间，其内部分为前后两个区域，分别是老人餐厅区和幼儿餐厅区。在 X 机构中，老人餐厅区和幼儿餐厅区都在二层，中间由隔断隔开，分属两个空间，彼此独立。在 T 机构中，老人餐厅在一层的养老院，幼儿餐厅在幼儿园内，相距较远，彼此间没有交叉。另一方面，老年阶段和幼儿期有不同的营养需求，需要准备两套不同的菜谱。因此，在政府部门的要求和机构实践探索中，老幼同养机构的老人餐厅区和幼儿餐厅区都是独立的。

（3）室内活动场地的划分

室内活动场地可以分为老人室内活动场地、幼儿室内活动场地和老幼共用的室内活动场地。在 S 机构中，养老院和幼儿园中间是活动室和图书室。图书室是幼儿的室内活动区域，活动室是老人的室内活动区域，老年人可以在活动室看电视、聊天等。S 机构为了确保老人和幼儿空间的独立性，将活动室和图书室的门分别上锁。虽然 S 机构的室内活动场地宽敞，活动便利，但是由于没有为老年人和幼儿设计合适的活动课程，老年人和幼儿在活动室或图书室都未能开展活动。在 X 机构中，幼儿园采取小班教学，以室内活动空间较大的一层作为幼儿单独的室内活动场地。但是 X 机构和 S 机构既没有老人单独的室内活动场地，也没有规划老幼共用的室内场地，当老幼互动时，S 机构和 X 机构则安排老人到幼儿教室，或幼儿到老人房间进行互动。一方面活动受限于场地，另一方面会干扰其他未参与活动的老人或幼儿，因此，活动的延续性较差。

在 T 机构中，老人有两个室内活动场地，一是在一层养老院的餐厅区，餐厅的桌椅可以移动，能够容纳约 30 人共同活动；二是在二层养老院的活动大厅，老人可以在大厅看电视、打麻将等。T 机构的舞蹈室则用作幼儿的室内活动场地。此外，T 机构在进行室内活动场地划分时，将老人室内活动场地视作老幼共同的活动区域，由老师带领幼儿到养老院的一层或二层，与老人开展有组织、有计划的活动。

总而言之，X 机构和 S 机构未划分老幼共用的室内活动场地，其中 X 机构未为老人提供室内活动场地，而 S 机构的室内活动场地则未加以利用。综合对比来看，T 机构既具有老幼单独的室内活动场地，又有老幼共同活动的室内公共场地，符合老人和幼儿对独立性和共享性的需求。

（4）室外活动场地的划分

室外活动场地可以分为老人室外活动场地、幼儿室外活动场地和老幼共用的室外活动场地。在 S 机构中，老人和幼儿只有一个共用的室外活动场地，是机构中间约 500 平方米的操场。养老院刚建成时，为了促进老人和幼儿的自发互动，S 机构并没有对操场进行分隔，老人和幼儿可以随意进行互动。但是有些老人会有随地吐痰、吸烟等行为，这些不良的生活习惯会影响幼儿的成长。因此，为了减少直接接触，S 机构在养老院周围设置了栅栏，老人的活动区域约 100 平方米。由于机构对栅栏的管理较松散，有少数老人会翻过栅栏，到幼儿的活动区域，这种增加栅栏的方式并没有取得预期的效果。

在 X 机构中，二层养老院约 40 平方米的平台是老人的室外活动场地，老人在护工的带领下在平台做早操，观看表演等。一层幼儿园中间的操场是幼儿室外活动场地。同时，操场也是老幼共同的活动的室外场地，老年人可以观看幼儿做游戏，或者自发地参与幼儿的活动。

在 T 机构中，老人室外活动场地是一层养老院外面的草坪，草坪上有桌椅，供老人晒太阳、聊天。幼儿室外活动场地是幼儿园中间的约 200 平方米的操场。T 机构也将老人、幼儿室外活动场地作为老幼共用的室外场地，定期组织老人和幼儿进行共同表演节目、拍篮球、投球等集体活动。此外，T 机构地处公园，具备天然的自然优势，T 机构会安排老人和幼儿共同到公园散步，亲近大自然。

综上，在 X 机构中，老人和幼儿有各自独立的室外活动场地，在老幼共用的室外活动场地，以老幼自发互动为主，缺少计划和组织。在 S 机构中，老人和幼儿只有一个共用的室外活动场地，此时老幼的生活受到彼此的干扰，不符合独立性空间的需求。T机构既有老人和幼儿单独的室外活动场地，也有共用的室外活动场地，能够满足老人和幼儿对独立性和互动性的需求。因此，在老幼同养空间模式中，应该既划分老幼单独的室外活动空间，也设置老幼共用的室外活动空间，为老人和幼儿提供互动场地。

（5）老幼出入口的设置

如表4-4所示，S机构只有一个主出入口，老人和幼儿共同使用；在X机构中，老人和幼儿分别有各自的出入口；T机构有多个出入口，老人和幼儿的出入口独立使用，互不干扰（出入口具体的位置，在上文的空间结构图中已标识）。

表4-4　老幼同养机构出入口情况

		S机构	X机构		T机构		
时间		2002年至今	2012年	2013年至今	2005年	2012年至今	
主出入口	个数	1	1	1	1	2	
	使用	老人和幼儿	老人	幼儿	幼儿	幼儿	老人
次出入口	个数	1	1	1	2	3	
	使用	未使用	幼儿	老人	老人 老人	老人 老人	幼儿
对老幼的干扰性		较强	较弱		较弱	较弱	

① S机构的出入口

在S机构中，养老院和幼儿园只有一个主出入口，老年人、家属、幼儿、家长以及员工等都从一个门进出，存在一定的安全隐患。

第一，养老院和幼儿园对出入口的规定不同。为了加强幼儿园安全工作，预防各类安全事故的发生，幼儿园在上学期间实行封闭式管理，在出入口处建立校外人员入园登记或验证制度，严防校外人员进入。但是在养老院中除老人休息的时间以外，家属都可以进行探望。例如，S机构的老人家属会在幼儿上课期间到养老院，此外，还发生过家属由于财产分配不公，而产生家庭纠纷的事件，这威胁到了幼儿的安全。

第二，老人去世带来的一系列问题是 S 机构面临的最严峻挑战。中国传统文化非常重视葬礼，当老人去世时，家属本着要"风风光光"送走老人的想法，会带着花圈和送葬队伍到养老院。但是在 S 机构中，从养老院到主出入口，不得不经过操场及幼儿园门口，这会引起幼儿的注意，甚至会给幼儿带来潜在的心理伤害，幼儿家长对此非常不满。除此之外，殡仪馆接老人的车往往停在 S 机构门口狭窄的巷子里，一方面堵塞道路，另一方面周边居民觉得不吉利，非常介意，甚至向有关部门投诉，要求解决这一问题。虽然 S 机构还有一个次出入口，但是由于次出入口宽约 1 米，旁边是公共厕所，家属不愿意老人去世时从次出入口出去，所以次出入口并没有得到合理应用。老幼共用同一出入口，难以解决老人去世、家属纠纷、幼儿安全等多方面的问题，成为 S 机构难以运营的主要原因。

② X 机构的出入口

在 X 机构中，老人出入口和幼儿出入口是各自分开的。X 机构在 2012 年新增了两间幼儿教室，将次出入口更改为幼儿出入口，老人从主出入口进出。老年人和幼儿的生活互不干扰，老年人去世时从主出入口出去，与幼儿基本没有视线的交集。2013 年，机构将一层都改造为幼儿园，把主出入口的大门向右移，作为幼儿园的出入口；次出入口作为养老院的出入口（如图 4 - 8 所示），并在次出入口新建了通往二层的木质梯子，便于老人和家属直接进入二楼，同时老年人去世时也可从二楼经过木质梯子到次出入口，避免幼儿看到。

③ T 机构的出入口

在 T 机构中，老人和幼儿有多个出入口，分别独立使用。T 机构在 2005 ~ 2011 年时，有一个主出入口和两个次出入口。主出入口作为幼儿园的出入口，与主出入口相近的次出入口是养老院的出入口，老年人及家属通过次出入口经过一个走廊到达养老院二楼。机构背面的次出入口能够避开幼儿视线，当老人去世时，可从次出入口送出。在 2012 年，T 机构新增了一层楼的养老院，此时共有两个主出入口和三个次出入口。新增的主出入口是一楼养老院的大门，一楼的老年人可从养老院大门出入，去世的老年人可从养老院主出入口出去，如果条件不允许，也可从养老院背面的次出入口出去。在一楼养老院和幼儿园中间的次出入口用于幼儿的出入。

总的来看，老幼同养机构的出入口承担着双重功能。一是实现老年人和幼儿的独立出行。出于对老人和幼儿安全的考虑，老幼同养空间模式中老人和幼儿应该有各自独立的出入口。二是帮助应对老人去世及其他突发事件。在老幼同养机构的实践中，单一出入口难以解决老人去世可能给幼儿带来的负面影响，因此，老幼同养空间模式在实践中，须根据自身的空间结构，在背面设置隐蔽的通道，避开幼儿的视线。出入口的合理设置，对于老幼同养空间模式的发展至关重要。

（6）管理者办公区的复合

在三家老幼同养机构中，养老院和幼儿园都由一个总院长负责两个院的相关事务。因此，养老院和幼儿园管理者的办公区是复合的，这样一方面可以节约办公资源，另一方面也便于监督和统一管理。此外，机构的医务室、会议室、传达室等空间都可以进行老幼共享。因此，在老幼同养空间模式中，管理者办公区的复合是合理可行的。

综上所述，三家机构对于功能区的划分有共识，也有不同，空间本身并不会对老幼同养模式的发展起到决定性作用，但是使用者对空间的功能划分、对空间结构的管理定位等会对老人和幼儿的行为产生影响。因此，如果想要达到老幼同养的效果，一方面要改造空间，合理划分功能区，满足老幼对独立性和共享性空间的需求；另一方面，也要充分利用现有的空间结构，提出合适的活动方案，促进老幼互动。

三　老幼同养在机构中的互动模式

老幼同养机构的空间结构，为老幼互动提供了硬件条件，同时老幼互动也需要具备相应的软件措施，即融入定期性的老幼交流活动，鼓励老年人展现原有的睿智专长，重新看到生命成长的希望，同时让幼儿学会尊重和帮助老人。

在以往研究中，根据活动内容的不同，老幼互动可以分为基于表演式的互动（performance-based）和基于社会交往式的互动（social-oriented）。基于表演式的互动指幼儿单方面向老年人唱歌、跳舞，这种项目的优点是能够将所有老年人（包括坐在轮椅上不便活动的）纳入进来（Morita & Kobayashi，2013）。Hayes（2003）研究发现，对于有认知障碍的老年人来说，虽然不能直接参与代际互动，但是在观看的过程中，他们仍然能够受益于周边的代际氛围，自身的状态有所提高。但是这种项目的缺点是老年人是被动的参与者，难以发挥自主性（Morita & Kobayashi，2013）。

在基于社会交往式的互动中，又可以分为三种类型，分别是以老年人主导、以幼儿主导和老幼以平等的关系进行互动合作。以老年人为主导的代际项目中，老年人作为志愿者，向幼儿教授阅读和数学，分享自身的经验和知识（Fried et al.，2013；Rebok et al.，2004）。以幼儿为主导的代际项目中，幼儿到养老院看望老人，了解老人的生活环境，主要提供探访和陪伴服务（Jarrott et al.，2006；Kelley，2005）。在老幼以平等关系的互动中，允许老年人有更多的角色，发挥自我价值感，同时也要考虑幼儿的兴趣（Herrmann et al.，2005）。研究发现，基于表演式的互动与社会交往式的互动相比，后者有更多的代际对话和建设性行为，老年人的参与度和积极性更高（Morita & Kobayashi，2013）。在平等关系的互动中，老年人和幼儿可以相互合作和学习，老年人有终生的生活经验，幼儿有学习的热情。而在实践中，根据互动形式的不同，三家老幼同养机构的探索可以分为四种模式（如表4-5所示），在每种模式中，老幼的角色、互动频率和活动内容都不同。老幼互动频率的高低，与活动开展的次数和老幼参与活动的积极性有关，当活动开展次数高，老幼参与性高时，老幼互动频率高；当活动开展次数多，老幼参与性低时，老幼互动频率低；当活动开展次数少时，老幼互动频率低。

表 4 - 5　老幼互动活动和频率

互动活动的分类	性质	老幼同养机构	互动频率	具体内容
基于表演式的互动	幼儿主导	S 机构	低	幼儿唱歌、跳舞给老人观看
		X 机构	低	
		T 机构	低	
基于社会交往式的互动	老人主导	S 机构	低	爱国教育、传统文化教育等、传授生活经验和技能
		X 机构	低	
		T 机构	高	
	幼儿主导	S 机构	低	幼儿陪伴和探访老人
		X 机构	低	
		T 机构	低	
	老幼平等合作	S 机构	低	以游戏为主，老幼相互学习，共同完成
		X 机构	低	
		T 机构	高	

1. 基于表演式的互动

在基于表演式的互动中，主要以幼儿为主导。三家机构开展此类形式的老幼互动的频率均较低，一般是在节假日，由幼儿园老师组织幼儿唱歌、跳舞给老人观看，让老人有机会感受到幼儿的欢乐和童趣，获得情感慰藉。这种互动的优势在于，所有老人（包括失能以及认知障碍的）都可以参与进来，观看表演。但在基于表演式的互动中，老人和幼儿只有视觉交流，缺少对话和接触，且老人始终处于被动地位，参与活动的积极性较低。

2. 基于社会交往式的互动

（1）以老人为主导

老人具有丰富的生活经验和智慧，老年阶段"生成性"特点要求老人将自己的知识、智慧和生活技能传递给年青一代。因此，在老幼互动中，老人可以承担"导师"的角色，传递文化知识、生活经验和技能等。

S 机构以爱国教育为主，邀请老人（有的是南京大屠杀的幸存者）走进课堂，通过讲述抗日战争时期的爱国主义精神，让幼儿对爱国主义有新的认识和理解。为了发挥老人的主导作用，S 机构起初只招收生活自理且具备一定文化知识的老人。但是随着老人身体机能的下降，很多老人难以继续胜任"导师"角色。因此，S 机构以老人为主导的爱国教育活动开展的频率降低。

X 机构以生活技能的传递为主，邀请老人走进幼儿教室，参与包饺子、做饼干等生活类课程和书法、剪纸等艺术类课程。在 X 机构中，更多的是失能和半失能的老人，相对来说，老人的自理能力越差，与幼儿互动的难度越高；且 X 机构是"层叠型"结构，二层与一层之间没有无障碍通道，这为老人与幼儿开展活动造成了阻碍。因此，X 机构以老人为主导的生活技能传递活动开展的频率较低。

T 机构的活动较为丰富，主要分为两个类型。一是传统文化教育，老人向幼儿讲述"端午节"、"中秋节"以及"春节"等节日的由来和美食、传统的习俗等，让幼儿从小开始了解优秀的传统文化，培养文化传承的意识。二是生活经验的传递，T 机构起初邀请老红军讲述抗战时期的生活经历，教导幼儿要有吃苦耐劳的精神，懂得珍惜粮食。后期主要围绕老人的兴趣爱好和技能开展互动，老人作为"导师"的角色，教幼儿剪纸、捏泥人、下棋等课程。相对来说，T 机构开展以老人为主导的频率较高，一个主要原因是 T 机构的规模较大，自理老人的比例更高，能够与幼儿开展活动的范围更广。

（2）以幼儿为主导

3~6 岁的幼儿面临主动对内疚的冲突，当幼儿的表现得到鼓励时，幼儿的主动会多于内疚，这对幼儿责任感和创造力的培养很重要。在以幼儿为主导的活动中，幼儿的主动性得以发挥，幼儿被赋予"帮助者"角色，发挥自主性，为老人提供陪伴、探访等服务。

S 机构会在"端午""重阳""元旦"等节日，由幼儿园老师带领幼儿，前往老人房间挂艾草、贴年画、贴窗花等。在 X 机构中，幼儿会在老师的带领下，将自己烹饪的美食、制作的手工等，送给楼上失能或半失能的老人。在 T 机构中，每当老人过生日时，幼儿园老师都会组织幼儿到老人房间，给老人唱生日歌、送上制作的手工等礼物。此外，T 机构会定期安排 5~6 名幼儿到失能及半失能老人房间，探望老人，跟老人一起进行手部或肩臂的健身操。三家机构开展以幼儿为主导的互动频率较低，一方面是因为幼儿到老人房间需要幼儿园老师的陪同，增加了幼师的教学任务；另一方面是因为幼儿的帮助能力有限，能够为老人提供服务的范围较小。

（3）老幼平等合作

在以老幼平等合作的活动中，老人和幼儿由于有共同的目标，都有机会发挥自主性，为活动做出自己的贡献。因此，在老幼互动中，平等合作能够充分考虑老人和幼儿双方的兴趣，使老幼相互学习，合作完成目标。

S 机构以老幼自发互动为主，在室外操场为老幼准备活动的用具，老人和幼儿可自行组队，开展双方感兴趣的活动，包括一起浇水种菜、做手工、讲故事、做游戏等。与 S 机构类似，X 机构的老人可以自发加入在操场做游戏的幼儿当中，与幼儿一起拍球、滚轮胎、聊天等。但是这种自发互动的缺点在于，幼儿和幼儿之间的互动更多，老人有时难以融入幼儿的游戏和对话中，老人参与活动的积极性较低。

在 T 机构中，老幼互动活动由幼儿园老师根据老人和幼儿的发展特点设计，每月定期为老幼组织集体活动，开展的频率较高。老幼在户外活动中以拍球、传球比赛为主，在室内组织夹乒乓球、吹气球等竞技游戏。在 T 机构的活动中，老人和幼儿参与的积极性很高，且竞技类游戏增强了老幼的团队合作意识，能够在交流和互动中，共同完成目标。

总的来看，在老幼同养的互动模式中需要注意以下几点。第一，老人的健康状况会影响活动开展的频率，相对来说，健康状况越好的老人与幼儿开展活动的能力越高；第二，老幼互动需要精细化的设计和引导，如果只是让两个群体待在一起并不会产生实质的交流和互动，也无法达到老幼互动预期的目标；第三，发挥中间力量的作用，在老幼互动中，机构管理者、幼师、护工等是老幼互动的桥梁，组织老幼定期、频繁的互动离不开机构人员的共同支持。

老幼同养模式在中国机构中的探索，为老幼同养模式的本土化实践提供了实证依据。从空间－行为互动理论和实践来看，老幼同养模式是以老幼的需求为核心，通过空间和活动的相互作用和相互影响，实现老幼共养、老幼共融。

本章对比分析三家老幼同养机构的空间结构和互动活动。在老幼安全感需求方面，S机构的"并列型"结构、X机构的"层叠型"结构和T机构的"混合型"结构都对老人和幼儿的生活区域进行独立划分，确保老幼的生活不受彼此干扰。在为老幼提供独立与共享需求方面，S机构只有室外共用场地，老幼没有各自独立的活动场地，且老幼以自发性互动为主，缺少活动计划和目标，老幼互动的频率较低；X机构老幼互动场地在一层的幼儿教室和室外操场，但是X机构未设置无障碍通道，二楼的老人与楼下幼儿互动不便，老幼互动的频率较低；T机构既有室内共用场地，也有室外共用场地，且合理利用空间优势，将失能及半失能的老人安排在二楼，自理老人安排在一楼，同时，T机构设计了一系列有目标、有计划的互动活动，增强老幼之间的接触和交流。

由此可见，老幼同养模式的发展需要空间结构和互动活动的相互作用，在空间结构的设计中，既要保有某一群体单独的、不受打扰的空间，又要有复合的空间促进老年人和幼儿的互动交流。空间结构和功能区的划分是变化的过程，随着老人和幼儿的实际需求和使用情况的不同，空间形态随之改变，反过来，利用空间资源和优势，设计合理的老幼互动活动，能够提高老人和幼儿对空间的适应力，满足老幼自身的发展需要。

综上，老幼同养机构在发展过程中是没有经验可循的，需要"摸着石头过河"，一步一步探索。三家机构的实践，积累了大量的"成功"和"失败"的经验。相较于国外的实践经验，国内机构的探索更具有情境化，也更能反映老幼同养模式的本土发展特点。但是老幼同养模式的进一步的推广和发展需要循证实践（Evidence-Based Practice）（拜争刚、吴淑婷、齐铱，2017）。因此，笔者选择老幼同养模式探索最早、机构管理更成熟以及空间结构更合适的 T 机构作为研究对象，并通过干预研究，评估老幼互动的效果，为老幼同养模式在中国的推广提供实证依据。

第五章　老幼同养模式在中国社区中的探索

第一节　老幼同养模式在社区的发展现状

国内的社区老幼同养模式仍在探索阶段。在老幼同养互动模式和代际共享空间模式方面的已有实践可被视为老幼同养模式的发展雏形，能够为进一步的发展提供本土化的经验。本节将老幼同养模式在国内社区的实践作为研究的重点，采取系统综述（Systematic Review）的方法，总结其发展的特点以及不足。

通过对国内外数据库进行文献检索，得到与社区互动内容相关的中文文献 2 篇，与社区空间布局相关的中文文献 9 篇。从数据库检索结果来看，在国内老幼同养模式方面已发表的学术研究较少，且已有研究主要是针对老幼同养模式在中国发展的可行性分析，缺少对国内相关项目的评估和总结。

在文献检索的基础上，笔者在百度和必应（Microsoft bing）两大搜索引擎中检索与代际相关的项目，设定检索时间为 1960～2020 年，以"代际项目""代际共融""代际和顺""代际和谐""老少同乐""长幼共融""跨代共融""代际合作""跨代共居""耆幼融融""童叟共乐""情系桑榆""人间重晚晴""农村留守老幼"为关键词。从结果看，目前国内的大量探索还停留在短期的服务项目，尚未形成规模。

通过数据库和网页查找，对已有案例进行整理和分析，按代际接触深度的不同分为不同的形式。代际的接触深度（主要包括互动的频率和持续时间）在很大程度上决定了代际项目的有效性。

将代际接触理解为一个连续变量，可以为我们提供一个有价值的框架，通过它将代际项目分类并概念化，进而理解代际项目的影响（Kaplan，2002）。具体而言，代际接触的深度，可以划分为七级，从低水平接触，到中等水平接触，直至高水平接触（如图5-1所示）。

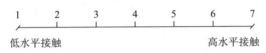

图 5-1　代际接触的深度

第一级是了解其他年龄段的生活，没有任何形式的直接或间接接触。

例证1：以绘本的形式为幼儿展示衰老和老化的知识。如台湾地区将老化主题课程纳入幼儿园教学，应用幼儿六大领域学习指标，设计老化教育课程，培养对高龄长者的正向认知和态度。研究表明，老化课程提高了幼儿与家中祖辈之间的互动，幼儿对老年人和衰老有了正面的看法。

第二级是间接的接触，不同世代的参与者从未真正见面，而是通过视频、写信等方式进行交流。

例证2：2016年，广东省东正社区综合服务中心设置社区版"解忧信箱"，邀请老年人和小学生成为笔友。老年人凭借自己的社会阅历及不同领域的丰富知识为小学生答疑解惑。

第三级是直接的接触，老年人和幼儿之间进行某种形式的互动，通常是一次性的体验。这类项目一般都是短期的、低频率的互动，不具有持续性。

例证3：幼儿及青少年作为志愿者探访和慰问居住在养老院或社区的孤寡老人。如2016年，广东省佛山市志愿者为社区独居老人送物资和关爱。2019年，常州工程职业技术学院"老吾老以及人之老"实践团队，走进合肥南七街道智慧养老院和上海金福院，为老人送温暖、献爱心。

例证4：邀请有能力的老年人走进课堂，让儿童近距离接触老年人，在与老年人的交流和互动中积累知识并获得技能。如2019

年，北大附小丰台分校邀请北京乐邻里长者乐园老年人走进学校，在国旗下分享"红色故事"，进行爱国主义教育。

第四级是年度或定期的活动，与社区活动或组织的庆祝活动联系在一起，定期举行。这些活动是社区代际团结的象征，并影响着人们对更多持续活动的态度和接受程度。这种形式在中国的探索较多，或以传统节日为依托开展丰富的活动，或以老幼交流学习为主开展不同主题的活动。

例证5：依托传统节日开展代际互动，传承文化传统。如2019年，南京市鼓楼区湖南路街道傅厚岗社区在活动室开展老少同乐做花灯活动。同年，上海延泽社会工作发展中心进杨浦开展延吉社区"老少同乐"元宵游园会。

例证6：不同主题的代际交流和学习活动。如2017年，江苏省张家港市保税区（金港镇）占文村组织"老少同乐"代际学习项目，邀请老少结对参与爱心讲座、书法课堂等活动。2019年，沈阳市乐和社工服务中心开展"一老一小"成长ING小组服务，在社区内为"一老一小"搭建互助平台，促进服务对象之间的代际互动。

第五级是基于实验项目的密集活动，通常是在外部资源的支持下，进行一段时间内持续的代际活动，代际的交流和学习较为密集。

例证7：中国大陆在老幼同养模式方面的实证研究较少，目前，中国台湾地区有相关的实验研究。如2017年，洪宏、姚卿滕展开了运用代间学习提升日间照顾中心老人的人际互动研究，使社区日间照料中心的老人和幼儿固定结伴，以老化教育课程为主题，让幼儿在生活中融入老化教育议题，试图通过规律性的互动提高老年人的积极情绪，增强幼儿对老年人的正向态度，并使用专业方法来评估这一实验结果。

第六级是将成功的代际项目纳入日常活动。这些方案是经过实验验证的，并被认为是成功的、有价值的。

例证8：将代际项目作为学校课程的一部分。台湾地区将长期照顾服务学习引入幼儿及青少年的各个阶段，邀请老年人走进课堂，参与老化教学，培养幼儿对衰老的正确认识和积极的态度。如 2014 年，台湾屏东县安居大社区将长期照顾服务学习引入幼儿园、小学、初中及高中阶段的学习和生活，促进老少共学。

第七级是以社区建设或社会资本为目的的代际项目，强调持续的、自然的代际共享、支持和沟通。目前，中国在城市社区和农村社区都尝试建立代际中心，在社区为老年人和幼儿提供固定的活动场所，为持续性代际项目的形成奠定了基础，但是现有实践以促进非正式互动为主，缺少有计划的、长期的代际项目。

例证 9：城市社区的探索。2011 年，上海杨浦区控江路街道建立"多代屋"恒联家庭计划综合服务中心，同时为幼儿、青少年和老年人提供服务；2018 年，张家口市宣化区宣赤路北社区养老驿站设置了文化服务中心、老少同乐大本营、健康小屋、营养餐厅、综合休息服务区、卫生服务区六大功能区。

例证 10：农村社区的探索。2017 年开始，湖北省荆州市政府联合四叶草社工机构在农村社区建立"留守老人和儿童快乐之家"，包括老年功能室、日间照料室、儿童乐园、阅览室等多个功能区，满足老人和儿童的需求；2017 年，宁夏回族自治区隆德县观庄乡前庄村有两处独特的建筑"一院一家"，即"幸福院"和"儿童之家"，它们成为农村五保老人和留守儿童的新家园。

综上，老幼同养模式在中国社区已展开了不同形式、不同内容的探索。相对来说，在代际接触深度的第一至第三级是较低水平的接触，难以对代际双方产生实质的效果。中国老幼同养模式的探索以第四级为主，依托传统节日和庆祝活动开展老幼之间的互动，但是互动的内容较为单一，频率较低，并不能形成规模性的项目。因此，代际的互动要想获得实质的改变，则需要将重点放在第五至第七级，以实验设计确定项目的有效性，并将成功的模式融入日常活动和社区建设中，促使老年人和幼儿在有计划的、规律性的互动中获益，为社区发展和代际共融做出贡献。

总体而言，现有的社区老幼同养模式扎根于中国的"家"文化，是本土化实践的基础。然而，老幼同养虽然在社区呈现出多种形式，但是项目普遍缺乏持续性和系统性，且区域发展不平衡，因此需要将理论和实践进一步有机结合，促进老幼同养模式在中国社区的长足发展。

（1）家庭与社会的共同支持

老幼同养模式在社区的探索体现了中国最具代表性的孝道文化与"家庭本位"的传统，实践项目多以"家"的形式出现，如"幸福苑""快乐之家""儿童之家"等。在中国几千年的文化历史中，家庭发挥着重要的功能，是情感关系的主要来源。随着家庭功能的弱化，社会代际项目得以发展，从而满足不同代际对情感关系的需要。老幼同养模式在本土化实践中，需要充分结合中国的传统文化，平衡好家庭与社会之间的关系。一方面，家庭内部代际支持的功能和作用不容忽视，这是中国家庭维持运作的主要方式，而社会支持是在家庭功能不足时的补充。另一方面，通过家庭内外的代际互动，将"小家"与"大家"联系起来，将代际关系从家庭层面转向社会层面，增强非血缘关系的代际互动。

（2）区域差异和发展不平衡

根据老幼同养项目的检索结果来看，现有项目主要集中在东部经济发达地区，如北京、上海、广东、香港等地，而中西部地区的探索项目较少，发展较为缓慢。从城乡差异来看，绝大多数项目在城市地区，农村地区探索较少。但是从需求的角度看，农村地区的留守老人和留守幼儿的比例更高，对情感和亲情更渴望，而现有项目供给小于需求，难以为农村老年人和幼儿提供相应的支持和服务。老幼同养项目发展不平衡的主要原因在于资金和人力资源的匮乏，中西部和农村地区缺少公益项目的投入，没有相应的资金用以开展代际互动服务，且农村地区鲜有专业人员，项目发展滞后。

（3）项目缺乏持续性和系统性

目前，中国在老幼同养领域已探索了多种项目，但是整体而言，这些项目缺乏持续性和系统性，难以形成规模，使得其进一步的推广受限。具体来讲，主要体现在：第一，缺乏对社区老幼代际互动机制的理论探讨，国内学者对于代际关系的研究主要集中在家庭内部，缺少对家庭外部代际关系的分析，尚未形成系统的理论和实践体系，使得本土化的老幼代际互动项目的实践缺少科学指导；第二，老幼代际互动的活动内容、形式和流程较为简单，缺乏系统性，如缺少对参与者的培训，缺乏对老幼情感关系的建立和引导等；第三，项目设计缺乏连续性，国内老幼代际互动以短期项目为主，且缺乏对实施效果的客观评估，因此项目难以进行发展和推广。

综上所述，老幼同养模式的发展需要将国外老幼代际互动的经验与中国本土化情境相结合，设计符合我国社区老年人和幼儿的服务模式，进而通过实证研究，评估其效果及有效性。同时，老幼同养模式作为公共服务，需要相应的政策支持，推动代际共融政策的进一步落实，促进代际的互动和交流，创建共建共享的美好社区。

第二节 老幼同养模式在城市和农村社区的探索

一 老幼同养模式在城市社区的探索

老幼同养模式在城市和农村社区有不同的发展背景，应该根据实际情况制定差异化的服务模式。在城市社区中，选取兼具托幼机构和养老中心的 H 社区和 D 社区进行调研，通过深入访谈，了解社区的具体情况和各方利益群体对老幼同养模式的态度和发展建议。

W 市 H 社区共有 8200 人，总户数 3200 户，是一个老旧社区，同时也是一个有自身特色的商业区。社区内的流动人口占比高，独居和空巢老人数量较多，老年人的社会参与度低，社区的凝聚力有待进一步提高。H 社区具有 L 托幼机构、R 幼儿园和社区居家养老中心，可对现有的养老和托幼资源进行整合，有机结合社区老年群体和幼儿群体，通过代际互动，形成一个多代共融的友好社区。其中，L 托幼机构是一个着力打造创新型幼儿家长接待中心，旨在建立一个幼儿与同伴、家长、心理专家自由交流、相互

陪伴的空间，为孩子完成初期社会化提供"软着陆"，弥补现阶段
0~3岁幼儿心理关怀空白的机构。L机构主要为0~3岁幼儿提供
专业的心理和行为引导，每周固定三天，志愿者陪同家长和幼儿
边玩边学。社区居家养老中心，是居家-社区-机构三位一体的
养老机构。服务中心以"专业护理+个性护理"为特色，为老人
提供助医、助餐、助浴、助洁、助行等日间照料服务。老年人在
居家养老服务中心可以进行锻炼身体、机能恢复、健康检查、社
会交往等活动。居家养老中心虽然具备专业的身体护理，但是由
于养老中心的活动氛围有限，老年人的参与率低，社交活动较少。

从H社区的空间布局来看（如图5-2所示），一层的社区居
家养老中心和幼儿园是"并列型"结构，养老中心的后门与幼儿
园的室外操场相连。养老中心和幼儿园分别有各自的出入口，且

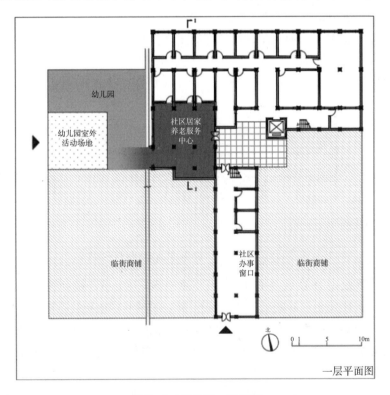

图5-2　H社区一层平面

在幼儿园上课时，养老中心的后门用铁栅栏隔绝，满足老年人和幼儿对独立性的需求。在资源整合方面，幼儿园的室外操场可作为老幼代际互动的场所，招募社区自愿参与的老年人，与幼儿园的幼儿进行个性化匹配，开展一对一或小组活动，利用老年人自身的优势和资源，传递知识和经验给幼儿，幼儿也能在互动中增强社会交往能力。

与社区居家养老中心相邻的四层楼房是社区的多功能活动中心（如图5-3所示）。楼房三层是L托幼机构和暑期托管班，托幼机构后门是一个约200平方米的室外平台，室外平台有幼儿玩具和宽阔的场地。可以邀请低龄且具备能力的老人，以志愿服务的形式，在社会工作者和机构管理者的协助下，看顾幼儿，并与幼儿进行简单的游戏活动，一方面，可以让老人在照顾幼儿的过程中，感受到幼儿的童趣、天真，增强自我价值感；另一方面，可以减轻很多家庭的负担，缓解育幼压力。

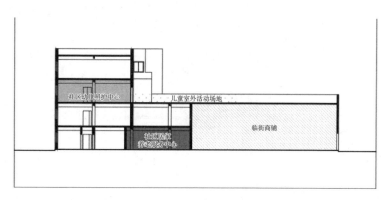

图5-3　H社区剖面

武汉市D社区共有1100人，总户数3180户，是社会型的小区。D社区具有L托幼机构、社区老年服务中心和社区老年人日间照料中心，同样可对现有的养老和托幼资源进行整合，促进社区代际的互动和交流，实现多代共融。D社区的L托幼机构与H社区的L托幼机构模式相同，都是为0~3岁的幼儿及家长提供服务的幼儿早期发展中心。D社区的L托幼机构每周一到周六上午开放，接待社区幼儿及家长，工作人员会全程陪同并提供相应的指导。在 L 托幼机构，父母不仅能够与孩子做分离练习，缓解幼儿的分离焦虑，也可以咨询幼儿早期发展的相关信息，及时发现幼儿的异常情况。社区老年人日间照料中心为社区老年人提供食堂和日间照料服务，老年人可白天居住在日间照料中心，晚上回家。社区老年人服务中心，则是为老年人提供功能空间，开展绘画、表演、下棋等丰富多样的活动。

从 D 社区的空间布局来看（如图 5 - 4 所示），L 托幼机构和社区活动中心都位于二楼，分别在东西两个方向，中间通过走廊连接。可邀请社区自理的老年人以志愿服务的形式，与工作人员共同看护幼儿。同时，社区老年服务中心可作为老年人与社区 3 ~ 6 岁幼儿活动的场所，社区日间照料中心的食堂可作为老幼代际互动的室内活动场地，开展以老年人和幼儿兴趣爱好为主题的多样化的活动，促进老年人和幼儿的交流和互动。

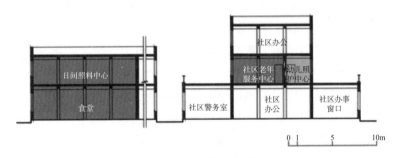

图 5 - 4　D 社区剖面

通过半结构式访谈，笔者对 H 社区和 D 社区老年人、幼儿家长以及社区工作人员对老幼同养模式实践的态度进行了调研。根据幼儿年龄的不同，社区老幼同养项目可以分为社区老幼日托模式（0 ~ 3 岁未就读幼儿园的幼儿）和社区老幼代际互动（3 ~ 6 岁就读幼儿园的幼儿）。从主题分析的结果来看，主要包括以下几个方面。

（1）需要以需求为导向设计代际互动

老幼同养模式的实践是以参与者的需求为导向。根据访谈，大部分老年人对社区老幼日托模式和社区老幼代际互动持支持态度。在社区老幼日托模式中，老年人认为照护一个幼儿最好，频率为每周一次，且大部分老年人表示更愿意照顾年龄在 2～3 岁的幼儿。在社区老幼代际互动中，大部分老年人认为与同一个幼儿互动更佳，一方面，老年人的注意力有限，幼儿数量太多时难以顾及每个人；另一方面，与同一个幼儿互动能够建立较深的情感关系。活动的频率以两周一次或一周一次为宜。活动内容可以根据老年人丰富的兴趣爱好开展，包括书法、背诗、党史、种花、唱歌等，同时匹配老年人的能力，安排其力所能及的活动。总的来看，大部分老年人对老幼代际互动都有需求，认为与幼儿互动不仅能够延缓衰老、提升积极情绪，同时也能向幼儿传递自己的知识和经验。在家照护孙子女的老人还表示需要社区提供喘息服务，帮助其共同带养孩子。不仅老年人对社区老幼日托模式有需求，幼儿家长对此也有相应的需求。部分家长对老幼代际互动持支持态度，认为幼儿与老年人接触能够学会尊重老人，对衰老有更积极的认识，对幼儿和家庭来说都是有意义的。家长表示需要社区在周末提供幼儿日托服务。

（2）需要以亲属关系拓展老幼代际互动

在访谈中，也有一部分 0～3 岁的幼儿家长对老幼同养模式存在一定的担忧，他们虽然愿意幼儿与老年人进行互动，但是表示自己会全程陪同。社区工作者根据其自身经验，认为老幼代际互动的开展，需要先从家庭代际关系开始，邀请老年人带自家的孙子女参与活动。一方面老年人本身就有带养孙子女的需求；另一方面，有亲属关系的老幼参与度高，对彼此的认同感较强。综上，在社区将不同背景、不同生活方式、没有血缘关系的两代人组合起来，这种方式刚开始很难得到理解和认同。中国文化十分重视家庭和亲情关系，因此，社区老幼代际互动应该结合中国的本土化情况，以家庭为依托，从亲属关系扩展到非亲属关系。

（3）需要建设统一管理的社区代际中心

在访谈中，幼儿家长和社区工作人员都认为安全问题是老幼同养模式实践的难点。老年人和幼儿是两个弱势群体，具有脆弱性，如何保证双方的安全是老幼日托中心开展的难点和重点。当老年人作为志愿者看护幼儿时，应对老年人有可能出现的不恰当的言语和行为进行约束，并为其提供事前的培训；同时也需要配备足够的工作人员，全程监管老幼代际互动，并提供相应的指导等。因此，社区老幼同养模式的开展需要设立社区代际中心，配备专业管理人员，确定固定的活动场地，对招募的老年人和助理进行专业化的培训和统一管理，在多方力量的共同支持下开展老幼同养模式在社区的实践。

二　老幼同养模式在农村社区的探索

我国自 20 世纪 80 年代进入快速工业化和城市化社会转型时期，越来越多的农村劳动力向非农业和城镇转移，推动了中国城镇化进程（贺聪志、叶敬忠，2009）。城乡二元经济社会结构使得我国农村劳动力迁移表现出一定的特殊性：外出务工人员很难融入城市并在城市扎根，只能往返于城乡之间；留守的群体不仅包括老人，也包括外出务工者的配偶和子女。随着青壮劳动力的不断迁徙，农村留守老人的养老和留守儿童的发展成为亟须解决的社会问题。

截至 2016 年底，我国 65 周岁及以上人口有 15003 万人，其中 65% 分布于农村地区。研究发现，子女外出务工会导致家庭养老功能削弱，老年人在日常生活、家务、安全和医疗方面难以得到子女的照料（唐踔，2016），同时，长期的代际分离导致老年人的孤独感加重，更容易产生抑郁情绪（许惠娇、贺聪志，2020）。据民政部统计数据，截至 2018 年 8 月底，全国共有农村留守儿童 697 万余人，从年龄分布来看，0~5 周岁占比 21.7%，6~13 周岁占比 67.4%，14~16 周岁占比 10.9%。[①] 从监护情况看，96% 的留守儿童由祖父母或外祖父母照顾，4% 的留守儿童由亲戚朋友监护。研究发现，父母外出对子女的影响总体是负面的（陈玥、赵忠，2012），对于非留守儿童和留守儿童，其差异性主要在于身心

---

① 《民政部 2018 年第四季度例行新闻发布会》，中华人民共和国国务院新闻办公室官网，2018 年 10 月 30 日，http://www.scio.gov.cn/xwfbh/gbwxwfbh/xwfbh/mzb/Document/1640510/1640510.htm。

健康方面，在这方面非留守儿童明显好于留守儿童（秦敏、朱晓，2019）。

相比城市社区，农村社区建设相对滞后、公共服务资源匮乏。党的十六大以来，将完善农村社区公共服务体系建设视为解决"三农"问题和实现城乡基本公共服务均等化的有效途径。在 2007 年出台的《关于切实加强农业基础建设进一步促进农业发展农村增收的若干意见》中，首次提出在有条件的地区建立便民利民的农村社区服务中心。目前农村社区建设表现为两种模式，一是设在中心村的"多村一社区"服务中心模式，将周边小、多、散、弱的村庄进行资源整合，打破村庄壁垒，提供统一化的服务；二是设在行政村的"一村一社区"服务中心模式（王亚南、刘艳丽，2011）。现阶段，农村社区公共服务体系建设还处于初始阶段，面临治理机制、运行制度、资金来源和人力资源等问题（卢芳霞，2011）。由于农村地区的经济条件、人口规模、乡风民俗以及群众需求等与城市地区差异明显，农村社区需要因地制宜探索新的发展模式。

基于此，有学者提出，以目前有迫切需求的养老服务和儿童关爱保护为切入点，统筹推进农村留守老人与留守儿童关爱服务体系建设，整合村级闲置资源，统筹规划老人和儿童共同服务的阵地，形成一套系统的、操作性强的关爱服务标准，将留守老人和留守儿童的问题合并解决，从而发展农村的社区建设（王武林、杜志婕，2019）。

以湖北省 J 市农村社区的"老人儿童快乐之家"为例，它就是将"儿童之家"和"老人幸福院"进行资源整合，统一化管理。湖北省 J 市与社会组织（高校、社工机构等）合作，通过实地调研、需求评估和精细化设计，整合多方资源，建设老人和儿童关爱保护的"根据地"，既能够有效利用资源，又能符合老年人和儿童的实际需求，是"自下而上"对农村社区进行治理的有效探索。

"快乐之家"项目开始于 2017 年，实行"一村一社区"服务中心模式，依托村委会党群服务中心，通过对集体用房、闲置学校、厂房等设施进行改造，为幼儿（0～6 岁）、青少年（6～18

岁）和老年人提供照料服务和文化娱乐活动场所。J 市逐步打造"有布局规划、有管理制度、有上墙制度、有服务记录、有功能分区"的"五有"标准的"快乐之家"，截至 2020 年，已建成 100个示范点，其中城市社区 10 个①，农村社区 90 个。城市和农村社区在"快乐之家"的规划和设计方面具有相似性，但是城市社区的社会资源比农村社区相对更多，如社会组织、社区团体、志愿者等，有助于开展多样化的服务。

在选址方面，示范点综合考虑了地点的安全性、场地硬件情况、交通情况、周边自然环境等多个指标，确保选址的科学性及老人和儿童需求满足的最大化；在经费支持方面，J 市政府为每个"快乐之家"示范点提供资助用于硬件设施的建设，并为每个建成的"快乐之家"每年补助运营经费，用于日常管理和物资购买等；在管理和服务方面，政府联合高校、社工机构等共同制定《老人儿童快乐之家建设管理规范》和《老人儿童快乐之家服务规范》2个标准化文本，由村干部、儿童主任②负责管理，并招募留守妇女、外出务工人员参与管理。其中，有些示范点招募当地志愿者参与"快乐之家"的运作和服务，开展志愿服务积分兑换形式引导志愿者参与，保障"快乐之家"的常态化运营。有些示范点将"三社（社区、社会组织、社工）联动"引入日常管理，充分发挥社区社会组织作用，引导居民自我管理，为老年人和儿童提供个性化、专业化的服务。

"快乐之家"在修建和改造过程中，结合每个村的基本情况，对功能区进行合理地划分，以满足老人和儿童共同生活的需求。根据老人和儿童活动区是否独立分布，可以大致分为两种情况。一种是以 J 市 N 村"快乐之家"为例，老人室内活动区和儿童室内活动区由一条公共通道隔离开。通道左侧主要包括老年人康复训练室、老年人多功能活动室、老年人日间照料室以及老年人餐

---

① 城市社区"快乐之家"目前主要面向小学及以上儿童与老年人之间的互动。
② 儿童主任的职责：农村留守儿童和困境儿童关爱服务工作，包括为儿童建档、提供监护指导和精神关怀、协助失学儿童返学复学、落实政策规定、管理村儿童关爱服务场所以及协助社会力量开展关爱服务活动等。

厅区，通道右侧主要包括儿童乐园/亲子空间以及儿童科普室（如图5-5所示）。

图5-5 湖北省 J 市 N 村 "老人儿童快乐之家" 平面

另一种是以 J 市 L 村 "快乐之家" 为例，老年人室内活动区和儿童室内活动区彼此交叉（如图5-6所示）。"快乐之家" 的中间区域是老年人多功能活动室和儿童乐园，这种空间布局的优势在于：第一，老年人在看顾孩子的同时，能够满足自身的交友和娱乐需求；第二，独居和空巢的老年人可以感受到幼儿的欢乐和童趣，在与幼儿互动的过程中，获得情感慰藉；第三，儿童能够在老年人的关注和爱护中健康成长，在与老年人互动过程中，满足情感需求。

总体来看，J 市 "快乐之家" 项目以老人和儿童需求为导向，

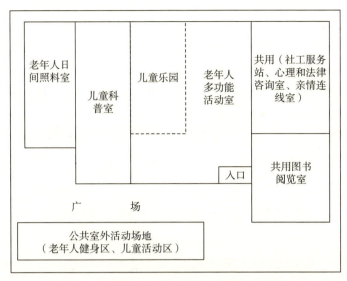

图 5-6 湖北省 J 市 L 村 "老人儿童快乐之家" 平面

在推进农村留守老人与留守儿童服务体系发展方面已取得明显成效，实现了政府主导、部门参与，社会组织、志愿队伍等协作的服务机制，构建起农村社区治理的新格局。然而，"快乐之家"也存在两个问题。第一，服务受制于本地域的经济发展水平。目前，各个区县对"快乐之家"的建设和服务提供有所差异。经济水平较高的地区，由村委会出资，通过购买服务、志愿服务兑换等形式，招募社工机构、老年志愿者、留守妇女以及外出务工人员等共同参与"快乐之家"的管理和服务提供。而经济水平较低的地区，由于村委会资金不足，难以购买志愿服务，缺少社工机构的进驻，存在空间闲置或挪作他用的现象。第二，缺乏"老幼同养"的专业指导人员。虽然"快乐之家"的功能设施较完备，但是缺少老幼代际互动专业人才，这使得老人和幼儿之间的互动频率较低，未能实现"快乐之家"老幼互助共融的理念。目前，大部分"快乐之家"的常驻工作人员由村干部或儿童主任兼任，人员相对缺乏，且不具备设计和实施老幼互动的能力。因此，大部分"快乐之家"并没有开展规律性、日常化的老幼互动，也无法满足老年人和儿童多样化的需求。

第六章 老幼同养模式在中国发展面临的挑战及机遇

第一节 老幼同养模式面临的挑战

一 文化整合：家庭与社会的关系

代际关系因中西方文化的不同，有不同的概念界定。在西方，代际关系是整个社会不同世代之间的关系，而中国则更关注家庭内部的世代之间的关系（李俏、贾春帅，2020）。从文化传统上看，中国社会延续了小农经济时代以家庭为生产和生活单位的历史传统，更重视以血缘为基础的家庭代际关系。此外，与西方代际关系的"接力模式"不同，中国的代际关系是"反馈模式"，父母对子女有抚养的义务，同时，子女对父母有赡养的责任。这种"家庭主义"的文化传统使得家庭主要承担了养老和抚育的责任，家庭内部通过代际的联系和互助，使成员得到相互的支持。然而，随着人口老龄化、家庭规模缩小以及城镇化进程加快，原有的家庭结构正在发生改变，老年人与年轻人之间的居住距离在扩大，越来越多的老年人和幼儿难以获得家庭的支持和帮助，与此同时，代际缺少沟通和交流，使社会其他年龄群体对老年人形成刻板印象，影响老年人的身心健康和社会参与。因此，中国需要借鉴西方代际项目的经验，将代际关系从家庭内部扩展到家庭外部，以应对家庭代际关系的缺乏。当然，代际项目的宗旨不是由社会代际关系取代家庭内部的代际关系，二者是相互补充的共生的关系。

因此，在老幼同养模式的实践中，需要充分协调家庭和社会的关系，对家庭功能弱化的部分，由社会来补充；对于社会服务不健全的地方，则以家庭为基础。目前，老幼同养模式在中国的实践进程较缓慢，公众对此的接受度有限，老幼同养模式需要依据现有的情况，循序渐进地推进老幼同养模式的发展。中国家庭文化中"子女孝顺""含饴弄孙"的观念是根深蒂固的，因此，老幼同养模式可通过"亲属关系"逐步扩展到"拟亲属关系"，如老年志愿者为隔代抚养的祖父母提供支持，这种互动中既有家庭内部的代际关系，又有家庭外部的代际关系。这种家庭和社会相互协同的关系，既能符合中国的家庭文化，也能够满足人们因家庭功能不足而产生的需求。

二　需求导向：多样化的代际需求

随着社会经济的发展，人们的需求呈现多样化、多元化的特点。对于老年人来说，不仅有经济支持、日常照料、医疗等物质需求，也存在文化娱乐、社会参与等精神需求。目前，社会养老服务供给以身体护理为主，缺少精神慰藉服务，使得老年人的精神需求难以得到满足。对于幼儿来说，早期的发展是至关重要的，但是现有的社会公共托幼服务不足，幼儿主要为隔代抚养，导致对幼儿的照护注重"养"而轻视"教"，不利于幼儿发展需要的满足。在老幼同养模式的实践中，虽然其理论和相关实践来源于西方国家，但是老幼同养模式的发展一定是契合我国老年人和幼儿的实际需求，以需求为导向，进行老幼同养模式的设计。一方面，老幼同养模式需要深入了解老年人和幼儿的实际需求，并在其对服务的需求和可能的服务供给进行匹配，将老年人和幼儿连接起来，在有意义、有计划的活动中，建立情感关系。另一方面，中国在不同区域，城乡之间、社区之间都有所差异，不同的社区有不同的发展目标和群体特征，因此，项目的设计，需要考虑多样化的、差异性的需求，因地制宜、因人而异地制定多层次的老幼同养模式。在以需求为导向的设计中，一方面需要充分发挥老年人的价值，让其在自己熟悉的角色（祖父母）中，将自己的生活经验和技能传递给幼儿，同时能够满足老年人的精神需求；另一方面需要发挥幼儿的价值，幼儿不仅是服务的接受者，同时也是服务的供给者，通过与老年人的互动，他们能够学会尊敬和帮助老人，并在专业化的指导下，提高自身的发展能力。此外，需要结合社会发展需要，促进代际的沟通和交流，改善不同年龄群体间的刻板印象，为社会代际融合做出贡献。

三　多元主体：政府与社会协同

在西方国家代际项目政策的发展过程中，非营利组织起着关键作用。如美国的世代联合会（Generations United）、法国的代际团结合居组织（Cohabitation Solidaire Intergénérationnelle）、英国的全年龄段联盟（United for All Ages）等，他们积极与当地政府合作，为政府提供政策建议。目前，中国老幼同养项目多以政府购买为主，缺少社会力量的加入。但是老幼同养模式的发展涉及空间环境、志愿服务、人才培养、资金投入等多方面的问题，这使得老幼同养模式的发展不能仅靠政府或某个单一部门完成，需要加强资源的整合与联动，吸引更多的社会力量加入。因此，在现有公共资源不足的情况下，政府应该与社会组织、高校等多元平台达成合作关系，共同推进老幼同养模式的发展。在政府与社会组织的协同中，需要树立服务型政府理念，明确政府与社会之间的界限，为社会组织的发展提供资源、场地、税收等优惠，为社会力量的参与让渡空间，营造"联动氛围"（孙涛，2016）。此外，多元力量的协同需要构建完善的合作机制、服务机制、激励机制和监管机制。在老幼同养模式的实践中，不同区域所需的主体力量有所不同，如在机构实践中，需要调动参与者、老年护理工、幼儿照护者及高校/社工机构等的加入，政府需要提供老幼复合设施场地及资金，以此推动老幼同养模式在机构的发展。在社区实践中，需要调动参与者、家庭、社区、社会组织、高校等多元力量的加入，政府需要提供老幼日托服务的相关政策支持，并充分发挥社会工作在社区治理中的作用，使其通过专业力量联动其他主体共同参与。

四　专业人才：养老与育幼结合型

老幼同养模式的发展不仅包括硬件设施，也包括软件设施，即提供专业的人力资源。代际专业人员的数量和素质对老幼同养模式的发展水平起决定性作用。国外代际项目的经验表明，代际专业人员需要具备跨学科的专业知识，涉及早期幼儿发展，老年人护理，家庭、社会服务等。因此，老幼同养模式的发展应该重视对专业人员的培训，同时，加强与高校的合作，在社会工作专业课程中设置相关的培养计划，为老幼同养模式发展培养高素质的人才。目前，中国社会化服务供给不足，老年护理和幼儿照护人员数量不足，且缺乏专业的培训。大多数养老和育幼服务机构并没有配备专业护理、心理学、社会工作等方面的专业人员，而且人才流失较为严重。因此，亟须建设具有高素质的养老和育幼结合型的专业服务队伍。此外，高校人才培养目标和岗位需求不对接，人力管理机制不健全，使得从事养老和育幼服务的高校学生较少。老幼同养模式为老年人和幼儿同时提供日托服务，这在一定程度上减少了护理人员的数量，但是对其护理能力的要求提高了，需要其具备养老和育幼两方面的知识，成为复合型的代际专业人才。因此，需要对护理人员进行专业的培训，使其具备相应的能力。此外，需要在高校培养复合型人才，增加代际项目相关的课程和实践，提高学生的专业认同，鼓励他们从事老幼同养模式的相关实践和推广。

第二节　老幼同养模式发展的机遇

一　已有政策倡导代际共融理念

在我国现有政策中，代际融合常跟家庭和睦一同出现，代际和谐常与家庭养老联系在一起，涉及家庭外部代际关系的政策较少。政府主要从弘扬尊老敬老的传统文化层面出台相关政策，如1996年《中华人民共和国老年人权益保障法》明确指出对青少年和儿童进行敬老、养老的道德教育，倡导发扬邻里互助的传统，提倡邻里关心、帮助有困难的老年人。2011年国务院发布的《中国老龄事业发展"十二五"规划》也强调要弘扬敬老美德，维护代际和顺。2013 年，全国老龄工作委员会办公室、最高人民法院、中共中央宣传部等部门发布《关于进一步加强老年人优待工作的意见》，要求统筹不同年龄群体的利益诉求，促进代际共融与维护社会和谐。2019 年，《上海市社区嵌入式养老服务工作指引》发布，指出以打造社区共同体为目标，在社区发展中加强养老服务工作，强化社区睦邻互助和志愿服务精神，促进老年人融入社会与维护代际和谐，体现人文关怀和城市温度。2020 年，上海市在《关于促进本市养老产业加快发展的若干意见》中强调，鼓励建设年轻人、老年人融合居住的综合社区和长租公寓，打造代际融合、充满活力的长者社区。

综上，已有政策倡导社会代际共融理念，有助于形成良好的社会舆论环境，进而促进老幼同养模式的发展。目前，人们对老幼同养模式的了解程度低，很多家长出于对孩子的保护心理，不愿意幼儿与非亲属关系的老年人接触，担心老年人的文化水平、情绪以及一些不良习惯会影响孩子的健康成长。因此，政府应该加大对代际共融理念的宣传和推广，增强社区居民认知，为老幼同养模式的发展营造有利的环境。

二 已有政策重点关注养老和育幼服务

在社会服务发展中，养老和育幼是关系民生的重要问题，政府出台相关的政策，提升养老和育幼服务质量。在 2006 年，政府第一次以白皮书的形式发布关于老龄事业的发展状况，体现出政府应对人口老龄化的积极态度（李建新、李嘉羽，2012）。2016 年，习近平总书记在我国人口老龄化的形势和对策第三十二次集体学习时强调，要着力增强全社会积极应对人口老龄化的思想观念，发挥老年人的积极作用，特别是发挥老年人对年轻人的传帮带作用，为老年人发挥作用创造条件。① 2017 年出台的《"十三

---

① 《中共中央政治局就我国人口老龄化的形势和对策举行第三十二次集体学习》，中国政府网，2016 年 5 月 28 日，http://www.gov.cn/xinwen/2016 - 05/28/content_5077706. htm。

五"国家老龄事业发展和养老体系建设规划》提出加强老年人口人力资源的开发，发展老年人口志愿服务。2019 年国务院总理李克强主持召开国务院常务会议，部署进一步促进社区养老和家政服务业加快发展的措施等，强调以社区为基本依托，加快发展养老、托幼、家政等服务业。① 同年，十三届全国人大二次会议新闻中心、国家发展改革委副主任连维良提出，各相关部门将把提升养老育幼服务质量作为行业监管的重中之重，加快支持建设一批示范性托育服务机构。《国民经济和社会发展第十四个五年规划和2035 年远景目标纲要》中，首次将积极应对人口老龄化作为国家战略，要求制定人口长期发展战略，在生育方面，发展普惠托幼服务体系，降低生育和养育成本；在养老方面，积极开发老龄人力资源，构建居家社区机构相协调、医养与康养相结合的养老服务体系。老幼同养模式将生命的初始和终止阶段连接起来，一方面为老年人和幼儿同时提供服务，弥补社会公共服务的不足；另一方面，发挥老年人力资源和幼儿人力资源，共同为彼此和社区发展做出贡献。

三 已有政策鼓励建设老幼宜居空间

在代际共融理念的倡导下，政府出台相关的政策，建设适宜不同年龄段居住的空间环境。在 2016 年，全国 25 个部门联合发布《关于推进老年宜居环境建设的指导意见》，提出建立代际和谐的社会文化，引导多元参与，积极推进老年宜居环境建设，从居住环境、安全保障、社区支持、家庭氛围、人文环境方面持续改善。2017 年，国务院出台《"十三五"国家老龄事业发展和养老体系建设规划》，强调支持和开发老年宜居住宅和代际亲情住宅，实现不分年龄、人人共建共享。

在具体实践中，政府对育幼设施和养老设施在建筑设计、安

---

① 《李克强主持召开国务院常务会议 部署进一步促进社区养老和家政服务业加快发展的措施等》，中国政府网，2021 年 5 月 29 日，http://www.gov.cn/guowuyuan/2019 - 05/29/content_5395830.htm。

全问题方面有不同的规定。老幼同养模式的发展需要整合相应的政策资源，将可能重叠的空间进行整合和规划，从而适宜老人和幼儿共同居住和生活。在育幼设施方面，国家出台了《托儿所、幼儿园建筑设计规范》，对设施进行相关限制，避免不安全因素的产生，并制定了《幼儿园工作规程》，来保障儿童的身心健康。2018 年，上海市发布了一系列有关促进 3 岁以下幼儿托育服务的政策，如《关于促进和加强本市 3 岁以下幼儿托育服务工作的指导意见》《上海市 3 岁以下幼儿托育机构管理暂行办法》《上海市 3 岁以下托儿托育机构设置标准（试行）》，有效地填补了政策空白，为幼儿托育服务体系提供了较为完善的保护。在养老设施方面，2012 年生效的《城市用地分类及规划建设用地标准》明确指出应在居住区内配备养老助残设施用地。2013 年，《国务院关于加快发展养老服务业的若干意见》明确指出，必须分区分级规划设置养老服务设施。2014 年，国土资源部发布《养老服务设施用地指导意见》，提出兴办养老服务机构，鼓励各单位、个人改造利用城镇闲置厂房、学校、社区用房等。2015年发布的《北京市养老服务设施专项规划（2015—2020 年）》中，提倡设置各类多功能综合设施，鼓励建设多种功能设施集中设置的社区综合服务中心。

四 地方尝试代际项目的政策和实践

我国虽有较多的代际项目属于政府购买的服务项目，但关于代际项目的政策发展还处于萌芽阶段。国内现有的更多是关于建立儿童或老人友好型社区/城市、社区养老、积极老龄化、健康老龄化等较为宏观的政策，直接聚焦于代际项目的政策较少，上海和安徽等地颁布相应的政策，开始老幼同养模式的实践。2016 年，上海市民政局下发的《关于在社区开展老年社会工作服务试点项目的通知》，提出独居老人社会孤立减缓试点项目，要求针对适合的独居老人开展代际融合小组活动，促进代际融合和社区融合，项目期内小组活动不少于 6 次；加强社区宣传，通过多种形式，倡导社区融合和孝亲敬老风尚；至少开展 2 次社区主题活动，每次活动参与人数不少于 50 人，服务资金来源于市级福利彩票公益金。社区"老少活动家园"具有课外辅导和教育、文体康乐和娱乐、知识讲座和培训等功能，为社区儿童、中老年人、失业人员、再就业人员、其他居民及家庭提供学习活动场所，满足他们的文化生活与学习需求。

安徽省合肥市自 2012 年起将"老少活动家园"纳入民生工程建设后，出台《合肥市政府购买社区"老少活动家园"活动服务实施方案》，以保障社区"老少活动家园"持续发挥作用并健康发展。该《方案》规定购买的服务项目有：①儿童青少年项目，包括课业辅导、兴趣培养、绘本阅读等；②老年项目，包括社区影院、书报阅读（读书会）、文体康乐团队等；③其他培训、咨询、教育类服务项目。这一政策有利于增促安徽省合肥市城市社区的代际融合，推动代际活动的开展。

2014 年，上海市老龄办、民政局下发的《关于推进老年宜居社区建设试点的指导意见》提出，进一步推动邻里互助服务，推广社区"睦邻点"建设。社区老年人睦邻点（以下简称睦邻点）指社区内邻近居住的老年人，依托相对固定的活动场所，自觉发起、自愿参加、自主活动、自我服务的社区非正式组织形态。现在，许多地区的睦邻点已丰富了原有内涵，成为能满足社区内多代群体需求的共享空间。2015 年，上海市民政局等八部门下发的《关于加强本市农村养老服务工作的实施意见》明确要求推广农村地区睦邻点建设。2016 年，《上海市老龄事业发展"十三五"规划》进一步提出要发展非正式照料体系，并以睦邻点为依托构建"邻里互助圈"。2017 年，《关于培育发展本市社区老年人示范睦邻点的指导意见》在主要成员、场所设施、功能及活动、内部管理几个方面对"睦邻点"做出规定，强调政府要注重扶持与引导，促进睦邻点自我运行、分类发展。根据《上海市民政局贯彻落实乡村振兴战略实施方案（2018—2022 年）》，到 2020 年，全市农村地区示范睦邻点达到 1500 家，2022 年达到 2500 家。《2020 年上海养老服务工作要点》指出，要推进农村养老服务设施发展，发展农村互助式养老；全市要新增互助睦邻点 800 个，其中农村地区不少于 600 个，并完善"示范睦邻点工作指引"，探索利用宅基地及农民房屋用作养老服务设施。这些政策为具有跨代互动功能的社区睦邻点的形成和发展提供了生存空间。

第三节　有关老幼同养模式
发展的政策建议

老幼同养模式的发展，需要加强资源整合与联动，积极鼓励社会力量的加入，搭建政府、社会组织和高校多元参与的平台，并不断完善志愿者服务，形成规范的服务机制和激励机制。考虑到中国目前的实践情况，政府的服务购买和高校的实证研究是主要促进力量，社会组织自发探索的案例较少。因此，若要构建和管理多元主体联动机制，在资源链接、角色定位与功能协调方面还具有一定难度，需要走"从无到有"到"从有到好"的渐进发展道路。政府和高校在前期继续发挥主导作用，引入更广泛的社会组织和市场的参与，逐渐建成多元发展体系。总之，老幼同养模式的形成与发展，一是需要强化代际融合理念，通过多元化的宣传方式，提高社会的接纳度；二是完善老幼同养模式的顶层设计，在协同管理、人才培养、循证研究以及保障措施等方面提供制度支持；三是整合现有资源，联动多元主体力量，促进老幼同养模式的持续性发展。

一　加强理念支持，提高社会接纳度

1. 重视代际共融，纳入决策主流

当前，国内有大量政策提到家庭代际关系，但仅有少部分政策涉及家庭外部代际关系。而在这少部分政策中，并不是将代际共融作为主要决策理念，而是从宏观层面倡导代际共融，作为养老政策的预期影响出现在政策内。代际共融所带来的巨大的社会效益和经济效益早已被大量实践证实，就像"积极老龄化"思想自 1987 年被首次提出，现已被纳入决策主流一样，"代际共融"思想也应该逐渐发展为国家决策的主流。从"代际共融"视角制

定的政策，能够在社区养老、友好型社区建设、社区睦邻中心等方面更加贴合代际项目，为项目发展提供更加具体的指导，进而在经验整理的基础上，由下而上地逐渐形成政策。此外，政府应该加大对代际共融理念的宣传和推广，增强社区居民的认知，为老幼同养模式的发展营造有利的环境。

2. 创新宣传方式，提高社会接纳度

当前，老幼同养模式在国外已有大量发展成果，但在国内仍属于新兴领域。在年龄刻板印象严重的地区，这一新理念的社会接纳度还不够高。父母对孩子具有较强的保护意识，对老人存在消极的刻板印象，担忧老人的不良生活习惯和非科学的生活知识对幼儿产生负面影响。这也意味着，即使在硬件条件较为完善的情况下，要让幼儿家长接受老幼同养模式，了解老幼互动理念，切实看到代际互动效果，仍需较长一段时间。可以考虑采用更易被社会成员所接受的传播方式进行宣传，例如，用纪录片的形式。2012～2013年，好莱坞电影制作人、西雅图大学兼职教授埃文·布里格斯一直在对"代际学习中心"进行跟踪拍摄，将此纪录片取名为《现代完成时》（*Present Perfect*），后改名为《成长的季节》（*The Growing Season*），并于2015年上传网络，引起世界各国的广泛讨论。此外，需要建立老幼同养模式推广的专业网站，提高社会的认知度。例如，国外开展同类项目的社会组织会聚焦一处，组成一个联盟，开发全国性和国际性的网站。这些联盟的规模在不断扩大，联盟内的每个组织都独立运营项目，有自己的网站，对内，他们可以共享信息和资源，以便更好地自我运营；对外，有助于他们建立组织的专业形象，提高社会接纳度。同时，通过这些网站，国家和社会成员有获取项目信息的渠道和机会，这有助于项目的推广和普及。当前，国内缺少关于代际项目的全国性的社会组织或联盟，也没有探索者开发网站。国内代际项目的唯一传播渠道是新闻报道，但新闻报道缺乏互动，社会成员依旧对项目了解不足，也没有了解项目的其他渠道。

二 完善政策设计，健全制度供给

1. 明确政府角色，统一管理部门

根据国外老幼同养模式的实践，养老和育幼融合程度越高，老幼之间越难以产生有效的互动。目前，我国仅有两家老幼同养机构，其他项目虽然有代际实践，但是都是一次性的、具有偶然性质的或者是短期的。而规律性的、持续性的、有组织的代际实践需要在空间和互动两方面实现老幼结合，这就需要政府对养老和育幼的统筹管理和规划。然而，我国养老设施和育幼设施分属地方民政局与教育局管理，政策由不同的部门出台，这可能会导致养老设施相关政策与育幼设施相关政策中有部分条例不匹配，难以进行有效整合。此外，政府相关部门之间是"碎片化"管理，很少进行跨部门的沟通与协调，这就导致老幼同养设施的发展难以得到政策的支持，反而使得资源浪费，不利于基层创新服务模式。因此，政府应该打破部门之间的壁垒，增强多个部门之间的沟通和合作，统筹协调老幼服务资源。目前，我国的民政部门，不仅设置了儿童福利司和老年福利司，还设置了慈善事业促进和社会工作司，因此可以考虑由民政部门来统一管理我国老幼复合型设施。在老幼同养模式发展中，政府应该扮演新型服务模式的引领者角色，在项目发展初期，政府可发挥主导作用，推动老幼同养模式的试点工作，并提供相应的财政支持，待发展成熟后，政府可退居协助者角色，由民间力量和社会组织主导。

2. 加强实践探索，提供政策依据

（1）与教育机构合作，促进实证研究

首先，纵观国外代际项目的发展历程，高校发挥着不可替代的作用。一些地区的代际项目正是学术界最先开始研究并大力推广的，且高校可以输送大量高素质人才。其次，国外虽有大量关于服务成效的实证研究，但该模式在本土社会的开展效果是否一样，具体是如何发挥作用的，仍有待验证。我国现阶段正处于急需大量积累经验的阶段，社会组织尚未进入这个领域，高校的作用变得更为重要。最后，实验法是评估服务有效性的科学手段，

是检验因果关系最为有力的工具。因此，政府可与高校合作，开展循证研究，采用实验设计的方式，探讨老幼同养模式的有效性，并制定标准化的工作手册。尤其需要向政策制定者说明，老幼同养模式对老年群体和幼儿群体的影响，以及可能取得的社会效益。

（2）拓展服务对象，明确项目功能

国外代际项目将流动儿童、移民、难民、单亲父母、独居老人、残障群体等都纳入服务体系。根据《城乡社区服务体系建设规划（2016—2020年）》，要求完善农村"三留守"人员关爱服务机制，切实提升对留守儿童和妇女、老人的服务能力。基于此，老幼同养模式可发挥重要作用。在城市社区，将流动儿童/青少年与空巢/独居老人配对；在农村地区，将留守儿童与留守/独居老人配对，以提高社会福祉。此外，2019年，上海市发布《关于本市开展老年认知障碍友好社区建设试点的通知》，指出要建立"社区老年认知障碍支持中心"，为认知障碍老年人提供非药物干预训练，提供认知障碍健康促进活动。这为代际项目的发展提供了良好契机。在国外实践中，老幼同养模式不仅是应对人口结构变化的措施，也是一种干预手段，且被证明对轻度认知障碍的患者具有良好效果。因此，老幼同养模式通过拓展服务对象，可发挥更大作用。

3. 重视人才培养，建设专业队伍

重视专业人才培养，建设具有养老和育幼服务结合型的代际专业队伍，为老幼同养模式的发展提供人力资源供给。一方面，积极引导大专院校开展老幼同养、代际项目、代际关系等专业课程，在高校培养养老和育幼复合型人才，并推动高校与社区代际中心签订合同，为高校毕业生提供岗位，为老幼同养模式的发展输送专业人才；另一方面，加强对养老护理人员、幼儿护理人员的交叉技能培训，使其具备养老和育幼两方面的知识，加强其专业化水平。同时，政府可出台优惠政策对代际专业人员提供社保、医保等政策，以减少从业人员的流失。对代际专业人员采取规范性管理，可设立相关的行业协会，并由协会负责人员的培训和证书的发放，提升服务质量。

4. 整合现有资源，联动社会力量

（1）紧跟政策导向，利用已有资源

社会政策的制定是一项系统性工程，是一个渐进的过程。借鉴西方国家的经验，代际项目政策的发展需要一定的实践基础。例如，德国"多代屋"政策的形成比项目出现晚了 6 年。法国自1991 年起开始探索房屋共享计划，但直到 2018 年，《住房发展与数字设施配置法》中才增加条例，将代际同居合同纳入法律保护框架，而大多数国家至今也未出现有关代际合居的相关政策条例。在代际实践发展已较为成熟的西方国家，其政策更多是由国际性、全国性或地区性社会组织制定，用于规范行业发展，而由国家制定的政策较少。世界各地的社会组织正在致力于促进代际项目政策的发展。我国的代际项目仍处于起步阶段，项目类型和内容较少，尚未积累足够的实证经验，更不具备发展专项政策的土壤。现阶段，代际项目政策的发展仍需嵌入其他政策当中，结合代际项目的功能和国家政策导向，将"老年友好型社区"与"幼儿友好型社区"的理念融合起来，为老幼同养模式的发展提供政策依据。同时，也可以在社区养老、机构养老、睦邻点等有关政策中增加关于代际项目的条例，采用"从无到有""从少至多"的渐进发展策略。

（2）发动社会组织，引入社会力量

近年来，我国政府高度重视社会组织的发展，接连出台一系列政策支持社会工作服务，如《关于通过政府购买服务支持社会组织培育发展的指导意见》《民政部发布关于大力培育发展社区社会组织的意见》《"互联网＋社会组织（社会工作、志愿服务）"行动方案（2018—2020 年）》《2020 年中央财政支持社会组织参与社会服务项目实施方案》等。因此，在支持社会组织培育发展的政策导向下，可与相关社会组织合作，创新福利服务方式，通过专业力量开发代际实践，为政府提供政策建议，进而推动代际项目的政策发展。在德国多代屋项目中，采取政企合作的方式，地产公司与社区居民组成项目联盟，共同协商社区建设问题，居民负责构想，公司负责房屋建设的技术性问题，政府主要负责监管

政策理念的落实，社会组织则提供开发建议。这种参与模式为企业的参与形式提供了一条思路。企业不仅可以提供资金援助，也可通过提供互联网技术支持或者基础设施建设的方式来推动国内老幼同养模式的发展。此外，官方网站的创建有助于扩大项目的知晓率和提高组织的信任度，匹配程序的开发能有效协助社区老人与幼儿配对，扩大项目的服务范围。而网站和 App 的开发需要专业技术团队，一些互联网公司可通过为开发提供技术支持，来承担企业的社会责任，获取更长远的经济效益和社会效益。

　　老幼同养模式在中国的发展面临挑战，也充满机遇。该模式的发展既需要群众基础，也需要制度设计。事实上，T 机构为老幼同养模式的本土化实践已经提供了一个实验场，在取得老年人及其家属，幼儿及其家长认同的同时，也得到全社会的广泛关注。在机构之外，中国的农村社区和城市社区在守护"一老一小"的进程中，也对老幼同养模式开始了积极的本土化探索。相信在理论研究和实践经验的不断推进下，老幼同养模式的本土化将愈加成熟，为我国构筑老年人和幼儿温情的港湾增添力量。

下编　老幼同养模式的干预设计及研究

第七章 老幼同养模式在
机构的干预设计

本研究将老幼同养干预设计分为六个步骤：第一，信息整合，基于老幼"结伴式互动"理论和实践，确定老幼"结伴式互动"干预措施，以接触理论框架指导老幼"结伴式互动"的设计；第二，进行老幼"结伴式互动"干预设计，确定干预目标及研究方法；第三，试点实验，通过早期开发，得到在老幼"结伴式个体互动"中更有助于老幼建立情感关系的条件，确定影响老幼代际互动的因素；第四，实验设计，将老幼"结伴式个体互动"进行复制，并通过随机对照实验评估干预效果；① 第五，进阶开发，将老幼"结伴式个体互动"应用到小组活动，设计老幼"结伴式小组互动"干预；② 第六，推广，将老幼"结伴式互动"干预设计进行改编，以适应其他机构的环境，进一步推广老幼同养模式（如图7-1所示）。③

第一节 老幼"结伴式互动"理论

一 老幼"结伴式互动"概念

老幼代际互动是指非家庭的代际互动，为老年人和幼儿创造有计划、有组织的持续交流和学习的机会（Kaplan & Sánchez,

---

① 具体内容见第八章。
② 具体内容见第九章。
③ 具体内容见第十章。

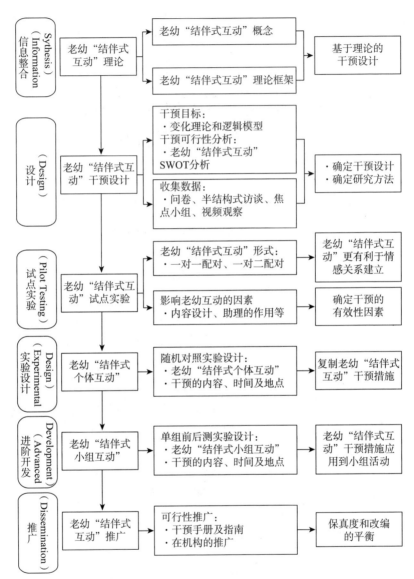

图 7 - 1 老幼同养干预研究设计框架

2014）。老幼代际互动模式源于西方 20 世纪 60 年代开始的代际项目（Intergenerational Program），该项目将不同世代的人聚在一起，进行互惠互利的活动，老年人向幼儿以及年青一代分享他们的知识、经验、资源和技能等，建立有利于个人和社区的相互支持关系（AARP，1994）。老幼代际互动分为老年人照护 0~3 岁的婴幼儿、老年人与 3~6 岁的幼儿共同学习和交流这两种形式。在 T 机构老幼"结伴式互动"干预研究设计中，老幼代际互动侧重于老年人与 3~6 岁幼儿在同一机构内，进行有计划、规律性地接触和互动，发挥双方的角色和能力，促进老幼在积极的互动中彼此受益。

在老幼代际互动中，根据互动形式的不同可以分为"小组式互动"（group-based）和"结伴式互动"（partner-based）。"小组式互动"可以分为多名老人和多名幼儿之间（即多对多）的集体活动，以及一名老人（或幼儿）和多名幼儿（或老人）（即一对多）之间的小组活动。在多对多的集体活动中，老年人和幼儿可以共同学习，建立广泛的人际关系，创造集体意义（DeVore & Aeschlimann，2016）。但是集体活动会忽视老年人个体的差异，当有的老年人视力或听力条件不允许时，在集体中对比的落差可能会导致老年人产生沮丧失落情绪和自卑感（Heydon et al.，2018）。在一对多的小组活动中，老年人与多名幼儿组成小组，由老年人提供阅读、讲故事等服务（Rebok et al.，2004），但这种形式对老年人自身的要求较高，需要具备一定的知识和经验。

在"结伴式互动"中，一位幼儿与一位老年人首先进行配对，然后以一定的频率共同参加活动（Low et al.，2015）。研究发现，老幼"结伴式互动"中，老年人和幼儿有更多的机会接触。例如，在Camp 等（1997）的研究中，认知障碍的老年人和幼儿一对一配对进行蒙特梭利的代际课程，老年人的参与积极性很高。"结伴式互动"有利于老年人和幼儿彼此熟悉，建立稳定的情感关系（Skropeta et al.，2014）。

老人和幼儿之间建立的这种情感关系，是类似亲属关系的"拟亲属关系"（Fictive Kinship）。拟亲属关系既不是基于血缘关系，也不是基于婚姻关系。相反，它具有被选择性，通过共同居住或不同类型的互动而彼此熟悉，由此形成互惠性关系（Jordan-Marsh & Harden，2005）。人际关系的发展是从肤浅的信息交流到更隐私的互动水平，Altman 和 Taylor（1973）提出社会渗透理论

（Social Penetration Theory），将关系的发展定义为从表面的、非亲密的层面发展到更亲密、更深层次。该理论解释了关系的亲密是从自我披露得到的（Posey et al.，2010），社会渗透的过程就是自我披露的过程，随着更多个人信息有目的的共享和交换，自我披露可以加深与他人的亲密关系。由此，关系的发展一般需要经历四个阶段。①定向阶段，注意交往对象、选择交往对象及初步沟通等。在这个阶段只有表层的自我披露，如名字、职业等。②情感探索阶段，双方探索彼此在哪些方面可以建立情感联系，有进一步的自我披露，如生活中的感受、体验等。③情感交流阶段，人际关系发展到这一阶段，双方关系的性质发生了重要的变化。双方的信任感、安全感开始建立，彼此沟通的深度有所发展。此时，双方会提供评价性的反馈信息，进行真诚的赞许或批评，如诉说生活中的烦恼、讨论家庭中的情况等。④稳定交往阶段，彼此在心理相容性方面进一步拓展，已允许对方进入自己的私密性领域，自我披露广泛而深刻。情感交流如果能够在一段时间内顺利进行，人们就有可能进入更加密切的阶段，可以分享各自的生活空间、情感等。

在老幼"结伴式互动"中，老年人和幼儿之间的关系一般也经历四个阶段，并最终建立拟亲属关系。在此阶段，老人们会把"结伴"的幼儿当作自己的"孙子女"，同时，幼儿也会把"结伴"的老人当作自己的爷爷奶奶。老年人和幼儿在规律性的互动中，情感关系逐渐升温，对彼此的态度更加友好，且老年人和幼儿能够相互帮助、相互鼓励，这使得老幼之间能够建立拟亲属关系。这种情感关系的建立有利于增强老年人和幼儿间的信任感和亲密感，提高双方的活动参与积极性和环境适应能力（Allen，2011），使得老幼从关系的建立中彼此受益。

因此，本研究将老幼"结伴式互动"作为干预方式，目的是促使老年人和幼儿建立情感关系。老幼"结伴式互动"分为老幼"结伴式个体互动"和老幼"结伴式小组互动"。其中，老幼"结伴式个体互动"是将老人和幼儿进行一对一的固定配对，即一位老人和一名幼儿配对；对于健康状况较差的老人，基于经验，灵活采取一位老人和两个幼儿配对的形式。固定配对有助于增强老幼的安全感和对彼此的认同感，使得"结伴"的老幼在高质量、有固定频率的互动中建立情感关系。老幼"结伴式小组互动"是在老幼一对一固定配对的基础上，共同参加小组互动，在促进结伴老幼在日常互动中建立情感关系的同时，也有助于老人和幼儿与小组中的其他成员建立联系，形成更广泛的社会关系。

二　接触理论的应用

接触理论（contact theory）最初是围绕种族间关系发展起来的，群际接触让不同群体有机会获得新信息或澄清错误信息，以此改变群际偏见（Allport et al.，1954）。最佳的群际接触是在接触的环境下建立一种积极的群际互动，Allport 等（1954）和 Pettigrew（1998）进一步规定了不同群体实现积极接触的条件，包括平等的群体地位、利益相关者的支持、群体的共同目标、群体间的合作和 Pettigrew（1998）提出的发展友谊原则，它反映了定期互动和频繁互动的价值。接触理论为老幼代际互动的设计和开展提供了理论基础。老幼代际互动以建立情感关系为目标，帮助老年人和幼儿在有计划的、规律性的接触和互动中彼此受益。

Caspi（1984）最早将接触理论（Allport et al.，1954）应用到代际互动中，通过接触理论指导代际项目增加了成功交互的机会。接触理论被证明是代际项目的指南，它的应用促进了积极的群体间互动，是高质量代际项目的目标（Jarrott et al.，2006；Weaver et al.，2019）。具体而言，将接触理论应用于老幼"结伴式互动"包括以下几个方面的主要内容（如表 7-1 所示）。

第一，利益相关者的支持，该原则是指对活动的规划和实施。高校利用自身专业优势，研发老幼"结伴式互动"干预项目，并对干预效果进行评估；机构充分发挥空间和人力优势，调动机构内部人员（幼师、护工等）共同支持老幼"结伴式互动"干预项目的实施；高校与机构建立长期合作关系，共同承担培训、物资准备等工作，定期组织会议，为老幼安排定期的、有计划的互动。第二，以合作和共同目标为特征的群体间联系，该原则是指双方相互合作才能达到共同目标。老幼"结伴式互动"的干预目标是为老人和幼儿建立情感关系；在设计活动时以老人和幼儿互惠的发展需要为目标，匹配老人和幼儿的兴趣和能力，促使"结伴"的老幼合作完成目标，增强团队意识。第三，平等的群体地位，该原则基于优势视角，认为每个人都有能力为项目做出贡献并从中受益。在传统观念里，幼儿和老年人经常被认为是缺少能力的群体，但是在代际互动中他们有机会锻炼自己的技能并与他人分享（Camp et al.，1997；Salari，2002）。因此，在互动过程中，应该引导老人和幼儿在平等的基础上互动，以便让每个人都能发挥积极作用。第四，发展友谊，该原则强调了情感关系的重要性，在代际环境中，幼儿和老年人通过日常化的互动，有更多机会相互了解，从而有助于双方发展信任关系（Travis et al.，1997）。老人和幼儿之间的互动在促进"拟亲属"关系的建立时更为积极，老人会把"结伴"的幼儿看作自己的"孙子女"，扮演祖父母的角色。

表 7-1　接触理论应用于老幼"结伴式互动"

原则	具体内容
利益相关者的支持	1. 高校研发老幼"结伴式互动"干预项目，评估干预效果
	2. 机构调动内部人员（幼师、护工等）共同支持干预项目的实施
	3. 高校与机构建立长期合作关系，共同组织定期的老幼"结伴式互动"
共同的目标	1. 干预项目的目标是通过"结伴式互动"为老人和幼儿建立情感关系
	2. 在设计活动时，以老人和幼儿互惠的发展需要为目标
	3. 老人和幼儿的共同目标是合作完成作品，如一起腌菜、整理衣物等
合作完成	活动材料的准备匹配了老人和幼儿的兴趣和能力，促进老幼团队协作。例如在腌菜的活动中，助理提前准备蔬菜（萝卜、辣椒等）、盐和坛子，引导老人和幼儿在洗菜和腌菜的步骤上进行合作，"你可以帮奶奶一起洗菜吗？"
平等的群体地位	1. 以优势视角看待老人和幼儿，老幼都有能力做出贡献，并从中受益
	2. 引导老人和幼儿在平等的基础上互动，发挥各自的积极作用
发展友谊	1. 通过日常化的接触，为老人和幼儿建立长期稳定的关系
	2. 老人会把"结伴"的幼儿当作自己的"孙子女"，扮演祖父母的角色，有助于老幼间"拟亲属"关系的形成

第二节　老幼"结伴式互动"干预设计

一　干预模型

本研究在老幼代际互动文献研究和 T 机构原本活动实践的基础上，确定老幼"结伴式互动"的设计要素（如图 7 - 2 所示）。

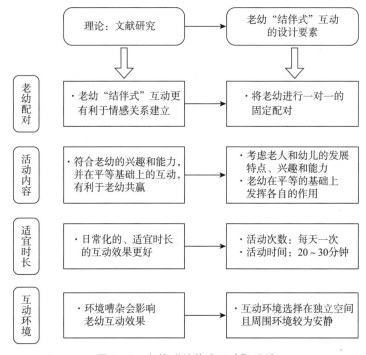

图 7 - 2　老幼"结伴式互动"设计

第一，老幼配对。从 T 机构"小组式"活动的实践来看，老人和幼儿在未配对时会削弱老幼互动的效果。在以往文献中，老幼"结伴式互动"有助于老年人和幼儿有更多的机会接触，发展情感关系（Low et al.，2015；Rebok et al.，2004）。老幼配对是选择适宜的老幼建立关系，以保证关系对双方产生作用的持久性和成功的可能性。老幼配对需要考虑老年阶段和幼儿阶段相关的发展需要和任务，以此进行匹配，这样有助于分析关系是如何影响参与者的。比如，幼儿可以与有特殊技能的，想要传授知识的老年人配对，学习其所需要发展的能力，拘谨、沉默的幼儿可能会在开朗的老人的带领下变得活泼。因此，在老幼代际互动中，研究者为老年人和幼儿根据其健康状况、兴趣爱好、时间等因素进行一对一的配对，在助理的引导下，为老年人和幼儿建立情感关系（如图 7 - 3 所示）。

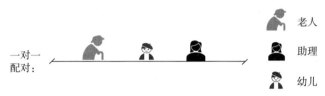

图 7 - 3　老幼"结伴式互动"

第二，活动内容的设计。在 T 机构的原有的"小组式"活动中，缺少有针对性地为老幼设计的活动，且活动以幼儿为主导，老人处于被动接受者的角色，参与活动的积极性较低。活动内容是老幼互动的首要因素，在现有文献的总结中，活动内容的设计需要考虑幼儿和老年人的发展特点、兴趣爱好和能力（Norouzi et al.，2015），让老幼能够在平等的基础上发挥每个人的作用，促进自主性的发展。

第三，适宜时长。由于活动内容以及老年人健康状况的差异，老幼互动的频率和时长也不尽相同，但是总体来看，日常化的、适宜时长的互动，能够让参与者相互了解，增加联系（Fried et al.，2013）。T 机构原本活动的安排是每周 1 ~ 2 次，每次 15 分钟，时间相对较短，缺少相互认识的环节，很难为老幼建立情感关系。因此，在老幼代际互动中，会考虑每天为老幼安排互动活动，由于老年人的注意力和精力有限，时间在 20 ~ 30 分钟。

第四，互动环境。在以往研究中，互动场地的安全性、环境的噪声等都会影响老幼间的互动（Skropeta et al.，2014；Hayes，2003）。T 机构的活动场地一般选在老人房间，但是并非房间里的所有老人都参与活动，这就会干扰到其他老年人的休息。而且有些未参与活动的老年人会感觉自己被忽视，或因感受到被差别对待而内心失衡，反而会影响老年人的人际关系和谐。因此，老幼互动的环境应选择独立空间，尽可能保证环境的封闭和安静。

在此基础上，通过专业化的随机对照实验进一步确定老幼"结伴式互动"的有效性因素和干预效果，从而为此类型老幼同养模式的推广提供实证依据。

二　干预目标

干预目标是指在老幼"结伴式互动"干预中需要完成的任务，一般包括逻辑模型和变化理论两种形式。逻辑模型完整地呈现了项目目标、投入和结果之间的关系；变化理论作为细化的逻辑模型，描述了一系列旨在产生积极干预结果的因果关系链。

1. 逻辑模型

逻辑模型阐明了老幼"结伴式互动"干预研究的核心项目元素，包括目标、投入、活动、中间结果和远端结果（如图7-4所示）。

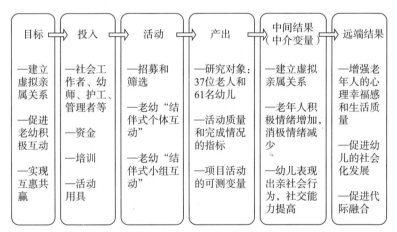

图7-4　老幼"结伴式互动"干预项目的逻辑模型

①老幼"结伴式互动"的目标是为老幼建立拟亲属关系，拓展双方的社会支持网络，促成二者长期性的良性互动，实现老幼双方的互利共赢。②在项目活动前期，投入专业人员、资金、培训及活动用具等。③活动包括老幼"结伴式个体互动"和老幼"结伴式小组互动"，引导老幼建立并发展情感关系。在活动过程

中，对老幼互动进行观察和记录，评估活动的质量和完成情况。④中间结果（中介变量的变化）的预期是老幼建立起拟亲属关系，老年群体能够重塑自我价值，接纳和肯定自己，积极情绪出现频次增加，抑郁情绪削弱，幸福感得以增强；幼儿群体能积累交往经验，表达能力和规则意识得以增强，表现出分享、合作、助人和安慰的亲社会行为。⑤远端结果的预期是提高老年人的心理幸福感和生活质量，促进幼儿的社会化发展，在平等、互惠的基础上促进代际融合。

2. 变化理论

变化理论描述获得预定结果的路径，并解释中介变量是如何被改变的。本研究的干预方案包括五个核心要素（如图 7-5 所示）。

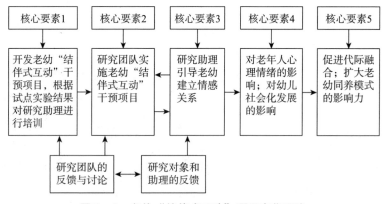

图 7-5 老幼"结伴式互动"项目变化理论

核心要素 1 是对招募的研究助理进行专业的培训。基于老幼"结伴式互动"的开发和试点实验的实施，对研究助理进行老幼"结伴式互动"的培训，了解老年人和幼儿的发展特点，以及在老幼互动中助理的角色和作用，帮助研究助理获得相应的技能。

核心要素 2 是对老幼"结伴式互动"项目的实施。研究助理按照设计进行干预项目的实施，引导老幼互动，建立情感关系。为了确保项目的顺利开展，在每次干预结束后，研究团队同研究助理开展总结会议，回归活动的过程，对不足的地方进行改进。同时，核心要素 2 还包括对实施过程中的老幼缺失、配对不合适、活动用具不适用等问题进行灵活应对。

核心要素 2 和核心要素 3 中，研究助理与老年人和幼儿之间的关系是一种动态变化的过程。老幼情感关系的建立不仅与项目内容有关，也与研究助理和老幼之间的互动关系密切相关。研究助理经过专业化的培训，引导老幼建立关系，促进老幼情感不断发展。

核心要素 4 是对老幼变化的评估，包括老年人的心理情绪变化以及幼儿的社交情绪能力等方面的发展。

核心要素 5 是对老幼同养模式的整体分析，尤其是对代际的融合以及该模式的推广以及影响力做出评估。

三 SWOT 分析

基于 SWOT 模型对老幼"结伴式互动"干预模式进行综合分析，为项目的有效实施和科学推进提供理论依据（如图 7 - 6 所示）。

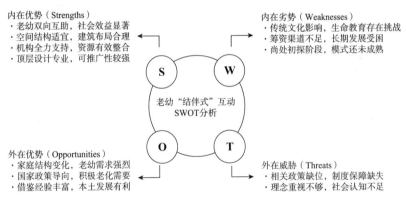

图 7 - 6 老幼"结伴式"互动 SWOT 分析

1. 内在优势

（1）老幼双向互助，社会效益显著

老幼"结伴式互动"干预，是将老年群体与幼儿群体聚集在一起，在互惠互利的既定活动中实现特定的计划目标。国外研究表明，老幼间的代际互动不仅有助于发挥老年群体的潜能，减少其负面情绪，提高生活质量，也益于培养幼儿的社会交往能力，改变其对老年群体的刻板印象。老幼互动项目改变了传统的幼儿单向陪伴老人，或老人单向教导幼儿的模式，转向双向互动模式，强调互惠互利，更有利于增进老幼群体的社会福祉，扩大社会效应。

（2）空间结构适宜，建筑布局合理

研究表明，适宜的空间环境对人际交往具有积极意义。因老幼互动需在同一地点内进行，空间的重叠性与进入地点的便利性，直接影响老幼互动的机会及效果。T机构的建筑结构是"混合式结构"，综合了"并列型结构"（养老院、幼儿园各自独立）和"层叠型"（养老院、幼儿园纵向堆叠）两种空间形式，恰是老幼复合型机构的最佳空间布局。养老院和幼儿园各有可独立使用的楼栋，但二者间又存在面积较大的公共区域重叠和多个开放通道连接，为老幼交流提供了诸多便利。

（3）机构全力支持，资源有效整合

此次老幼"结伴式互动"干预中，研究助理与机构人员已建立良好的合作关系。机构负责人充分肯定项目意义，全力配合项目实施，不仅调动了T机构包括幼儿教师、护工、保安等在内的大部分人力资源，投入了一定资金，还制定了老幼互动的规章制度，用以规范老幼互动。

（4）顶层设计专业，可推广性较强

在干预项目的设计和实施过程中，邀请多位国内外专家学者作为项目顾问，招募具有良好专业素质和能力的研究助理进行培训。在干预开始前，设计试点实验，探析活动的开展形式和内容，在干预过程中不断进行评估和调整，完善项目设计，并探索将老幼互动模式从机构向社区推广的可行性条件。

2. 内在劣势

（1）传统文化影响，生命教育存在挑战

中国传统文化的禁忌是避谈死亡。死亡代表生命的停止和结束，是无法抗拒的自然规律。但是受重生忌死的传统文化的影响，无论是家庭、学校还是社会都将"生"作为幼儿教育的重点，而对死亡问题避而不谈。成年人对死亡的恐惧，会对幼儿产生不良的影响，让幼儿认为死亡是神秘的、可怕的。老幼同养机构为幼儿生命教育提供了契机，但是受传统观念和文化的影响，老幼同养机构中老人需要救护车或者去世时，需要避开幼儿活动视线，生命教育仍然存在挑战。

（2）筹资渠道不足，长期发展受困

目前，老幼"结伴式互动"干预项目的资金主要来源于机构投入和项目经费，资金来源渠道较少。老幼"结伴式互动"干预若要长期开展，还需要持续性的资金和人力投入。将来若要从机构推广至社区，还需要更多的人力、财力、物力资源，筹资渠道也需要拓宽。

（3）尚处探索阶段，模式还未成熟

虽然代际项目在国外早已盛行开来，且已积累大量研究和实务经验，但对国内而言，老幼互动模式仍是一个较新的理念。截至 2020 年 9 月，国内仅有两家老幼同养机构，分别是 H 省 W 市 T 机构和 G 省 G 市 X 机构。老幼互动模式在本土化发展过程中的具体实践仍有待探索。

3. 外在机会

（1）家庭结构变化，老幼需求强烈

我国正处在社会转型期，家庭结构日趋小型化，机构养老仍是老龄人口的主要选择之一，社会各界对机构老人的精神需求也愈发关注。与此同时，随着核心家庭的增多和二胎政策的开放，幼儿养育难度升级，早期发展问题增多。在此背景下，老人具有强烈的精神慰藉、价值重塑等需求，幼儿具有强烈的社交情绪发展、心理健康成长等需求，两者的需求互补为老幼代际互动提供了发展的空间和契机。

（2）国家政策导向，积极老化需要

代际共融日渐得到政府的关注和重视。2013 年《关于进一步加强老年人优待工作的意见》明确提出，要统筹不同年龄群体的利益诉求，促进代际共融与社会和谐。2019 年《上海市社区嵌入式养老服务工作指引》发布，要求促进老年人融入社会与代际和谐，体现人文关怀和城市温度。《国民经济和社会发展第十四个五年规划和 2035 年远景目标纲要》明确提出，实施积极应对人口老龄化国家战略，以"一老一小"为重点完善人口服务体系，发展普惠托育和基本养老服务体系。① 老幼间互惠互利的双向互动，不仅有助于实现老有所为、老有所乐的政策目标，促进积极老龄化的实现，也有助于实现幼有所教、幼有所养的政策目标，促进老幼友好型社区的建立和代际融合，契合国家政策需要，具有政策意义。

（3）借鉴经验丰富，本土发展有利

在老幼代际互动模式和老幼复合型设施方面，美国、英国、瑞士和日本已积累了大量的研究和实践经验，代际互动模式也已发展得较为成熟。T 机构可以在结合国情的基础上，借鉴国外的先进经验，促进代际项目的本土化发展。

4. 外在威胁

（1）相关政策缺位，制度保障缺失

代际项目在国外已逐渐被纳入政策框架，如美国于 1986 年组建"代际联盟"，日本于 2004 年成立"日本世代间交流协会"，德国于 2006 年推出"多代公寓"计划。因国内老幼同乐机构数量鲜少且保障不足，该模式缺乏实证研究，既无法说服政策制定者，也无法为政策制定提供可靠依据。即使上海、安徽等地的民政部门曾强调要促进代际融合，但国内与代际项目直接相关的政策仍未发展起来。同时，我国老幼同养机构采用的是"幼儿园＋养老院"的模式，分属地方民政局与教育局管理，在建筑设计、安全问题方面所遵循的政策制度也各自分开，老幼同养机构的运营和建筑设计缺乏保障，这也是老幼同乐项目目前面临的重大挑战之一。

（2）理念重视不够，社会认知不足

实际上，有关代际互助的思想和实践在中国历史上早就存在，但多局限于家庭范围内，跨越家庭范畴的社会代际实践不成规模且不活跃，尚未引起足够的重视（李俏、王建华，2017）。在年龄刻板印象严重的地区，这一新理念的社会接纳度还不够高。幼儿家长对老年人存在刻板印象，担忧老人的不良生活习惯和非科学的生活知识对幼儿产生负面影响。这也意味着，即使在硬件条件

---

① 《实施积极应对人口老龄化国家战略　服务"一老一小"普惠落到实处》，2021 年 6 月 9 日，http://www.gov.cn/xinwen/2021-06/09/content_5616359.htm。

较为完善的情况下，要让幼儿家长接受老幼互动服务，了解老幼互动理念，切实看到代际互动效果，仍需较长时间。

四　干预对象及参与人员

老幼"结伴式互动"的干预对象有老年参与者、幼儿参与者和干预活动的辅助人员，包括研究助理、护工、幼师及机构管理人员。干预研究开展的前提是与机构建立长期的合作关系，与机构管理人员、幼师、护工密切合作，形成信任关系和统一管理。本研究已经得到华中科技大学社会学院伦理委员会的审核和批准，在干预前与参与研究的老人以及幼儿家长签订了知情同意书。

1. 老年参与者的招募

根据 T 机构提供的老人基本信息，对养老院 106 位老人进行了生活自理能力和认知状态的评估。根据已有研究，失能以及重度认知障碍的老年人暂时无法与幼儿开展有效互动，因此按照以下标准筛选老年研究对象：

①排除失能的老人；

②排除重度认知障碍的老人；

③具备一定的理解和交流能力；

④自愿参与。

经过筛选，有 40 位老人符合以上标准并被纳入干预对象。在对其进行了项目宣传，告知项目内容和评估方式之后，最终有 37 位老年人签订知情同意书，成为此次干预研究的研究对象（老人编码及基本情况见附录一）。

2. 幼儿参与者的招募

选择 4~6 岁年龄段的幼儿，对幼儿家长进行项目的宣传，告知项目的内容和评估的方式，以家长自愿报名的形式参与，与家长签订知情同意书。最终有 61 名幼儿成为此次干预研究的研究对象（幼儿编码及基本情况见附录二）。

3. 干预活动辅助人员

干预活动辅助人员包括机构 4 位管理人员、15 位幼师、7 名护工以及 7 名研究助理，他们共同参与老幼"结伴式互动"干预项目的实施（辅助人员的编码见附录三）。机构管理人员全力支持老幼"结伴式互动"干预，并参与干预项目的设计和实施细节的讨论。他们充分利用机构的资源和优势，为老幼"结伴式互动"提供便利的条件，同时，积极调动机构幼师、护工等配合活动的实施。幼师以自身实践经验为老幼"结伴式互动"干预项目的活动设计提供意见和建议，并且作为老幼"结伴式小组互动"的授课人，开展老幼集体活动。护工主要负责协助参与活动的老人，每天提醒老人活动的时间和地点，协调好老人的护理时间和老幼互动时间。研究助理负责引导老幼"结伴式个体互动"，他们接受高校研究人员和机构负责人的培训，包括老幼"结伴式个体互动"的内容、评估方式以及活动中的注意事项等，并被要求在确保老幼安全的基础上，引导老人和幼儿建立情感关系。

五 研究工具及方法

1. 干预研究

干预研究（Intervention Research）是指对发生在不同层面、有目的性改变的策略之系统研究。通常包括对不同层面的风险过程的阻止和对保护性因素的加强，往往还涉及对变量间关系的检验。干预研究的核心内容是通过干预"产生改变"。干预是否有效和有影响力，需要进行一系列研究，得到不同层级的证据（弗雷泽等，2018）。

Rothman 和 Thomas（1994）将干预研究分为三种类型。①干预知识开发（Knowledge Development）。分析与干预服务相关的行为知识的实证研究，强调提出问题的工具性和实用性，收集的信息包括概念、假设、理论和经验总结等。②干预知识应用（Knowledge Utilization）。将知识转化为与给定目标人群、问题和干预方法相关的应用概念和理论，可作为干预设计和开发的信息收集阶段。③干预设计和开发（Design and Development）。指导研究人员或实践者制定新的干预措施，通过有效的干预和帮助工具处理给定的社会问题。一般干预设计和开发包括六个阶段：①问题分析；②信息综合；③设计；④早期开发和试点测试；⑤评估和高级开发；

⑥推广。

2. 干预实验随机分组

在老幼"结伴式互动"干预研究中，采取随机对照实验设计（Randomized Controlled Trial，RCT），利用随机分配的方法，将合格的研究对象分为实验组和对照组，接受相应的实验措施，在一致的条件下或环境中，同步地进行研究和观察，并用客观的效应指标对实验结果进行科学的衡量和评价。随机分组是让每个实验对象分配到不同处理组的机会相同，确保组间基线基本均衡和组间重要协变量（与主要评价指标具有较强相关关系的因子，如老年人的自理能力、认知状况以及心理健康）均衡，从而提高两组间的可比性。

在本研究中，将老年人随机分为实验组（Experimental Group）①和等候名单组（Waitlist Group）②（如图7-7所示），将幼儿随机分为实验组、等候名单组以及控制组（Control Group）③。在干预过程中，等候名单组开展常规活动，实验组除开展常规活动之外，定期接受老幼"结伴式互动"干预。在实验开始前和结束后，对实验组和等候名单组进行同等、同时间的测量。

	实验组	O1	X	O2
随机分组（R）				
	等候名单组	O1		O2

图7-7　随机实验设计

说明：R代表随机分组；O1代表前测；O2代表后测；X代表干预方式。

对老年和幼儿参与者进行随机分组（如图7-8所示），对签

---

① 实验组（Experimental Group）：实验组特指在干预条件下通过随机分组产生。在研究中，通过随机分配，一组接受干预，与没有接受干预的控制组相对应。

② 等候名单组（Waitlist Group）：在研究过程中作为控制组并在研究结束后接受干预的一组人员。一般在干预结果不理想或拒绝干预是不道德的时，经常采用等候名单组。在老幼同养干预实验中，考虑到伦理道德，在干预实验结束后，为等候名单组的老人和幼儿提供服务。

③ 控制组（Control Group）：随机分组产生，但是控制组通常不接受干预、延迟接受干预或接受不同的干预。

订知情同意书的 37 位老年参与者，本研究采取分层随机化（Strat-ified Randomization）方法，先将年龄、性别、健康状况①、入住年限作为重要的协变量分层，然后在各层内通过随机数字进行分组和合并，最终得到实验组 20 位老人，等候名单组 17 位老人。对签订知情同意书的 61 名幼儿参与者，利用同样的方法，将发育情况②、月龄、性别作为重要的协变量分层，然后在各层内通过随机数字进行分组和合并，最终得到实验组 20 名幼儿、等候名单组 22 名幼儿和控制组 19 名幼儿。

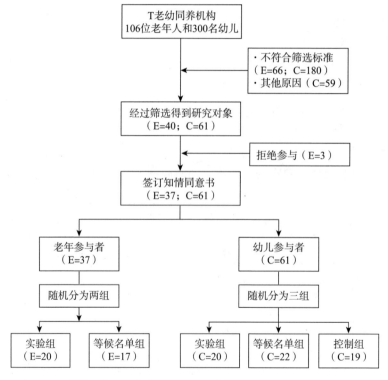

图 7 - 8 老幼"结伴式互动"干预实验随机分组

说明：E 代表老年参与者；C 代表幼儿参与者。

---

① 将老年人的身体功能、认知功能分别按 1~3 计分（1 = 不好，2 = 一般，3 = 好），得到综合评估结果。

② 将幼儿的语言沟通、情绪表达等按 1~3 计分（1 = 不好，2 = 一般，3 = 好），得到综合评估结果。

3. 数据收集

（1）问卷调查

通过问卷调查收集数据，对老人的干预评估采用编制的《老年人健康状况评估问卷》，包括基本信息和自我效能量表（Self-Efficacy）、自尊量表（Self-Esteem）、负性情绪量表（Negative Emotion）、安适幸福感量表（Peace of Mind，POM）、心盛幸福感量表（Flourishing Scale）、抑郁量表（CES-D10）、生活自理能力（ADL）、记忆障碍（AD8）。对幼儿的干预评估采用编制的《早期幼儿发展评估问卷》，包括幼儿及家长基本信息和父母压力感量表（Parental Stress Scale，PSS）、《年龄与发育进程问卷》的综合发育问卷（ASQ：3）和社交情绪问卷（ASQ：SE）。

（2）视频观察记录

在老幼"结伴式个体互动"中，由研究助理为每对老幼的互动进行全过程的录像，根据视频记录，将当天的活动进行文字转录，形成逐字稿。他们参考代际交流态度量表（IESA）（Murayama et al.，2011），重新编制了老幼互动交流表（具体内容见本章附录四），记录30次活动中老幼的互动和交流情况。老幼互动交流表是由两名研究助理根据视频和逐字稿内容进行每次活动的记录和打分，对有争议的部分由第三名助理讨论解决。包括互动形式（一对一；一对二/二对二）、互动环境（独立空间；公共空间）、活动主导者（老人主导；幼儿主导）、活动内容的分类（生活类；益智类；艺术类）、视觉注意次数（老人对幼儿的视觉次数；幼儿对老人的视觉次数）、老人/幼儿态度（老人对幼儿的态度；幼儿对老人的态度）、老人/幼儿主动性（老人主动性；幼儿主动性）、代际交流情况和助理角色（主导；协助）。其中，视觉注意是在每次活动的20分钟内选取效果最佳的5分钟，以15秒划分20个时间段，观察每个时间段内老幼对彼此的视觉注意，然后将其加总，得到每次活动的视觉注意次数。

通过老人主动性、幼儿主动性、老人对幼儿的态度、幼儿对老人的态度、代际交流情况五道题综合评估老幼情感关系变化的阶段。先由两名助理根据视频和逐字稿（根据视频转录）内容进行综合评估，得到每对老幼 30 次活动互动情况的分数。然后将老幼 30 次活动的互动情况分为三个阶段：情感探索阶段、情感交流阶段和建立拟亲属关系阶段。从情感探索阶段到情感交流阶段，以分数第一次达到较高点为主要判断依据；从情感交流阶段到建立拟亲属关系阶段，以分数达到较高点，且保持平稳发展为主要判断依据。在这个过程中，第三位助理将对前两位助理有争议的部分进行再次评估，最终确定老幼情感关系发展的阶段。

（3）半结构式访谈

半结构式访谈是按照拟定的访谈提纲进行的非正式访谈。该方法对访谈对象所询问的问题只有粗略的基本要求，访谈者可以根据实际情况作出相应的调整。在本研究中，在干预互动结束后，对老人进行半结构式访谈，了解老人对项目的满意度，老人在干预后的变化，以及对活动改进的意见等。对院长、幼师、护工进行半结构式访谈，了解干预对老人、幼儿以及机构的作用。

（4）焦点小组

焦点小组[①]是一个发现问题的过程，也是一个总结问题的过程。焦点小组作为一种收集数据的方式，是以一种无结构、自然的形式与小组的成员进行交谈，从而获得对有关问题的深入了解。一般采取半结构式，即预先拟定访谈的提纲，引导组员针对共同关注的主题进行讨论，发表相关的见解。焦点小组的优势在于小组成员能够在自由讨论中得到意想不到的发现。在干预结束后，由高校研究人员、机构管理者、幼师、护工等一起组成焦点小组进行发言，从不同角度发表活动对老人和幼儿的变化、对机构管理的作用、对活动的看法以及对活动的改进提供建议。

4. 主要量表解释

（1）自我效能

自我效能是指人们对能够达成特定目标所需能力的预期、感

---

① 焦点小组：一种收集数据的方式，将在某一领域有特定见解或知识的人聚类为小组，开展讨论以发现小组人员关注的重要主题以及与主题相关的经验和见解。

知、信心或信念,是个体对其能做什么的行为能力的主观判断和评估。Schwarzer 编制的一般自我效能感量表(GSES)由 10 个项目构成,采用 4 点李克特量表评分,Cronbach's α 在 0. 76 和 0. 90之间。申继亮和唐丹(2004)将中文版一般自我效能量表在中国老年群体中进行测量,得到该量表具有良好的信效度,本研究中该量表的 Cronbach's α 系数为 0. 84,具有非常好的信度。

(2)自尊心

自尊量表(SES)最初由罗森伯格于 1965 年编制,主要用于测量个人整体的自我价值感或自我接受感(Rosenberg, 1965)。自尊量表由 10 个题目组成,每个题目有四级评分,总分范围是 10 分到 40 分,1、2、4、6、7 题为正向记分题,3、5、8、9、10 题为反向记分题。总分越高,表示自尊程度越高。王萍等(1998)将中文版自尊量表在中国人群中进行适用性研究,发现除第 8 题外,该量表的信效度较高。田录梅(2006)也发现自尊量表中的第 8 题在中国文化中可以删除或者正向计分。在本研究中,采用删去第 8 题的自尊量表,该量表的 Cronbach's α 系数为 0. 92,具有非常好的信度。

(3)负性情绪

情绪可包含正性情绪和负性情绪,减少负性情绪已作为处理健康和行为问题的常用策略。本研究选择使用 1988 年由 Watson、Clark、Tellegen 编制的正性负性情绪量表,量表中有 10 个反映负性情绪的形容词,负性情绪为第 2、4、6、7、8、11、13、15、18、20 题。其中 1 分表示几乎没有,2 分表示比较少,3 分表示中等程度,4 分表示比较多,5 分表示极其多(Watson et al., 1988)。最终的评分方法全部都是正向计分。黄丽、杨廷忠、季忠民(2003)将中文版正性负性情绪量表进行中国人群适用性研究,得到正性情绪和负性情绪量表具有良好的信效度。本研究中该量表的 Cronbach's α 系数为 0. 82,具有非常好的信度。

(4)抑郁

采用由 10 个问题组成的流行病学研究中心简明抑郁量表(CES-D10)评定受试者的抑郁症状(Radloff, 1977)。它与以前量表的不同在于测量目前抑郁症状的水平，重点放在情感成分、抑郁情绪上。该表设定了 10 分的分界点，得分在 11 分及以上的人被认为可能患有抑郁症：11~20 分代表轻中度抑郁，20 分以上代表重度抑郁。冯笑、郭丽娜、刘堃（2016）对中文版精简版抑郁量表在社区老年人进行适用性分析，得到该量表具有良好的信效度。本研究中该量表的 Cronbach's α 系数为 0.83，具有非常好的信度。

（5）安适幸福感

安适幸福感是指内心平静和谐的状态（李怡真，2009），由 Lee 等于 2013 年提出，用以描述中国文化中强调的内心安宁与和谐，符合中国人对幸福感的情感体验。安适幸福感是由 7 个项目组成的自我报告量表，主要测量人们在日常生活中体验内心和平与和谐的频率，先前的研究发现 POM 具有良好的信度和效度（Lee et al.，2013）。评分从 1（完全不）到 5（一直）不等，满分为 5 分。所有分析均采用项目平均分，得分越高，表示日常生活中的心理的平静程度越高。本研究中该量表的 Cronbach's α 系数为 0.88，具有非常好的信度。

（6）心盛幸福感

心盛幸福感量表是 Diener 等在 2009 年编制，总共有 8 个项目，分别从人际关系、意义、投入、自尊、掌控感、乐观 6 个方面考察个体的积极功能水平。该量表与其他心理幸福感量表基本相关，但更简短。采用李克特 7 点量表法计分，1 代表强烈不同意，7 代表非常同意，得分越高，个体的心盛幸福感越高。采用心盛幸福感量表的国内修订版，由 Tang 等（2016）应用于中国社区人群，已被证明具有良好的信效度。本研究中该量表的 Cronbach's α 为 0.82，具有非常好的信度。

（7）生活自理能力

基本日常生活活动能力，由美国的 Lawton 和 Brody 于 1969 年制定，包括穿衣、吃饭、洗澡、穿衣、大小便控制、如厕，共 6 项内容。根据完成每项内容所需要的帮助程度，分为没有困难、有困难但仍可以完成、有困难需要帮助、无法完成 4 个选项。采用日常生活活动能力量表的国内修订版，由何燕玲等（1990）通过对社区老年人进行测量和追踪得到。ADL 量表的信效度良好，本研究中该量表的 Cronbach's α 系数为 0.75，具有良好的信度。

（8）记忆障碍

记忆障碍量表旨在弥补其他量表对认知功能障碍敏感性不强、文化水平要求高以及耗时较长的不足，是基于知情者的问卷，有时也被用于自评。量表有 8 个项目判断认知水平的变化，"是"则记 1 分，总分范围为 0～8 分（Galvin et al.，2005）。李涛等（2012）修订的中文版 AD8 量表，已被证明在中国人群具有良好的信效度。本研究中该量表的 Cronbach's α 系数为 0.76，具有良好的信度。

（9）父母压力感量表

父母压力感量表，由 Berry 和 Jones 在 1995 年编制，Cheung（2000）修订后的父母压力量表中文版，测量母亲的养育压力程度。该量表采用 5 点计分（1 = 很不同意，5 = 非常同意），共 17 道题。本研究采用简化版量表，共 7 道题，1、2、7 题为反向计分，平均分越高表明养育压力越大。研究表明，父母压力感量表具有良好的一致性和信效度。该量表在中国儿童群体的父母中得到了广泛的应用，具有良好的信效度（张燕，2017）。本研究中该量表的 Cronbach's α 系数为 0.70。

（10）年龄与发育进程问卷

年龄与发育进程问卷由俄勒冈大学的 Squires 教授和 Bricker 教授等研发，本研究使用的是卞晓燕等修订的中文版，并在中国进行了信度和效度等心理测量学特性研究（卞晓燕等，2010）。

综合发育问卷（ASQ：3）——综合发育问卷（ASQ：3）的内在效度 Cronbach's α 系数为 0.8，测试者间信度 r 为 0.8，重测信度 r 为 0.8（P 均 < 0.0001）。ASQ：3 识别发育迟缓的敏感度为 87.50%、特异度为 84.48%、准确度为 84.74%（魏梅等，2015）。本研究中该问卷的 Cronbach's α 系数为 0.82，具有非常好的信度，可用于 1～72 个月幼儿的发育筛查。综合发育问卷（ASQ：3）分为沟通能区（CM）、粗大动作能区（GM）、精细动作能区（FM）、解决问题能区（CG）和个人－社会能区（PS）5 个能区；各能区都有 6

个题目，"是"计为 10 分，"有时"计为 5 分，"否"计为 0 分。每个能区按照其项目之和的均数和标准差分组，得分 $< \bar{x} - 2s$ 视为发育低下，得分介于 $\bar{x} - s \sim \bar{x} - 2s$ 视为发育低常，得分 $\geq \bar{x} - s$ 视为发育正常（姚国英等，2010）。结合本研究的研究侧重点，在本研究中综合发育问卷（ASQ：3）评估了沟通能区、粗大动作能区、精细动作能区、个人 – 社会能区 4 个方面。

社交情绪问卷（ASQ：SE）——社交情绪问卷（ASQ：SE）内部一致性检验 Cronbach's α 系数为 0.67 ~ 0.91，重测信度由父母间隔 1 ~ 3 周完成相同的两份问卷，分类的一致性为 94%，说明分数在时间上的稳定性良好。本研究中该问卷的 Cronbach's α 系数为 0.79，具有良好的信度。在效度研究方面，社交情绪问卷（ASQ：SE）的总一致性为 93%，总敏感性是 78%，总特异性为 95%（李珊珊等，2019）。综上说明，该问卷可以有效区分社交情绪发育迟缓和正常的幼儿。问卷涉及自我控制、依从性、沟通、适应功能、自主性、情感和人际互动 7 个能区（如表 7 – 2 所示），包含 30 余题（各月龄题目数稍有差异）。社交情绪问卷（ASQ：SE）的计分规则，每道题目有 3 个选项（1 = 多数时间是，2 = 有时是，3 = 很少或从不），根据每道题所提问内容的不同，选项会对应 0 分、5 分、10 分。如果监护人选择对孩子的该行为感到担忧，将会额外加 5 分。将所有题目得分加起来得到总分。如果数据中缺失了问题的答案，且问卷中缺失的答案只有 1 或 2 个，则使用以下公式计算平均分，将得出一个平均分介于 0 ~ 10，然后用平均分数代替缺失题目分数，最后加总得到问卷总分。计算平均分：已答题目总分/已答题目数 = 平均分。计算问卷总分：已答题目总分 +（平均分 X 缺失题目数）= 问卷总分。ASQ：SE 在每个年龄段设置了一个界值，如果幼儿问卷总分低于界值说明该婴幼儿社交情绪发展在正常范围；如果得出幼儿问卷总分高于或等于界值，说明幼儿社交情绪发展迟缓。

表7-2　年龄与发育进程：社交情绪行为能区的定义

行为能区	定义
自我调控	使自己安静或适应生理或环境状况的能力或意愿
依从性	服从他人指令和遵守规则的能力或意愿
沟通	响应或发出言语或非言语信号来表示感觉、感情或内部状态的能力或意愿
适应功能	成功地解决应对生理需要（例如，吃饭、排泄和安全）的能力
自主性	自行发起或无指令下的行为（例如，独立运动）
情感	展示感情和对他人的同情心的能力和意愿
人际互动	回应或启动与父母、其他成人或同龄儿童的社交反应的能力和意愿

第八章 老幼"结伴式个体互动"在机构的干预研究

第一节 老幼"结伴式个体互动"试点实验

一 试点实验干预设计及流程

1. 研究对象招募

研究对象从 T 老幼同养机构的养老院和幼儿园中招募，通过项目宣传和自愿报名的形式，招募 2 位老人和 4 名幼儿作为试点实验的研究对象（如表 8 - 1 所示）。老年人筛选标准：①生活自理，精神状态良好；②具备基本的理解和表达能力；③自愿参与，时间分配合适。招募的老年人和幼儿家长须签订知情同意书。

表 8 - 1 研究对象基本情况

	编号	性别	年龄/月龄	文化程度/班级	入住年限/主要主要照顾者
老年参与者	EM-TDW86	男	86 岁	初中	5 年
	EF-TZF82	女	82 岁	初中	4 年
幼儿参与者	CG-WYT60	女	60 月	大班	祖父
	CG-CZY60	女	60 月	大班	父母及祖母
	CG-XXQ48	女	48 月	小班	父母
	CG-PYX48	女	48 月	小班	父母

2. 干预内容及配对形式

（1）主题式活动设计

根据老年人的兴趣爱好和幼儿的发展目标设计主题式活动，主题式活动是非结构化的，具体内容由老年人主导，充分发挥其自主性和"导师"的角色。

主题一（手画绘本：鸟），活动内容设计以 EM－TDW86 的绘画兴趣为主，在老幼互动中 EM－TDW86 需要帮助和指导幼儿学习绘画，并寻找绘画的素材，制定活动的具体内容。主题二（剪纸绘本：数字），活动内容设计以 EF－TZF82 的剪纸兴趣为主，EF－TZF82 在互动中需要指导幼儿学习剪数字，并将窗花、五角星等剪纸经验传授给幼儿。

（2）老幼配对形式

在试点实验中，采取"一对二"和"一对一"两种老幼配对形式（如图 8－1 所示）。根据老年人与幼儿的兴趣和能力进行老幼配对：老人 EM－TDW86 与两名小班的幼儿 CG－XXQ48、CG－PYX48 结伴，开展主题一活动（手画绘本：鸟）；老人 EF－TZF82 和两个大班的幼儿 CG－WYT60、CG－CZY60 结伴，开展主题二活动（剪纸绘本：数字）。

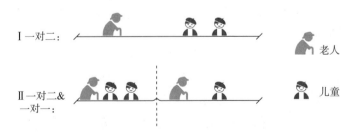

图 8－1　试点实验老幼互动形式

说明：在活动前段时间是一对二，后段时间是一对一。

"一对二"和"一对一"配对形式的比较。在最初老幼配对时，两组都是"一对二"的形式，在招募幼儿参与者时，已知 CZY60 会中途退出（在活动招募前已报名其他校外兴趣培训）。因此，老幼配对从中期阶段开始，形成了两种互动形式的比较，因为多维度的观察能够获得更全面的资料。

3. 活动时间和地点

（1）时间安排

从 2019 年 7 月 10 日至 25 日，共进行了 14 次试点活动。活动时间为每天下午 3：00 至 3：30，包括三个环节：①前 5 分钟为活动准备，老幼互相认识，助理介绍当天的活动安排；②中间 20 分钟进行正式的互动活动；③最后 5 分钟，老幼整理当天的作品并收拾活动物资，老幼告别。

（2）场地选择

第一阶段，考虑到老人的便利，选择老人自己的房间作为活动的场地，但在活动过程中发现，一方面可能会干扰房间内其他老人的作息，另一方面可能会导致其他老人因没有参加活动而产生不满情绪。第二阶段，将活动的场地转移到了公共活动室，形成相对独立的空间。

4. 干预过程

（1）前期阶段——老幼"破冰"

前期阶段的目标是为老幼"破冰"，引导老年人和幼儿从陌生到熟悉。

在主题一（手画绘本：鸟）中，选择将动物作为"破冰"切入点，因为动物能给人带来较大的趣味性和视觉刺激性，在与动物互动的过程中能较为自然地拉近彼此的心理距离。考虑到便携性和无威胁性，研究助理准备了一只鹦鹉，引导老幼对其进行观察，化解初次见面的尴尬，营造轻松愉悦的氛围。

在主题二（剪纸绘本：数字）中，引导老年人和幼儿进行自我介绍，促进彼此的认知和熟悉。为避免双方无话可说，有效提高自我介绍的信息含量，研究助理决定指定聊天话题，并鼓励老幼围绕这一话题谈谈自己。

"破冰"活动取得了良好的反馈，老年人和幼儿在较短的时间内，与彼此熟悉。在活动中，老幼沟通和交流的次数增多，对彼此都有了初步的了解。

（2）中期阶段——活动内容调整

中期阶段的目标是充分发挥老年人对活动开发的积极性和创

造性，根据幼儿的反馈和需求进行适当的调整。在老幼互动中，在老人主导活动内容的同时，需要发挥幼儿的主动性，使老幼共同完成。

主题一（手画绘本：鸟）由 EM-TDW86 主导，老人曾经有过画黑板报的经历，在每次活动开始前，会先在黑板上画好自己的作品，教幼儿一步步学习。但是经过一段时间后，老人发现幼儿对自己的作品不感兴趣。比如，EM-TDW86 提前准备了画小鱼，但是走进活动室时，CG-XXQ48 告诉老人自己想画美人鱼。虽然老人有着丰富的素材，但是并非都符合幼儿的兴趣。因此，EM-TDW86 尝试寻找不同的素材，有时是电视上看到的动画人物，有时是公园的实物，当幼儿能够画出自己准备的素材时，EM-TDW86 感到十分开心和满足。在活动中，老人充分地发挥了主观能动性，尽全力准备每次活动，为了激发幼儿参与活动的积极性和兴趣，老人不停地寻找各种素材，在活动中扮演着主导者的角色。在 EM-TDW86 的后期反馈中，他希望研究助理能够准备画册之类的课本，但每天的活动内容还是由自己来决定。

主题二（剪纸绘本：数字）由 EF-TZF82 主导，EF-TZF82 根据活动设计，从剪数字开始教幼儿，并穿插了老人擅长的剪窗花。但是活动进行到一半时，幼儿基本学会了数字和窗花。由于活动主题的限制，EF-TZF82 不知道该与幼儿做什么活动，幼儿也逐渐失去了活动的兴趣。在这种情况下，研究助理为幼儿和老年人准备了手工剪纸书，进一步拓展活动的内容。幼儿对手工剪纸书产生了浓厚的兴趣，开始发挥主动性，积极地学习新的内容，EF-TZF82 则更多是配合幼儿，由主导者的角色转为协助者。

为了激发幼儿和老年人参与活动的兴趣，活动内容需要进行灵活的调整。在主题式的活动中，教案（课本）的引入，一方面可以带动幼儿的兴趣，保持活动的新鲜感，每天有知识更新，提高幼儿参与活动的积极性和主动性；另一方面，老年人的传授经验有限，提供多种活动方案能够减轻老年人的负担，更加积极轻松地参与活动。

（3）后期阶段——情感关系的发展

老幼情感关系的建立有助于老幼间的互动和交流。幼儿和老年人在持续的活动中，由陌生逐渐到熟悉。幼儿和老年人之间的直接交流和互动更多，在老幼熟悉后，互动的效果更好。

在 EM – TDW86 与 CG – XXQ48、CG – PYX48 的互动中，幼儿对老人的依赖逐渐增强，越来越期待参加活动，在后期阶段，幼儿能够主动拥抱老人，表达自己的喜欢和感谢。在幼儿表现好时，老人也会不遗余力地夸赞幼儿，老人在与幼儿互动中，收获了幼儿带来的欢乐。

EF – TZF82 和 CG – WYT60、CG – CZY60 的互动中，由于 CG – CZY60 的退出，EF – TZF82 和 CG – WYT60 的互动明显增多。幼儿主动与老人交流，发挥主动性，在每次活动结束时，对老人依依不舍。在互动中，EF – TZF82 愿意陪伴和帮助幼儿，幼儿和老年人间建立了深厚的感情。

当老人和幼儿建立情感关系后，老幼之间的认同感和信任感更强，幼儿对老人的积极评价增多，同时老人也能感到幼儿的欢乐和陪伴。在试点试验中，"一对一"的形式相比"一对二"更有利于老人和幼儿的熟悉，互动效果更佳。

二 试点实验干预结果

1. 对老人的评估及结果

由于样本量较小，多次重复测量具有可行性，对老年参与者进行了 4 次测量，包括前、后测以及活动过程中的 2 次中期测量。测量工具包括生活自理能力量表（ADL）、抑郁量表（CES – D10）和正性负性情绪量表（PANA）。从测量的结果来看，生活自理能力量表（ADL）和抑郁量表（CES – D10）没有明显变化。正性负性情绪量表（PANA）的测量中，EM – TDW86 在"感兴趣""精神活力高""自豪"三个方面都有所提高。EF – TZF82 在"感兴趣""自豪"两个方面有所提高，"心烦"有所降低。老幼"结伴式个体互动"在老年人身体状况方面在短期内没有明显的影响，但对老年人心理情绪方面的影响较为显著。从量表的测量结果来看，老年人的负向情绪有所降低，正向情绪有所提高，尤其是"自豪感"有较为明显的变化，表明老年人感受到老幼"结伴式个体互动"带来的自我价值感。

2. 对幼儿的评估及结果

在活动前期和后期，对儿童及家长以《年龄与发育进程问卷》中的儿童综合发育（ASQ：3）和儿童社交情绪（ASQ：SE）进行测评。从问卷评估结果来看，CG‐XXQ48、CG‐PYX48 和 CG‐WYT60 的社交情绪的分数有所降低，说明，老幼"结伴式个体互动"提高了幼儿的社交情绪能力。在刚开始的互动中，幼儿表现得相对沉默，但是在关系建立后，幼儿的安全感逐渐增强，自主性得以发挥，能够主动与老人接触，关心老人。整体来看，老幼"结伴式个体互动"让幼儿的沟通能力有所提高，同时幼儿与老人建立了深厚的情感关系，幼儿的社会交往能力得以增强。

三　试点实验干预总结

1. 老幼一对一"结伴式个体互动"效果更佳

在老幼"结伴式个体互动"试点实验中，进行了"一对二"和"一对一"两种形式的对比。总的来看，这两种有针对性的老幼配对，能够关注到幼儿和老年人的兴趣和爱好。幼儿和老年人在持续的互动中，建立起情感关系，而关系的发展有助于老幼间的积极互动。"一对二"和"一对一"有各自的优势，相比而言，"一对一"互动的直接性更强，幼儿能够在短时间内建立安全感，老幼之间的互动和交流更多。但是"一对一"的形式对老人的能力要求较高，老人需要在活动中承担"教导者""帮助者"的角色，而"一对二"的形式对老人的要求较低，适合健康状况不佳的老人。因此，两种形式可以根据老人实际情况进行灵活安排。总之，老幼"结伴式个体互动"不仅能够发挥老年人的自我价值和生成性的角色，而且对幼儿的沟通能力、社会交往能力也带来了积极的影响。

2. 研究助理由主导到协助

在第一次活动时，幼儿和老年人是陌生的，因此研究助理需要发挥主导作用，引导幼儿和老年人相互认识。"破冰"活动能够让幼儿和老年人在短时间内认识彼此，有初步的了解。在活动过程中，研究助理需要及时调整活动内容，增加幼儿和老年人之间的交流和互动。在老幼情感关系建立后，研究助理可以适时"退出"活动，以一个旁观者的身份观察活动，并在需要时提供帮助。在活动结束时，助理需要谨慎地处理幼儿和老年人的离别情绪，有始有终，避免造成不良的影响。总而言之，研究助理的作用是为老幼讲解游戏规则，调整活动内容，促进老幼沟通，保障老幼安全。在老幼关系建立后，给予幼儿和老年人最大化的自由空间互动，研究助理可从"主导者"的角色转为"协助者"，促进老幼的自发互动。

3. 服务效果的评估方式

从试点实验可以看出，生活自理能力（ADL）的变化不显著，所以只需在前测、后测以及后续的追踪中进行测量即可。正性负性情绪量表（PANA）、抑郁量表（CES－D10）等可以进行多次测量。在试点实验中发现，定量的测量方法在短期看不到明显的变化，所以需要采取定性和定量相结合的方法进行综合、全面的测量和分析。

第二节　老幼"结伴式个体互动"干预实验设计

一　随机对照实验

根据随机分组情况，设计了随机对照实验。在试点实验中，老幼"结伴式个体互动"效果更好，更有利于情感关系的建立和发展。因此，在随机对照实验中，老年实验组（E＝20）与幼儿实验组（C＝20）进行一对一配对，20对老幼接受"结伴式个体互动"干预。每对老幼匹配一个研究助理，全程在场，协助老幼之间的互动（如图8－2所示）。老年等候名单组（E＝17）与幼儿等候名单组（C＝22），进行T机构常规服务，不接受干预。实验组和等候名单组进行同时、同等的测量（如图 8 - 3 所示）。

图 8 - 2　老幼"结伴式个体互动"

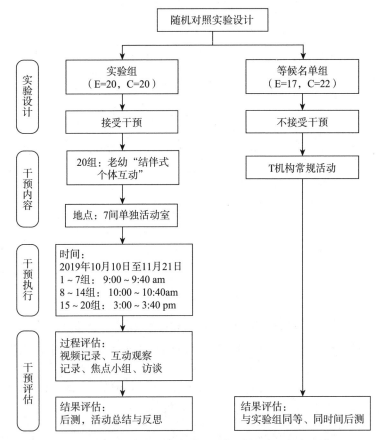

图 8 - 3　老幼"结伴式个体互动"随机对照实验设计

根据老幼"结伴式个体互动"干预实验的设计，研究对象参与情况和测量时间如表 8 - 2 所示。对老年和幼儿实验组，老年和幼儿等候名单组进行第一次测量（2019 年 10 月 14 日），在老幼"结伴式个体互动"结束后，进行第二次测量（2019 年 11 月 27 日）。

表 8 - 2　研究对象参与情况和测量时间

分组		测量 1 （2019 年 10 月 14 日）	测量 2 （2019 年 11 月 27 日）
老年参与者 （E = 37）	实验组：E = 20	前测：E = 20	后测：E = 19[①]
	等候名单组：E = 17	前测：E = 17	后测：E = 16[②]
幼儿参与者 （C = 42）	实验组：C = 20	前测：C = 20	后测：C = 17[③]
	等候名单组：C = 22	前测：C = 22	后测：C = 18[④]

注：①老年实验组 EM-HSX70 于 2019 年 11 月 30 日去世，未将其数据纳入老幼"结伴式个体互动"分析。

②老年等候名单组 EF-ZSZ72 于 2020 年 1 月 12 日去世，未将其数据纳入老幼"结伴式个体互动"分析。

③幼儿实验组 CB-TTC56、CG-QXY56、CB-ZHX57 家长未填答后测问卷，数据缺失。

④幼儿等候名单组 CB - GZ46 月龄较小，未纳入研究范围；CB-HYH49 和 CG-JCC56 的社交情绪评分异常，未纳入研究范围；CG-YSQ49 家长未填答后测问卷，数据缺失。

二　老幼配对原则

在老幼配对中，既需要考虑老年人的特点，也需要考虑幼儿的特点，并根据实际情况进行匹配和灵活调整（如图 8 - 4 所示）。

（1）健康状况的匹配遵循"强弱"原则。对于老年参与者来说，身体状况和精神状态是最主要的因素。相对来说，失能及精神状态较差的老年人，应该避免与发育迟缓的幼儿匹配。因此，就老年人的健康状况和幼儿的发育情况来看，老幼匹配应遵循"强弱"原则，当老年人健康状况较差时，匹配发育正常的幼儿；当幼儿发育迟缓时，匹配健康状况良好的老年人。

（2）性格的匹配遵循"互补"原则。性格可二分为外向型和内向型，一般性格外向型的能够发挥主动性，引导性格内向型的。因此，在进行老幼匹配时，采取性格"互补"的原则，为性格外向型的老年人匹配性格内向的幼儿，为性格内向型的老年人匹配性格外向的幼儿。

（3）性别的匹配遵循"相同"原则。在老幼匹配时，相同性

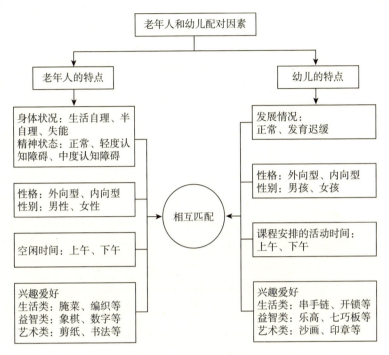

图 8 - 4 老幼配对因素

别可以增强老幼间的亲密接触，增加感情。一般将同性别的老幼匹配在一起，也可根据老人和幼儿的偏好，进行调整。

（4）空闲时间的匹配遵循"相近"原则。在 T 机构中，老人和幼儿每天的作息时间非常相似，具体情况见表 8 - 3。在早晨的时间，7：30 ~ 8：00 是老人和幼儿的晨练时间，老幼可以共用室外活动场地。8：00 ~ 9：00 是老人和幼儿的早餐时间，老幼在各自独立的餐厅区就餐。

在上午的时间，T 机构幼儿教学采取"滚动式"方式，8：50 ~ 9：30 为第一次授课时间，9：30 ~ 10：00 为第二次授课时间，两次授课内容相同，便于幼儿掌握知识。9：00 ~ 11：30 是老人的健康锻炼和娱乐活动时间，可在部分开放的课堂或室内共用活动场地开展老幼互动。10：00 ~ 11：00 是幼儿的户外或游戏活动，老幼可在室外或室内的共用场地开展活动。因此，老幼

"结伴式个体互动"上午的时间安排在 9：00～9：20 和 10：00～
10：20。参与老幼"结伴式个体互动"的幼儿可以选择在第二次
授课时间上课，并不会耽误幼儿学习新知识。

在中午的时间，11：30～14：30 是老人和幼儿的午餐和午休
时间，老幼在各自的餐厅区就餐，在各自独立的生活区休憩。在
下午，14：50～16：30 是幼儿户外或游戏活动的时间，14：30～
17：00 是老人的自由活动时间，老幼可在室外或室内共用场地开
展活动。因此，老幼"结伴式个体互动"下午的时间安排在 14：
50～15：10 和 15：20～15：40，此时幼儿的课程安排是户外或游
戏活动，老人是自由活动，时间较为合理。老幼"结伴式个体互
动"的时间是在 T 机构老幼作息时间的基础上，与幼师、护工、
管理者等多方协商后确定。

表 8-3　老幼"结伴式个体互动"时间

	幼儿作息		老人作息		空间的使用	老幼互动
早晨	7：40～8：00	早操	7：30～8：00	晨练	室外共用活动场地	—
	8：00～8：50	早餐	8：00～9：00	早餐、吃药	各自独立的餐厅区	—
上午	8：50～9：30	第一次教学课程	9：00～11：30	健康锻炼、娱乐活动	部分教室空间可共享、室内共用活动场地	第一场 9：00～9：20
	9：30～10：00	第二次教学课程				—
	10：00～11：00	户外/游戏活动			室内外共用活动场地	第二场 10：00～10：20
中午	11：30～14：30	午餐、午睡	11：30～14：30	午餐、午睡	各自独立的生活区	—
下午	14：50～16：30	户外/游戏活动	14：30～17：00	洗漱、自由活动	室内外共用活动场地	第三场 14：50～15：10
						第四场 15：20～15：40
	16：30～17：30	晚餐、离园				—

（5）兴趣爱好遵循"相似"原则。在老幼匹配中，兴趣爱好是关键因素。从老年人的角度来看，老年人的兴趣爱好与其自身的职业经历、受教育水平以及所具备的技能等有着密切的关系，从内容上可以分为生活类、益智类和艺术类。从幼儿的角度来看，幼儿的兴趣爱好与其发展需要紧密联系，从内容上也可分为生活类、益智类和艺术类。将"相似"兴趣爱好的老年人和幼儿进行匹配，帮助他们一起学习共同感兴趣的事物，确保了参与活动的积极性。

总而言之，老幼配对是多维度的，需要综合健康状况、性格、性别、时间以及兴趣爱好等因素进行相互的匹配。老幼配对更重要的是还需根据实际活动情况，进行灵活调整。

三 活动内容及安排

1. 活动内容

基于理论和实践，老幼"结伴式个体互动"的活动内容，首先应该匹配老年人和幼儿的兴趣和能力；其次，要使老年人和幼儿在活动中扮演重要的角色；最后，活动内容本身要有实际价值。

老幼"结伴式个体互动"的课程设计主要分为生活类、益智类和艺术类（见表8-4）。①生活类活动。老人具备丰富的生活经验和阅历，通过贴近实际生活的活动教授幼儿独立生活的技能，培养劳动观念。②益智类活动。老人拥有独特的智慧，在棋类、数字等游戏中，有自己独到的见解和经验。幼儿可以学习到老人身上的经验和智慧，同时也能增强老人的自我价值感。③艺术类活动。老人是多才多艺的，可以将自己喜欢的事物传授给幼儿，通过老人的兴趣和爱好让幼儿感受艺术的美，能够更好地发展幼儿的审美能力。在老幼"结伴式个体互动"中，活动内容可根据实际情况进行灵活调整，以适应老幼互动的需求。

表 8 - 4　老幼"结伴式个体互动"活动

类型	活动大纲	内容举例
生活类	认识蔬菜：认识、观察、绘画并种植蔬菜	穿鞋带、给小熊穿衣服、手工包制作、串手链按摩、戴口罩、包饺子、学习开锁、做饼干、角色扮演（给玩偶看病等）、晾衣服
生活类	认识树木：在公园观察并收集树叶，进行粘贴、绘画等活动	穿鞋带、给小熊穿衣服、手工包制作、串手链按摩、戴口罩、包饺子、学习开锁、做饼干、角色扮演（给玩偶看病等）、晾衣服
生活类	整理衣物：穿衣服、叠衣物、洗袜子等	穿鞋带、给小熊穿衣服、手工包制作、串手链按摩、戴口罩、包饺子、学习开锁、做饼干、角色扮演（给玩偶看病等）、晾衣服
生活类	腌菜：腌制各种不同的蔬菜　编织：用绳子编织不用的物品	穿鞋带、给小熊穿衣服、手工包制作、串手链按摩、戴口罩、包饺子、学习开锁、做饼干、角色扮演（给玩偶看病等）、晾衣服
益智类	数字游戏：回顾 1～10 数字加减法、认识钱币数额和使用方法、认识几何图形和立体图形、使用扑克牌等	乐高、抽积木、玩七巧板、玩橡皮泥、拼图、画迷宫、扑克牌游戏
益智类	棋类游戏：象棋游戏、五子棋游戏、跳棋游戏、飞行棋游戏等	乐高、抽积木、玩七巧板、玩橡皮泥、拼图、画迷宫、扑克牌游戏
益智类	搭积木：熟悉积木、用积木搭建各种图形	乐高、抽积木、玩七巧板、玩橡皮泥、拼图、画迷宫、扑克牌游戏
艺术类	剪纸：认识剪纸、剪纸作品制作	画画（沙画、手指画、盘子画、涂色）、折纸、黏土画、捏泥人、刻印章、贴纸杯、粘贴画
艺术类	京剧：认识京剧、京剧脸谱制作	画画（沙画、手指画、盘子画、涂色）、折纸、黏土画、捏泥人、刻印章、贴纸杯、粘贴画
艺术类	旗袍：认识旗袍、旗袍绘制及油纸伞制作	画画（沙画、手指画、盘子画、涂色）、折纸、黏土画、捏泥人、刻印章、贴纸杯、粘贴画
艺术类	书法：认识书法、幼儿学习书写自己的名字、老人教幼儿学习书法作品的书写	画画（沙画、手指画、盘子画、涂色）、折纸、黏土画、捏泥人、刻印章、贴纸杯、粘贴画
艺术类	音乐：感受音乐带来的快乐、老幼一起学习表演儿歌	画画（沙画、手指画、盘子画、涂色）、折纸、黏土画、捏泥人、刻印章、贴纸杯、粘贴画

注：囿于篇幅，此处未列出活动的具体内容。

2. 活动安排

老幼互动从 2019 年 10 月 14 日至 2019 年 11 月 22 日，持续六周。每周一到周五，每对老幼单独做活动。考虑到场地及人员安排等因素，老幼互动采取错峰安排，每天 20 对老人和幼儿都能参加活动。根据试点实验的结果，将每次的活动时间严格控制在 20 分钟以内，以防因为活动时间太长导致老年人和幼儿疲劳，影响互动效果。每天上午两场9：00～9：20、10：00～10：20，下午两场14：50～15：10、15：20～15：40。老幼可自由选择活动的时间。

为了老幼互动的效果，选择尽可能安静和舒适的环境进行活动，经过与机构管理者协商，T 机构空置的房间/活动室都可作为老幼互动的场地。另外，场地的安排，采取就近原则，对于腿脚不便，不能走动的老人安排在老人房间或者走廊进行；对于能走动的老人，安排在其最近的活动室。尽可能减少老年人往返的距离，提高参与的可能性。

四　研究方法

1. 定量分析

（1）秩和检验

对量表数据前后测的变化采取秩和检验的方法。秩和检验是非参数统计中一种常用的检验方法。秩和检验不依赖于总体分布的影响，它将所有观察值（或每对观察值差的绝对值）按照从小到大的次序排列，每一观察值（或每对观察值差的绝对值）按照次序编号，称为秩（或秩次）。对两组观察值（配对设计下根据观察值差的正负分为两组）分别计算秩和进行检验。在比较实验组和等候名单组的变化时，采用单侧 Wilcoxon 秩和检验（rank-sum test）[①]；比较实验组前后的变化时，采用单侧 Wilcoxon 符号秩检验（signed-rank test）[②]。

（2）文本分析

通过分析案例文本，由两名助理独立对老幼互动形式、互动环境、活动内容、活动中的主导者、老人和幼儿的互动表现以及助理的作用等变量进行编码。对于有争议的部分，由第三名助理进行再次编码，并最终达成一致。其中，互动形式分为一对一（=1）和一对二/二对二[③]（=0）；互动环境分为独立空间（=1）和公共空间（=0）；活动的主导者分为老人主导（=1）和幼儿主导（=2）；活动内容分为生活类活动（=1）、益智类/艺术类

[①]　Wilcoxon 秩和检验是对原假设的非参数检验，在不需要假设两组样本为正态分布的情况下检验二者的数据分布是否存在显著差异。

[②]　Wilcoxon 符号秩检验对非正态分布单样本的非参数检验，基于样本的秩次排列，它将样本前后测的中位数进行比较。

[③]　二对二，这里是指两组一对一的老幼在一起活动。

（=2）和混合生活类及益智类/艺术类（=0）。老人/幼儿主动性、老人/幼儿态度、代际交流情况都是以5分制计分，非常不好=1、不好=2、一般=3、好=4、非常好=5；助理角色分为主导（=1）、协助（=0）。所编码变量纳入老幼互动交流表，对于得到的600个观察值（20对老幼30次活动），根据老人ID和幼儿ID，采用聚类回归分析（cluster regression），探讨在互动中，对老人/幼儿态度、老人/幼儿主动性、代际交流水平以及助理角色的影响因素。

2. 定性分析

（1）案例文本

根据20对老幼30次活动的逐字稿，由两名助理独立进行阅读和开放式编码，对有争议的部分由第三名助理介入讨论，确定最恰当的主题。由于每对老幼的互动内容、互动形式及互动效果都不同，将每对老幼的30次活动形成独立的案例文本，主要包括老幼情感关系的发展、互动对老人及幼儿的影响以及互动中助理的角色。[①]

（2）主题分析

主题分析（thematic analysis）是一种识别、分析和报告文本中的模式（主题）的方法（Braun & Clarke，2006）。将访谈及焦点小组的录音进行文字转录，由两名助理分别阅读并提取出主要的主题，有争议部分由第三名助理介入讨论，最终达成一致意见。三名助理将主题归类并总结出与研究问题相关的主题，包括老幼"结伴式个体互动"对老人、幼儿、幼师、护工及机构管理者等的改变，以及老幼互动的有效性因素等。

出于对隐私的保护，本研究对被访者进行了编码。其中老人的编码格式为 EM（F）-XXX 数字，E 代表老人，F 代表女性，M 代表男性，XXX 是老人姓名的首字母，数字代表年龄。幼儿的编码格式为 CM（F）-XXX 数字，C 代表幼儿，F 代表女孩，M 代表男孩，XXX 是幼儿姓名的首字母，数字代表月龄。辅助人员的编

---

① 囿于篇幅，本研究并未将20对老幼的案例文本进行展示。

码格式为 P（T\N\A）M（F）-XXX，P 代表机构管理人员，T 代
表幼师，N 代表护工，A 代表研究助理，F 代表女性，M 代表男
性，XXX 代表辅助人员姓名的首字母。

第三节　老幼"结伴式个体互动"
干预实施过程

一　老幼配对调整

根据老幼配对原则，对 20 位老人和 20 位幼儿进行了配对。在
实验组 20 位老年参与者中，生活半失能的有 4 位，轻度认知障碍
的有 2 位，中度认知障碍的有 1 位；幼儿参与者中，发育迟缓的有
3 位。在健康状况方面，为半失能和认知障碍的老人匹配了发育正
常的幼儿，为发育迟缓的幼儿匹配了健康状况良好的老人。在兴
趣爱好方面，对老年人进行了深度的访谈，了解老人的兴趣爱好
和性格特点；对幼儿园老师进行深度访谈，了解幼儿的兴趣爱好
和性格特点，根据性格特点的"互补"原则和兴趣爱好的"相似"
原则进行匹配。最终得到如表 8－5 所示的老幼"一对一"配
对表。

虽然在老幼配对中，考虑了多方因素，但是老幼是否适合还
需要在实际互动中进行灵活地调整，以促进老幼更好地互动。在
老幼"结伴式个体互动"中，老幼配对的调整分为两种形式，一
是匹配对象的更换，比如，在活动前期将匹配 EF-HHY90 的 CB-
TTC56 与匹配 EF-HWZ76 的 CG-YMT52 进行了更换，原因在于 EF-
HHY90 更偏好女孩，CB-TTC56 是一个性格外向、有些急躁的小男
孩，与 EF-HHY90 的性格和脾性不合。

二是互动形式的变化，除"一对一"的互动形式外，也有
"一对二""二对二"的形式。比如，在"一对二"形式中，EF-
WCL86 和 EF-WSZ88 住在隔壁，当其中一个老人有事不能参与时，
则由另一位老人与 CG-YML52 和 CB-XZC52 一起互动；在"二对
二"形式中，EF-WCY71 和 EF-HWZ76 是好朋友，经常在一起，

考虑到胡奶奶不擅长与幼儿互动，则安排 EF-WCY71、EF-HWZ76 和 CG-XSQ53、CB-TTC56 一起互动。

表 8 – 5　老人和幼儿配对表

序号	活动类型	主要活动内容举例	老人编号	幼儿编号
1	生活类	整理衣物	EF – YSM85	CG – GYQ55
2		整理衣物	EF – PPX87 （半失能）	CG – YHX57
3		认识树木	EF – WSZ88	CG – YML52 （发育迟缓）
4		编织	EF – ZXX79	CG – ZLX56 （发育迟缓）
5		腌菜	EF – JAY80	CG – SYT51
6		认识蔬菜	EF – HHY90	CB – TTC56
7		认识蔬菜	EF – WCL86	CB – XZC52
8		认识蔬菜	EF – LSL80 （半失能）	CB – ZLX54
9	益智类	数字游戏	EF – WCY71 （半失能）	CG – XSQ53
10		象棋	EM – LMY91	CB – ZHX57
11		搭积木	EM – SSS70	CB – LZH55
12		搭积木	EM – MZC85	CG – LMS57 （发育迟缓）
13		搭积木	EM – LSS88	CG – ZZM54
14	艺术类	手工	EF – LWP87	CG – CXT55
15		手工	EF – LCX85	CG – ZSY53
16		手工	EF – ZSY91 （轻度认知障碍）	CB – SHY59
17		音乐	EF – HWZ76	CG – YMT52
18		书法	EF – LRQ82 （轻度认知障碍）	CG – QXY56
19		画画	EF – YMF80 （半失能且中度认知障碍）	CB – YFJ55
20		京剧	EM – HSX70	CB – ZZH58

二　活动内容调整

在活动大纲的基础上，根据幼儿的自主性延伸出了个性化的内容，活动内容的变化可以分为三种情况。

第一种活动内容的设计是以活动本身为主导。部分老幼多次重复同一个活动，循序渐进，不断进步，以此提高老人和幼儿在活动中的自信心和成就感。例如，在 EF - WCL86 和 CB - XZC52 的活动中，CB - XZC52 对写数字的兴趣得到了老人的鼓励，因此持续了两周多；CG - ZLX56 和 EF - ZXX79 进行了约四周的搭积木游戏，在 EF - ZXX79 的鼓励和陪伴下，将积木玩出多种花样，游戏难度也不断升级，老幼都从中获得成就感。

第二种活动内容的设计是以互动为主导。部分老人和幼儿的互动很好，对活动内容的要求较低。此时助理在尊重幼儿自主性的基础上，推荐不同的游戏加强互动。例如，在 EF - LWP87 和 CG - CXT55 的活动中，约两天会更换一次内容，保持新鲜感，从而维持老幼间良好的关系。

第三种活动内容的设计是以兴趣为主导。部分老人和幼儿需要助理尽可能准备多种游戏和内容，激发他们的兴趣并引导他们互动。例如，在 EF - YMF80 和 CB - YFJ55 的活动中，由于 EF - YMF80 是半失能老人，只有手部比较灵活，因此在活动时，助理会结合老人的特点，加入按摩、手指画、手偶兔子等多种游戏，并不断尝试让他们感兴趣的游戏形式。EF - ZSY91 的活动兴致不高，总觉得自己什么都做不好，助理会准备多种生活类的游戏，比如吃水果、做面团等，调动老人的积极性。

总体而言，老幼互动的内容有共性也有差异。第一，20 对老幼每次活动的流程和原则都是相同的，比如活动开始前有 5 分钟的暖场时间，老幼相互打招呼，回顾上次的活动内容，在活动结束时，老幼相互拥抱、告别；第二，活动内容分为三大类，在活动开始前，根据老人和幼儿自身的特点进行灵活的调整，做到一对一案，有针对性；第三，在实际活动中充分考虑幼儿的自主性，每个幼儿喜欢的活动不尽相同，为了激发老幼互动的积极性，会对活动具体内容进行调整，促进老幼间良好的互动。

第四节 老幼"结伴式个体互动" 干预结果

一 干预对老幼建立拟亲属关系的影响

在本研究中，根据老年人和幼儿的兴趣爱好、性格、健康状况等将老幼进行"一对一"的结伴，结伴的老幼已具备定向阶段交往对象的选择，接下来将经历情感关系的其他三个阶段。①情感的探索阶段。这个阶段主要体现在刚开始老幼"破冰"，老年人和幼儿尝试探索相同的兴趣爱好，通过活动建立联系。如老人和幼儿都喜欢棋类游戏，对棋类游戏的规则和玩法进行探索和新的尝试，能够加快建立老人和幼儿之间的联系。②情感的交流阶段。老幼在不断的接触中，对彼此的安全感、认同感逐渐增强，老年人和幼儿能够相互帮助、相互鼓励、相互合作，且老年人和幼儿之间交流的内容不再局限于活动，而是拓展到自己的生活。如幼儿会向老人分享，自己向父母展示了和奶奶一起完成的作品以及分享自己在班级的生活等。③建立拟亲属关系。在此阶段，老年人会将结伴的幼儿看作自己的亲孙子女，幼儿也会将结伴的老年人看作自己的爷爷奶奶，这种对彼此的高度认同，使得老幼之间的关系更加亲密，彼此有更深的情感共鸣，老幼之间的情感关系能够逐渐稳定且持续发展。如奶奶生病住院时，幼儿每天都非常想念奶奶，通过视频的方式表达对老人真诚地关心，在这个阶段老人和幼儿之间的关系会超越普通的朋友关系，建立起拟亲属关系。

笔者根据老人的主动性、幼儿的主动性、老人对幼儿的态度、幼儿对老人的态度以及代际交流情况五个维度进行情感关系变化的测量，确定情感关系发展的阶段（如表8-6所示）。从情感探索阶段到情感交流阶段，老年人和幼儿逐渐熟悉，安全感和信任逐渐建立；建立拟亲属关系后，老年人和幼儿之间的情感进入平稳发展阶段，能够进行深层次的交流和互动。根据老人和幼儿的健康状况，将20对老幼进行分组，第一组中，老人健康状况较好，幼儿发育正常，共14对；第二组中，老人处于轻度或中度认知障碍，幼儿发育正常，共3对；第三组中，老人健康状况较好，幼儿发育迟缓，共3对。根据数据结果来看，虽然20对老幼都能进入情感交流阶段，但是并非所有的老幼都能够在30次活动中建立拟亲属关系，这可能需要长期和持续的干预。因此，总结老幼建立或未建立拟亲属关系的原因和特点，对今后干预方案的完善具有重要意义。

表8－6　老幼情感关系变化的活动次数

单位：次

分组	配对序号	结伴的老幼	从情感探索阶段进入情感交流阶段所需的活动次数	建立拟亲属关系所需的活动次数
第一组	EC_1	EM－LSS88＋CG－ZZM54	3	6
	EC_2	EF－LWP87＋CG－CXT55	4	8
	EC_3	EF－HHY90＋CG－YMT52	6	9
	EC_4	EF－HWZ76＋CB－TTC56	5	9
	EC_5	EF－YSM85＋CG－GYQ55	5	10
	EC_6	EF－JAY80＋CG－ZSY53	5	12
	EC_7	EF－LSL80＋CB－ZLX54	5	17
	EC_8	EF－WCL86＋CB－XZC52	14	19
	EC_9	EM－HSX70＋CB－ZZH58	5	20
	EC_10	EM－SSS70＋CB－LZH55	3	20
	EC_11	EM－LMY91＋CB－ZHX57	11	25
	EC_12	EF－WCY71＋CG－XSQ53	3	30＋
	EC_13	EF－PPX87＋CG－YHX57	7	30＋
	EC_14	EF－LCX85＋CG－ZSY53	7	30＋

续表

分组	配对序号	结伴的老幼	从情感探索阶段进入情感交流阶段所需的活动次数	建立拟亲属关系所需的活动次数
第二组	EC_15	EF－LRQ82＋CG－QXY56	4	18
	EC_16	EF－ZSY91＋CB－SHY59	7	25
	EC_17	EF－YMF80＋CB－YFJ55	3	30＋
第三组	EC_18	EF－WSZ88＋CG－YML52	14	26
	EC_19	EF－ZXX79＋CG－ZLX56	14	30＋
	EC_20	EM－MZC85＋CG－LMS57	14	30＋

注：30＋代表在已有的30次活动内，老幼尚未建立拟亲属关系，可能需要持续的干预。

将20对老幼情感关系变化的两个节点进行整体分析（如表8－6所示），从均值来看，第7次活动后，老幼可以进入情感交流，第16次活动以后，大部分老幼可以建立起稳定的拟亲属关系，其中有6对老幼尚未建立拟亲属关系。

在第一组中，1~6对老幼进入情感交流阶段的时间和拟亲属关系建立阶段的时间较短，由此说明，情感交流对老幼之间的互动具有促进作用，越早进入情感交流阶段，越能更快建立拟亲属关系。在上一章中提到，老年人和幼儿在相互尊重、相互帮助、相互鼓励、相互认同的过程中，由陌生逐渐向情感探索、情感交流和建立拟亲属关系发展，随着老幼之间共享信息的增多，老年人和幼儿进入更加亲密的阶段，形成稳定的情感关系。在与幼儿相处的过程中，老人会将"结伴"的幼儿看作自己的"亲孙子女"，如老人将自己舍不得的零食送给幼儿，会体贴地关心幼儿，非常珍惜与幼儿相处的时间等。与此同时，幼儿也会把"结伴"的老人看作自己的"祖父母"，逐渐生成安全感和依恋，与老人建立起亲密的关系。据老人们反映：

我会把这个小朋友看成自己的亲孙子，觉得很亲切，每天一到时间，我就盼着孩子过来，很想念她。（EF-YSM85）

> 跟小孩玩，最重要的是（彼此）之间的情感，常说：老小老小，这种情感是不一样的，而且跟孩子熟了以后会更加开心。（EM-LSS88）

配对7～11的老幼从情感交流和建立拟亲属关系的时间相对更长，配对12～14的老幼尚未建立拟亲属关系。在互动过程中，配对7拟亲属关系建立时间较长的原因在于老年人的不恰当的玩笑（说结伴的男孩子是女孩子），导致幼儿非常不满意。当幼儿通过推倒老人的积木发泄后，愿意主动与老人亲近，老人和幼儿之间的情感关系也更进一步了。

配对8和10中，幼儿的自主性较强，老人和幼儿之间需要不断的磨合，因此，情感变化较慢。如配对8中，爷爷和幼儿的自主性都很强，他们总会因为各种意见不一致而发生"争执"，爷爷从自身经验的角度出发，告诉幼儿哪些地方不对，应该怎么去做，但幼儿觉得自己的方式是正确的。因此，意见不统一导致争执和不良情绪的出现，这使得老人和幼儿之间经历较长时间的磨合期，但是经过磨合期后，老人和幼儿的关系逐渐亲密和深厚，双方产生了强烈的依恋情感。

配对11主要是因为老人教授的活动内容较难，幼儿难以获得兴趣，因此老幼之间的关系发展较慢。爷爷关于象棋的教学对于幼儿来说相对较难，导致幼儿学习的热情较低，甚至对学习象棋出现厌烦的情绪，这使得老幼之间的相处不太融洽。在助理对活动内容进行更换后，老人和幼儿逐渐找到共同的兴趣，在相互的鼓励和帮助中逐渐建立起关系。

配对9和12中，老人的身体状况较差，缺失情况较多，因此老幼之间建立亲密关系较难。在老幼"结伴式互动"中，老人生病是不可控因素，视为正常缺失。对比来看，配对9和12进入情感交流阶段都较快，但是中间缺失的次数太多，配对9缺失了13次，配对12缺失了10次，不同的是配对9是间隔性缺失，而配对12是缺失了整个一周多的时间，配对9最终建立了拟亲属关系。这说明，情感关系的建立需要日常化的、规律性的接触。

配对 13 和 14 中，两对老幼尚未建立拟亲属关系，主要原因在于老年人不善于通过鼓励和激励的方式发展幼儿的主动性，幼儿难以和老人建立安全感。在配对 13 中，奶奶的性格较为急躁，缺乏耐心，当幼儿因为速度慢，做不好时，奶奶并不是鼓励幼儿独自完成，相反会直接上手去做。这在一定程度上会降低幼儿的自信，导致幼儿难以形成安全感。在配对 14 中，奶奶总是习惯于站在指导者的角度而不是合作者的角度与幼儿互动，忽视了幼儿的自主性，反而让幼儿对奶奶产生排斥和反感。且奶奶会将幼儿与其他小朋友比较，觉得幼儿不够活泼等，这些使得老人和幼儿之间难以建立亲密的关系。

第二组中，由于老人有轻度或中度认知障碍，老幼之间从情感交流到建立拟亲属关系需要更多的时间。配对 15 和 16 的老年人都患有轻度认知障碍，老人有时会多次重复一句话，或者忽然想不起昨天的事情。在这个过程中，幼儿从刚开始的不理解，到主动帮助和鼓励老人，让老人和幼儿之间的情感不断升温。如配对 15 中，奶奶的记忆是在逐渐衰退的，不断地问幼儿几岁了，叫什么名字，幼儿刚开始感到很奇怪，在知道奶奶只是因为老了，记性不好后，幼儿会一遍遍地回答奶奶的问题，从未觉得不耐烦。配对 17 中的老人患有中度认知障碍，老人的意识有时清楚，有时模糊，老人的认知会不断衰退，导致很难和幼儿进行流畅的沟通，幼儿对老人的认同感不强，老幼难以建立拟亲属关系。当奶奶的精神状态变差时，情绪会不稳定，有时会拒绝和幼儿一起活动，降低了幼儿的积极性，使得幼儿和老人之间难以亲近。但是奶奶在意识清醒时，会想念和关心幼儿，奶奶会对护工说"我不吃饭，你把那个小孩找来，不知道他吃饭没，给他吃"。

第三组中，由于幼儿发育迟缓，老幼发展到情感交流阶段所需时间较长，到建立拟亲属关系则需要更长的时间。配对 18 ~ 20 的幼儿都是发展迟缓的，他们的语言表达能力、社交情绪能力较弱，在互动中，无法准确地表达自己的想法，缺乏安全感和主动性。如配对 19 中，幼儿的情绪表达能力较弱，当遇到自己不会的事情时，会产生强烈的自责；当奶奶主动靠近时，幼儿会躲避，不接受奶奶的关心和帮助。这种情况使得奶奶和幼儿之间很难正常的沟通。虽然幼儿的状态不佳，但是奶奶用自己的耐心和等待逐渐让幼儿感受到安全，并在一次次适当的情绪发泄中，疏解了自己的焦虑和不安，幼儿和奶奶之间逐渐有更多的积极互动。

综上，大部分老幼都能建立起稳定的拟亲属关系，即使是认知障碍的老人和发育迟缓的幼儿也都有可能建立关系，只是所需的条件和时长不同。老幼拟亲属关系的建立应该考虑以下几个方面。①需要研究助理的合理引导。当出现老幼双方沟通不畅、有争执或有误解时，需要及时做出引导和解释，帮助老年人和幼儿澄清事实和不理解的问题，避免老幼之间产生矛盾。例如，向幼儿解释认知障碍的老人的特征，帮助幼儿理解衰老。助理也需要为老幼营造自由交流的空间，鼓励老幼充分发挥自主性，并在需要时，及时介入，不断推进老幼之间的情感发展。由此来看，研究助理是老幼情感关系建立的桥梁。②需要适宜的互动内容。互动内容对老幼情感关系的建立起到重要作用，如果活动内容太难，会导致幼儿失去学习的兴趣。因此，前期需要对幼儿认知和理解能力有较多的了解，避免因为活动太难而影响老幼互动的效果。老人和幼儿的兴趣是不断变化的，这就需要根据实际情况，做出相应的调整，使其符合老幼的需要。③需要互动的日常化和持续性。当老人或幼儿缺失次数太多、间隔期太长时，老年人和幼儿难以建立并维持较稳定的关系，老幼之间的交流也难以从表面进入深层次。对于尚未建立拟亲属关系的老幼，他们可能需要更长期和持续的互动。④为特殊群体提供精细化地方案。中度认知障碍的老年人难以和幼儿建立情感关系，这可能需要提供更加精细化和更长时间的老幼互动，而在这个过程中，如何保持幼儿的积极性也是需要思考的问题。发育迟缓的幼儿需要更多的耐心来慢慢引导，可能需要长期的互动方案，同时可以考虑为发育迟缓的幼儿匹配能力更强、更善于与幼儿互动的老人。

二 对老人的干预结果

1. 基本特征分析

根据老年人实验组和等候名单组的基本特征（见表 8 - 7），从年龄来看，实验组和等候名单组的年龄均值分别为 83.21、82.50，两组在统计意义上不显著（$p > 0.10$）。从性别来看，实验组和等候名单组的女性分别有 15、10 个，两组在统计意义上不显著（$p > 0.10$）。从户口所在地来看，实验组和等候名单组是城镇户口的分别有 17、15 个，两组在统计意义上不显著（$p > 0.10$）。从婚姻状态来看，实验组和等候名单组丧偶的比例都较高，分别有 17、14 个，两组在统计意义上不显著（$p > 0.10$）。从政治面貌来看，实验组和等候名单组的党员分别有 4、2 个，群众的比例高于党员，两组在统计意义上不显著（$p > 0.10$）。从受教育水平来看，实验组和等候名单组未受过教育和小学及以下分别为 11、6 个，两组在统计意义上不显著（$p > 0.10$）。退休前的职业可以分为专业技术、政企部门、商业/服务业、生产业、生产运输，其中，实验组和等候名单组在生产运输的占比最高，分别有 8、9 个，两组在统计意义上不显著（$p > 0.10$）。从宗教信仰来看，实验组和等候名单组无信仰的比例较高，分别有 13、12 个，两组在统计意义上不显著（$p > 0.10$）。

从自我效能水平来看，分数越高（范围在 10 ~ 40 分），自我效能水平越高，实验组和等候名单组得分为 27.37、24.00，两组差异在统计意义上不显著（$p > 0.05$）。从自尊水平来看，分数越高（范围在 10 ~ 40 分），自尊水平越高，实验组和等候名单组得分为 18.58、16.50，两组在统计意义上不显著（$p > 0.10$）。从负性情绪来看，分数越高（范围在 10 ~ 50 分），负性情绪越高，实验组和等候名单组得分为 14.84、16.00，两组在统计意义上不显著（$p > 0.10$）。从抑郁情况来看，分数越高（范围在 10 ~ 40 分），抑郁情况越严重，实验组和等候名单组得分为 6.84、8.63，两组在统计意义上不显著（$p > 0.10$）。从安适幸福感水平来看，分数越高（范围在 7 ~ 35 分），安适幸福感越高，实验组和等候名单组得分为 28.79、24.81，两组在统计意义上不显著（$p > 0.10$）。从心盛幸福感来看，分数越高（范围在 8~56 分），心盛幸福感越高，实验组和等候名单组得分为 41.89、38.38，两组在统计意义上不显著（$p > 0.10$）。从生活自理能力来看，分数越高（范围在 6~24 分），自理能力越差，实验组和等候名单组得分为 7.74、6.88，两组在统计意义上不显著（$p > 0.10$）。从记忆障碍程度来看，分数越高（范围在 0~8 分），记忆障碍程度越严重，实验组和等候名单组得分为 1.68、1.69，两组在统计意义上不显著（$p > 0.10$）。

表 8-7　老年人实验组和等候名单组基本特征

变量	实验组（$N = 19$）		等候名单组（$N = 16$）		检验
	N	$\%$	N	$\%$	p
性别					0.290
男	4	0.21	6	0.38	
女	15	0.79	10	0.63	
政治面貌					0.510
党员	4	0.21	2	0.13	
群众	15	0.79	14	0.88	
受教育水平					0.594
未受过教育	11	0.58	6	0.38	
小学	2	0.11	6	0.38	
初中及以上	6	0.32	4	0.25	
退休前的职业					0.358
专业技术人员	2	0.11	1	0.06	
政企部门人员	3	0.16	2	0.13	
商业、服务业人员	3	0.16	1	0.06	
生产人员	3	0.16	3	0.19	
生产运输人员	8	0.42	9	0.56	

变量	实验组（N = 19）		等候名单组（N = 16）		检验
	N	%	N	%	p
宗教信仰					0.614
无	13	0.68	12	0.75	
有	6	0.32	4	0.25	
婚姻状况					0.292
已婚与配偶居住	1	0.05	0	0.00	
离异	1	0.05	2	0.13	
丧偶	17	0.89	14	0.87	
户口所在地					0.698
城镇	17	0.89	15	0.93	
农村	2	0.11	1	0.07	
	M（SD）	Min-Max	M（SD）	Min-Max	p
年龄	83.21（6.17）	70～91	82.50（8.17）	58～91	0.894
身心健康状况					
自我效能	27.37（6.53）	11～37	24.00（4.60）	16～30	0.063
自尊	18.58（5.27）	5～26	16.50（4.47）	3～23	0.122
负性情绪	14.84（5.92）	9～28	16.00（5.48）	10～26	0.406
抑郁	6.84（6.66）	0～22	8.63（5.03）	1～19	0.153
安适幸福感	28.79（4.22）	21～34	24.81（4.74）	14～29	0.106
心盛幸福感	41.89（9.16）	22～56	38.38（8.10）	17～47	0.239
生活自理能力	7.74（3.05）	6～16	6.88（1.50）	6～11	0.597
记忆障碍程度	1.68（1.67）	0～6	1.69（2.00）	0～6	0.797

2. 实验组和等候名单组差异性分析

在分析老幼"结伴式个体互动"对老人的影响时，通过单侧 Wilcoxon 秩和检验（the wilcoxon rank-sum test），对实验组和等候名单组的结果进行对比分析。从结果来看，老年人在自我效能、自尊、安适幸福感、心盛幸福感、负性情绪、抑郁方面都有了明显变化,这是老幼"结伴式个体互动"带来的效果(见表8-8)。

　　与等候名单组相比,实验组老年人自我效能方面的提高在统计意义上显著($p<0.001$),差异程度较大($r>0.5$);自尊方面的提高在统计意义上显著($p<0.05$),差异程度中等($r>0.3$)。[①]自我效能是老年人对自我能达成目标的信心和预期,在老幼"结伴式个体互动"中,老年人刚开始参与活动时,对自我正向的评价较低,认为自己文化水平太低,无法参与幼儿的活动。但是在助理和幼儿的鼓励下,老人逐渐改变了对自己负面的评价,愿意主动去学习、思考,在活动中的主动性变强,能够帮助幼儿解决问题,对自我更加肯定。这增强了老人解决事情的信心和能力。自尊是老年人对自我价值感的评价,在活动中,老年人扮演着"教导"的角色,因此老人会适时的鼓励和帮助幼儿,也会将自己的生活经验和技能传递给幼儿,老人感到幼儿对自己是需要的,而且幼儿对老人的正向反馈,也提高了老人对自己有用感、价值感的评价。

　　与等候名单组相比,实验组老年人负性情绪方面的降低在统计意义上显著($p<0.01$),差异程度中等($r>0.3$);抑郁水平方面的降低在统计意义上显著($p<0.01$),差异程度较大($r>0.5$)。负性情绪和抑郁都是与老人的积极情绪相反的,在活动中,实验组老年人在与幼儿活动时,注意力会被分散,这减少了老人焦虑带来的负性情绪,而且活动的开展让老年人能够感受到快乐,内心更加积极、愉悦。

　　与等候名单组相比,实验组老年人安适幸福感方面的提高在统计意义上显著($p<0.01$),差异程度较大($r>0.5$);心盛幸福感方面的提高在统计意义上显著($p<0.001$),差异程度较大($r>0.5$)。安适幸福感是老年人对自己内心平和的体验,在老幼"结伴式个体互动"中,老年人非常喜欢幼儿加入的热闹,这不仅不会让老人感到烦躁,反而会让老人在幼儿的童趣和天真中,感

---

　　① 效应值(effect size)r的解释为:$0.1 \leqslant r<0.3$(差异程度较小)、$0.3 \leqslant r<0.5$(差异程度中等)、$r>0.5$(差异程度较大)。下同。

到自己内心的平静、舒坦和轻松。心盛幸福感包括人际关系、心理幸福感、乐观等多个积极功能，是对老人内心的综合评估。从以上的分析结果来看，老年人的自我价值感、信心、积极情绪和内心平静方面都有所增强，从而也增强了老人内心的积极功能，让老年人在"结伴式个体互动"中，感受到幸福感的增强和自我的提高。

与等候名单组相比，实验组老年人生活自理能力和记忆障碍方面的变化在统计学意义上不显著（$p > 0.1$），由此可以看出，老幼"结伴式个体互动"对老年人心理情绪方面变化的影响有显著效果，但是对身体方面的影响不显著。

表 8 - 8　老年人实验组和等候名单组比较

	p	M△（SD）（$N = 35$）		r
		实验组	等候名单组	
自我效能	0.000***	29.68（7.50）	18.50（3.90）	0.69
自尊	0.014*	21.11（5.10）	17.88（1.93）	0.42
负性情绪	0.005**	13.00（5.10）	16.88（4.47）	0.48
抑郁	0.001**	4.47（4.85）	10.06（4.45）	0.57
安适幸福感	0.001**	31.13（5.15）	25.25（3.44）	0.58
心盛幸福感	0.000***	48.42（7.95）	37.00（6.23）	0.61
生活自理能力	0.695	7.53（4.15）	7.00（1.46）	0.07
记忆障碍	0.400	1.16（2.43）	0.69（1.74）	0.14

*$p < 0.05$，**$p < 0.01$，***$p < 0.001$。

3. 实验组前后测差异性分析

在进行实验组干预前后的比较时，通过单侧 Wilcoxon 符号秩检验（the wilcoxon signed-rank test），从结果来看，实验组老年人在干预前后，自尊方面的提高在统计意义上显著（$p < 0.01$），差异程度中等（$r > 0.3$）；抑郁水平方面的降低在统计意义上显著（$p < 0.05$），差异程度中等（$r > 0.3$）；心盛幸福感方面的提高在统计意义上显著（$p < 0.05$），差异程度中等（$r > 0.3$）。自我效能、负性情绪、安适幸福感、生活自理能力和记忆障碍方面的变化在统计学意义上不显著（$p > 0.05$）（见表 8 - 9）。

表 8 - 9　老年人实验组前后的比较

	p	正秩	负秩	r
自尊	0.006**	3	15	0.44
抑郁	0.034*	11	5	0.34
心盛幸福感	0.012*	5	13	0.41
自我效能	0.090	5	12	0.27
负性情绪	0.086	12	4	0.28
安适幸福感	0.050	12	5	0.30
生活自理能力	0.176	6	2	0.22
记忆障碍	0.184	10	4	0.22

$^*p < 0.05$，$^{**}p < 0.01$。

4. 对老人干预结果的定性分析

老幼"结伴式个体互动"对老幼情感关系的建立起到了至关重要的作用，老幼在活动中建立起稳定的"拟亲属关系"。从结果评估来看，"拟亲属关系"的建立，可以延缓衰老，减轻老人身体的疼痛，同时能够提高老人的积极情绪，降低消极情绪，促进老年人的人际关系和谐。

（1）建立拟亲属关系，满足情感需要

居住在养老机构的老人普遍缺少家庭的情感支持，而老幼代际互动让老人与幼儿建立起稳定的"拟亲属关系"，这种关系弥补了老人的情感缺失。在与幼儿相处过程中，老人会将"结伴"的幼儿看作自己的"亲孙子女"，将自己舍不得吃的零食送给幼儿，会体贴地关心幼儿的冷暖，非常珍惜与幼儿相处的时间，也很看重与幼儿的情感关系。相比以前老人频繁地与家属联系，老人现在的情感需求基本得到了满足，心理幸福感更高。一位老人说：

> 我会把这个小朋友看成自己的亲孙子，觉得很亲切。

（EM-MZC85）

一名机构管理人员说：

> EM-MZC85 拿着零食，在兜里揣着，见到小孩，就给小孩吃。EF-PPX87（之前）总是想着跟她家人打电话，跟小孩子一起后，她打电话也少了。（PF-YXY）

（2）主动学习新知识，减缓认知衰退

在老幼代际互动中，老人有机会与幼儿共同学习，扩大认知范围。幼儿的反应能力更快，能够刺激老人主动思考，这对减缓认知衰退有重要的作用。且与幼儿的互动，能够让老人回想起自己的童年时光，强化自己的记忆。老人们反映：

> 年纪大的人，脑筋都迟钝了，小朋友脑筋反应快一些，感到这个活动蛮好，可以防止老年痴呆。（EM-MZC85）

> 跟小朋友玩，会回想起自己的童年，想起曾经自己的一些美好时光。（EM-LSS88）

（3）注意力被转移，身体疼痛减轻

老幼代际互动根据老人的生理、心理发展特点设计活动，一方面能够起到锻炼身体的作用，另一方面，老幼互动能够转移老人的注意力。幼儿有时像"麻醉剂"一样，能够缓解老人身体的疼痛，精神状态变好。一名护工说：

> EF-WCL86 她以前每年都要住几次医院，她今年到现在都没住院。小孩跟她一起，注意力分散了，好像小孩就是那个麻醉剂一样。我觉得她的精神非常好。（NF-HYY）

（4）积极情绪提高，心态更加乐观

在老幼互动中，老人扮演着教导和鼓励的角色，老人会向幼儿传递自己的生活经验和技能。在这个过程中，幼儿对老人积极的反馈，会让老人感到幼儿是需要他的，老人的自我价值感得到提升。据一名助理观察：

> 第一次见 EF-ZSY91，奶奶很抗拒参加活动，觉得自己没读过书，什么都做不好，但是逐渐奶奶开始愿意尝试任何她没有玩过的东西。（AF-ZYY）

相比以往孤独和安静的生活，活泼、天真的幼儿让老人感到热闹、开心，内心感到开朗、轻松。与年轻的生命一起活动，能够让老人感到自己更加年轻，心态更好。一位老人说：

> 小朋友玩得我这里很热闹，跟小朋友玩更轻松一点，心理舒坦、开朗。小朋友来了好像我小了十岁一样。（EF-LWP87）

（5）消极情绪降低，适应能力增强

老幼代际互动能够降低老人的消极情绪。在与幼儿互动的过程中，老人每天都有事可做，参与活动的积极性很高，能够很好地分散老人的注意力，缓解老人内心的焦虑和不安，甚至能够帮助老人从家人去世的悲痛中走出来。据一位护工观察：

> EF-HHY90 跟孩子在一起的时候，可以分散她的注意力，焦虑的心情得到缓解。EF-ZXX79 儿媳去世以后，她坚持参加活动，逐渐从那个悲痛中转移过来了。（NF-TJF）

老幼代际互动有助于老人尽快适应养老院生活，增强归属感。老年参与者中有两位老人是新入住的，老幼代际互动让老人的适应能力增强，老人从刚开始的不愿意入住，到最后舍不得离开，适应能力的增强也帮助老人更好地融入养老机构的生活。一名机构管理人员说：

> EF-ZSY91 是她自己要求上的这个养老院。在与幼儿互动

后，老人的心情更好，她的女儿想把她接回去，她自己不愿意回去。EM-LMY91是在这里试住的，参与活动时，老人的责任感很强，觉得要做完，后来老人跟大家的关系都很好，愿意继续住下去。（PF-GDM）

（6）获得同辈群体支持，人际关系和谐

在活动中，老人有更多的机会与同辈群体进行交流，且老人愿意与其他老人共同分享自己与幼儿互动过程中有趣的事情，这拉近了老人之间的距离，相比以前，老人之间的关系更好。据一名助理观察：

> 一些住的人数比较多的房间的奶奶，她们以前经常吵架，（现在）她们之间（的）关系比之前好一点，就是会坐在一起聊一聊活动，然后坐在门口的走廊上聊一聊。（AF-YZY）

老人在与家属分享的过程中，能够得到家属的肯定和支持，会减少对家属过强的依赖感。从机构管理者的角度看，老幼代际互动让老人心情愉悦，会减少与院方的抱怨和冲突，老人能够与机构管理者、护工和谐相处。机构管理人员反映：

> EF-HHY90之前每次见到院长都会抱怨各种各样的事情。现在奶奶只是给院长介绍自己画的画，介绍孩子。（PF-GDM）

> 老人和护理人员之间会有些小摩擦，EF－ZSY91参加活动以后感觉到很幸福。我昨天去看她，她唱"共产党好"发送给她女儿。（PF－YXY）

三　对幼儿的干预结果

1. 基本特征分析

根据幼儿实验组和等候名单组的基本特征，从月龄来看，实验组和等候名单组的月龄均值分别为 57. 59、56. 44，两组在统计意义上不显著（$p > 0. 05$）。从性别来看，实验组和等候名单组男性分别有 6、11 个，两组在统计意义上不显著（$p > 0. 10$）。从是否独生子女来看，实验组和等候名单组是独生子女的都是 8 个，两组在统计意义上不显著（$p > 0. 10$）。从亲子关系来看，分数越高（范围在 0 ~ 35 分），亲子关系越好。实验组和等候名单组亲子关系的均值分别为 29. 71、30. 40，相对来说，两组的亲子关系都较好，且两组在统计意义上不显著（$p > 0. 10$）。从沟通领域来看，分数越高，沟通能力越好，实验组和等候名单组沟通领域均值分别为 53. 53、50. 28，两组在统计意义上不显著（$p > 0. 10$）。从粗大动作领域来看，分数越高，粗大动作发展越好，实验组和等候名单组粗大动作领域均值分别为 49. 71、43. 61，两组在统计意义上不显著（$p > 0. 10$）。从精细动作领域来看，分数越高，精细动作发展越好，实验组和等候名单组精细动作领域均值分别为 44. 41、43. 06，两组在统计意义上不显著（$p > 0. 05$）。从个人 - 社会领域来看，分数越高，个人 - 社会领域能力越好，实验组和等候名单组个人 - 社会领域均值分别为 53. 82、52. 22，两组在统计意义上不显著（$p > 0. 10$）。从社交情绪领域来看，分数越低，社交情绪能力越高，实验组和等候名单组社交情绪领域均值分别为 63. 82、65. 00，两组在统计意义上不显著（$p > 0. 10$）（见表8 - 10）。

表 8 - 10　幼儿实验组和等候名单组基本特征

变量	实验组（$N = 17$）		等候名单组（$N = 18$）		检验
	N	%	N	%	p
性别					0. 132
男	6	0. 35	11	0. 61	
女	11	0. 65	7	0. 39	
是否独生子女					0. 878
是	8	0. 47	8	0. 44	
否	9	0. 53	10	0. 56	

变量	实验组（N=17）		等候名单组（N=18）		检验
	M（SD）	Min-Max	M（SD）	Min-Max	p
月龄	57.59（2.29）	54~62	56.44（4.85）	48~63	0.596
亲子关系	29.71（2.81）	26~35	30.40（2.67）	27~35	0.480
沟通领域	53.53（6.32）	40~60	50.28（8.48）	30~60	0.200
粗大动作领域	49.71（12.43）	25~60	43.61（15.42）	10~60	0.143
精细动作领域	44.41（13.56）	15~60	43.06（13.19）	20~60	0.701
个人－社会领域	53.82（7.81）	40~60	52.22（7.71）	35~60	0.436
社交情绪	63.82（47.85）	25~220	65.00（19.78）	35~120	0.107

2. 实验组和等候名单组差异性分析

在分析老幼"结伴式个体互动"对幼儿的影响时，通过单侧 Wilcoxon 秩和检验（the wilcoxon rank-sum test），对实验组和等候名单组的结果进行对比分析，从结果来看，幼儿在沟通领域有明显变化，这是老幼"结伴式个体互动"带来的效果（见表 8-11）。

表 8-11 幼儿实验组和等候名单组比较

	M Δ（SD）（N=35）			
	p	实验组	等候名单组	r
沟通领域	0.024*	56.47（6.32）	51.39（9.82）	0.38
粗大动作领域	0.146	48.53（11.00）	42.22（13.96）	0.25
精细动作领域	0.433	46.76（10.89）	43.61（12.58）	0.13
个人－社会领域	0.848	53.53（8.43）	54.44（6.39）	0.03
社交情绪	0.562	53.53（31.61）	56.67（19.78）	0.10

$^*p<0.05$，$^{**}p<0.01$，$^{***}p<0.001$。

与等候名单组相比，实验组幼儿在沟通领域方面的提高在统计意义上显著（$p<0.05$），差异程度中等（$r>0.3$）。幼儿在与老人"结伴式个体互动"中，老人的耐心、鼓励和帮助逐渐为幼儿建立起安全感，幼儿能够充分发挥自主性，从刚开始的内敛、沉默，逐渐变得愿意主动和老人打招呼、交流，分享的内容也从活动内容本身拓展到了自己的生活，这在一定程度上锻炼了幼儿的自我表达能力、交流能力和协商解决问题的能力。因此与等候名单组相比，实验组幼儿的沟通能力有所提高。

与等候名单组相比，实验组幼儿粗大动作领域、精细动作领域、个人－社会领域和社交情绪方面的变化在统计意义上不显著（$p > 0.1$）。

3. 幼儿实验组差异性分析

在进行幼儿实验组干预前后的比较时，通过单侧 Wilcoxon 符号秩检验（the wilcoxon signed-rank test）。从结果来看，幼儿在沟通领域方面的提高在统计意义上显著（$p < 0.05$），差异程度中等（$r > 0.3$）。老幼"结伴式个体互动"能够提高幼儿的沟通能力。幼儿粗大动作领域、精细动作领域、个人－社会领域和社交情绪方面的变化在统计意义上不显著（$p > 0.1$）。由此可以看出，老幼"结伴式个体互动"对幼儿沟通能力的影响有显著效果，其他发展领域无明显变化（见表 8 – 12）。

表 8 – 12　幼儿实验组前后比较

	p	正秩	负秩	r
沟通领域	0.036*	2	10	0.36
粗大动作领域	0.176	9	3	0.23
精细动作领域	0.342	4	7	0.16
个人－社会领域	0.781	5	4	0.05
社交情绪	0.491	8	8	0.12

　* $p < 0.05$，** $p < 0.01$，*** $p < 0.001$。

4. 对幼儿干预结果的定性分析

根据定量评估结果，老幼"结伴式个体互动"对幼儿沟通领域的能力提高有显著作用，但是其他发展领域并没有显著变化。这一方面是因为幼儿的能力发展是一个综合的和长期的过程，需要提供长期且持续的干预来帮助幼儿提高能力；另一方面是由于定量评估方法的局限，难以在短期看到幼儿能力发展的变化，而定性的评估方法可以在一定程度上弥补其不足。从定性评估结果来看，老幼"结伴式个体互动"为老幼建立起稳定的"拟亲属关系"，这种关系的建立有助于幼儿将老年人传递的生活经验和社交技能进行内化，进行自我调节和适应，从而发展出更多的亲社会行为，提高社交能力，并在直接的接触中对老年人和衰老有更多的认知和理解。

（1）建立拟亲属关系，形成依恋感

在老幼"结伴式个体互动"中，幼儿会把"结伴"的老人看作自己的爷爷奶奶，在与老人互动的过程中，建立起亲密的关系。老幼之间情感的发展，使得幼儿逐渐产生依恋，这是一种高度的安全感。这种依恋感帮助幼儿接纳、认可老人，将老人视为自己的好朋友，与老人的情感关系逐渐发展升温。幼师们反映：

> 我经常听到班上参与活动的孩子跟我说，想爷爷奶奶了，想去看望他们，想把自己喜欢的东西给爷爷奶奶分享。（TF-LJ）

> CF-ZZM54 每天都很期待活动开始，一到时间，就等在教室门口，等着助理过来叫她，她把爷爷看作自己的好朋友，有了比较深厚的感情。（TF-LJ）

（2）主动性增强，亲社会行为增多

老幼代际互动让幼儿的社会交往能力得到提高。幼儿在与老人相处的过程中，学会表达自己的需求，沟通和表达能力增强，愿意主动地与老师、同学交流。幼儿的自我表达能力得到了提高，幼儿在班级中由"观察者"变为"积极参与者"，性格更加开朗了。据一名幼师观察：

> CG-LMS57 的变化很大，她以前不爱说话，现在变得活泼大方，愿意主动跟老师、小朋友交流互动。CG-ZLX56 以前不善于表达，她在家里可能有一点爱乱发脾气。但现在，我观

察到她也比以前更加开朗了。(TF-LJ)

幼儿在与老人互动的过程中，分享行为出现的频次增加。幼儿愿意将自己生活中有趣的事情分享给老人，将自己制作的手工送给老人，且幼儿也会将自己的作品与同学、老师、家长分享，在分享的过程中，获得言语表达、人际交往等技能，学会与他人和睦相处。一位幼师说：

> CB-XZC52 会拿着跟爷爷奶奶一起制作的手工，与别的小朋友交流、分享，有时候还会说笑。(TF-LJ)

当察觉到老人的悲伤和情绪低落时，幼儿主动表现出安慰行为。通过唱歌、鼓励性语言等宽慰老人，给老人以力量，也会用亲昵的动作，如拥抱、拍拍手等方式，给老人以支持。一名助理说：

> 在 EF-WCY71 生病住院期间，CM-XZC52 十分想念老人，通过视频将她们连线，幼儿为奶奶唱歌，关心和鼓励奶奶，奶奶非常感动。(AF-YZY)

在与老人互动中，幼儿能够主动帮助老人，包括递东西、扶老人等，幼儿在帮助老人的过程中能够感受到自我价值感的提升。此外，幼儿会将老年人视作自己的"合作伙伴"，在相互的讨论和交往中学会解决问题。一名助理说：

> CF-ZLX56 的合作意识很强，会和 EF-ZXX79 奶奶一起完成。在奶奶信心不足时，笑着主动去帮助奶奶。当奶奶拼好时，幼儿会讯速地鼓掌，表达对奶奶的认可。(AF-ZYY)

（3）熟悉社会角色，感到被需要

在老幼互动中，幼儿所接触到的社会角色从家庭转向了社会，幼儿有机会熟悉新的社会角色，学会如何与陌生的老人相处。在老人的耐心辅导下，幼儿得到了更多的关注和认可，懂得换位思考，去发现别人的优点，能够承担起帮助和鼓励老人的角色。在这个过程中，幼儿感受到被需要，自我价值感有所提高。据一名机构管理人员观察：

> 不管是这个爷爷奶奶性格如何，他对孩子都是有耐心的。那么他有了耐心，这个孩子就会觉得自己被别人承认。换位思考了，也能发现别人的优点，他也觉得自己的价值存在，也看到别人的价值了。（PF－LJA）

（4）对衰老正面认识，学会尊重老人

幼儿在与老人频繁地互动和接触的过程中，改变对老人的负面看法，不再觉得老人是无用的，相反会发现老人具有丰富的生活经验和智慧，是有帮助的且有用的。对于健康状况不佳的老人，幼儿从刚开始的不理解，到最后愿意主动帮助老人。这些转变是幼儿对老人、对衰老的新的认识，这种态度的转变，让幼儿能够主动去帮助、鼓励老人，学会尊重和关心老人。一名机构管理人员说：

> 现在跟老人接触以后，孩子不会觉得老人是无用的，相反，认为爷爷奶奶是有用的，而且有很多智慧。（PF－GDM）

一名助理说：

> CG－ZLX56变得懂礼貌，甚至都开始夸人了，说奶奶你做得真好。长期跟奶奶接触后，他会让座位给奶奶，搀着奶奶，有东西送给奶奶。（AF－WHY）

四　对老幼家庭的作用

老幼"结伴式个体互动"的效果不仅体现在个体层面，对幼儿和老人的家庭层面也会产生相应的积极作用。老人家属和幼儿家长的支持，是老幼互动顺利开展的重要条件。

1. 老人家属支持老幼互动

在老幼互动过程中，老人会主动与家属分享开展的老幼互动活动，家属来探访时，也会亲身感受到老人在与幼儿互动中的欢乐。老人家属对老幼互动活动普遍持支持态度，认为老幼"结伴式个体互动"让老人有机会参与有意义的活动，对老人的认知和心理都有积极作用，而且老人的笑容增多，更加自信。老人们反映：

> 会和家人聊起孩子，就说说好玩的东西啊，为了搞这个活动。我女儿来我会跟她聊我们做了什么活动啊，孩子话越来越多了啊。（EF-LWP87）

> 我还给自己的亲属看了纪念册，他们觉得很好，跟他们聊与孩子之间的活动。（EF-ZXX79）

老人能够适应养老院生活，并获得良好的精神生活，这在一定程度上减轻了家属的压力，使得老人和家属的关系更加亲近。在活动以前，家属是老人唯一的精神支持，有的老人会频繁地与家属打电话，要求家属来探望。老幼"结伴式个体互动"帮助老人在养老院中与幼儿建立"拟亲属关系"，满足老人的情感慰藉。老人更多的是与家属分享开心的事情，心情变好，与家属的相处更加和谐。一位护工说：

> EF-PPX87老家在赤壁，总是想着跟她家人打电话，让家属来看望她，跟小孩子在一起后，她打电话打的也少了，每天都很开心。（NF-HYY）

2. 幼儿家长支持老幼互动

相比老人家属，幼儿家长对老幼互动是有条件的支持：参与活动的老人必须没有严重疾病并且讲卫生，老人需要具备与幼儿一起互动的能力。大部分幼儿家长认为老幼互动对幼儿的智力和社交情绪发展有益，而且能够让幼儿学会尊敬老人、关心老人。幼儿家长们反映：

> 身体没有传染病的，那都能接受。我本人认为，只要对孩子有利的，能够发展他的智力、手、脑还有他的尊老爱幼，是有必要的。（CM-XZC52 家长）

> 如果老人在身体心理方面没有太大的问题，小孩跟老人在一起玩是没有任何问题的。（CF-SYT51 家长）

在老幼互动过程中，幼儿会与家长分享与老人互动的过程，也会把老幼合作完成的作品展示给家长看。家长发现幼儿的沟通、表达能力在提高，而且形成了分享意识。通过幼儿的反馈，家长对老幼互动有了更多积极的态度，也支持自己的孩子参加活动，在老幼"结伴式个体互动"过程中得到成长和发展。一位幼师说：

> 大部分家长还是挺愿意小孩跟老人互动的，他们还是非常感激的，也觉得孩子通过参加这一系列活动，在情绪方面还是会受到很好的影响。（TF-LJ）

一位幼儿家长说：

> 小孩经常会跟我们提及这件事，所以我们知道他们会跟敬老院的老人们在一起。我的小孩回家跟我讲，她特别喜欢一个老奶奶，那个奶奶平时经常和她在一起玩，还会教她画画。（CF-QXY56 家长）

五　对机构的作用

在老幼"结伴式个体互动"中，机构管理人员、护工及幼师作为辅助人员支持老幼互动的开展，从结果来看，老幼"结伴式个体互动"的效果在机构层面带来积极的作用。

1. 提高机构管理效率

老幼"结伴式个体互动"为老年人提供了参与有意义活动的机会。相比以前，老人现在每天有事情可做，注意力被转移。老人不再与机构"找茬"，抱怨生活的不满，相反，会与机构管理者分享自己的收获，老人与机构之间的矛盾减少。同时，老人与老人之间有了共同的话题，一起分享和讨论幼儿，不再为一些生活琐事争吵。老人对老幼"结伴式个体互动"的总体满意度较高，对机构管理人员的信任感增强，这使得老人更愿意积极配合机构的管理，遵守机构的规章制度，机构的管理效率有所提高。一名机构管理人员说：

> EF-HWZ76 以前还管闲事，别人有一些什么事情，小事被她夸张成大事。现在表现非常好，老人之间有一些什么事情，要是以前的她就会马上给（跟）你吵起来。然后现在她就自己主动地告诉我。（PF-YXY）

老幼"结伴式个体互动"能够发挥老人的价值，老人可以看护幼儿，减少了幼儿出现安全事故的可能性。而且老幼"结伴式个体互动"也能够让机构管理人员关注到每个老人，对认知或心理变化较大的老人，及时发现，尽早干预。综上，老幼"结伴式个体互动"对机构管理来说是一件多赢的事情。机构管理人员反映：

> 有意愿的老人可以辅助幼师一起看看孩子，免得孩子出现安全事故。（PF-YXY）

> 比如 EF-ZXX79，她出现一些特殊的情况，发现她今天不

愿意下来，或者说她下来了她没笑，就可以通过这些去发现她们心理上、身体上的变化。（PF-GDM）

2. 减轻护工的压力

在老幼"结伴式个体互动"中，老人在参与活动时，老人的安全能够得到保障，护工可以得到短暂的喘息，也可以将护理重点转移到失能或更需要照顾的老人身上，在一定程度上减轻了护工照料的压力。一位护工说：

> 老人跟孩子做游戏，我们就可以做点别的事情，还减轻了我们的照顾压力。小朋友和老人在一起玩，老师在旁边，我们会心安一些。（NF-TJF）

老幼"结伴式个体互动"使得老人愿意与周边的人分享自己参加的活动，将自己积极的心态和开心的情绪传递给周边的人，尤其是护工。这为护工营造了一个较为轻松愉悦的氛围，能够缓解护工的心理压力。一位护工说：

> EF-ZSY91 在那里翻相册，很高兴。她把相册给我看。我说你这个好好啊。我问她："小朋友给你照的？"她说是的。以后我就看她在那个地方翻，她蛮高兴。（NF‒PJX）

3. 帮助幼师辅导幼儿

老幼"结伴式个体互动"对幼儿的发展带来了积极的影响，幼儿的沟通和表达能力有所提高。在以前，有的幼儿在班级不愿意发言，幼师也进行了相应的引导，但是收效甚微。幼儿在参与老幼互动后，老人对幼儿耐心地引导和帮助，让幼儿的安全感逐渐建立起来，幼儿的表现逐渐变好。老幼"结伴式个体互动"发挥了老人的辅助作用，帮助幼师关注能力发展较慢的幼儿，同时对幼儿进行引导，为幼师的教导提供有用的支持。据一位幼师观察：

　　我觉得（老幼互动活动）对于孩子来说帮助还是挺大的，现在我觉得很多幼儿活泼大方多了，老人其实是在帮助我们一起教导孩子。(TF- LJ)

六　老幼"结伴式个体互动"的影响因素分析

　　在老幼互动影响因素的分析中，对互动中老人对幼儿的视觉注意、老人的主动性、老人对幼儿的态度、幼儿对老人的视觉注意、幼儿的主动性、幼儿对老人的态度以及老幼交流情况这七个因变量建立模型，进行聚类线性回归分析，分析结果见表 8 - 13。

　　在模型 1 中，老人对幼儿在活动中的视觉注意次数因老人的健康状况以及互动阶段而存在差异：当控制其他变量不变时，与健康老人相比，中度认知障碍的老人对幼儿的视觉注意次数更多（3.973，$p < 0.05$）；当控制其他变量不变时，老人对幼儿的视觉注意次数在互动阶段中的第四周出现显著提高（1.643，$p < 0.05$）。这表明老人在第四周（即大概活动 20 次左右）出现对幼儿的特别关注。老人对幼儿的视觉注意次数与互动的环境（单独空间或公共空间）、活动类型（生活类活动，益智类/艺术类活动或者混合类活动）、互动形式（一对一或一对二）、活动主导者（老人或幼儿）不存在统计意义上的显著相关（$p > 0.05$）。

　　在模型 2 中，老人对幼儿在活动中的主动性因老人性别、健康状况存在差异：

　　当控制其他变量不变时，男性老年人比女性老年人对幼儿的主动性更高（0.396，$p < 0.01$）。当控制其他变量不变时，与健康老人相比，中度认知障碍的老人主动性更差（- 1.036，$p < 0.01$）。老人对幼儿的主动性与互动的阶段、互动的环境、活动类型、互动形式、活动主导者均不存在统计意义上的显著相关（$p > 0.05$）。

　　在模型 3 中，老人对幼儿在活动中的态度因老人的性别、幼儿的性别而存在差异：当控制其他变量不变时，男性老年人比女性老年人对幼儿态度更好（0.387，$p < 0.001$）；当控制其他变量不变时，老人对于女孩的态度比对男孩更好（0.216，$p < 0.05$）。老人对幼儿的态度与互动的阶段、互动的环境，活动类型，互动形式，活动主导者均不存在统计意义上的显著相关（$p > 0.05$）。

在模型 4 中，幼儿对老年人在活动中的视觉注意次数因老人的健康状况和互动阶段而存在差异：当控制其他变量不变时，与健康老人相比，幼儿对轻度认知障碍的老人有更少的视觉关注（-7.497，$p < 0.01$），表明幼儿对轻度认知障碍的老人识别度较低，通过视觉避让缓解活动氛围。当控制其他变量不变时，在互动第二周，幼儿对老人的视觉注意次数更多（2.094，$p < 0.05$），表明幼儿从第二周开始与老人建立熟悉关系。

在模型 5 中，幼儿对老年人在活动中的主动性因老人的年龄、互动阶段、活动主导者而存在差异：当控制其他变量不变时，老年人年龄越大，幼儿对老人在活动中的主动性更低（-0.021，$p < 0.05$）。当控制其他变量不变时，随着互动阶段的推移，互动次数的增多，幼儿对老年人的主动性越来越高，在最后一周达到最高值（0.262，$p < 0.01$），这说明对于幼儿来说，每日互动对幼儿与老人建立依附关系，并提高幼儿在互动中的主动性有积极作用。与此同时，当控制其他变量不变时，互动活动由幼儿扮演主导角色，幼儿的主动性更高（0.202，$p < 0.001$）。

在模型 6 中，幼儿对老年人的态度，与幼儿的性别、幼儿发展状况以及互动阶段有关：当控制其他变量不变时，女孩比男孩对老年人态度更好（0.368，$p < 0.05$）；当控制其他变量不变时，发育迟缓的幼儿比健康的幼儿对老年人态度更差（-0.796，$p < 0.001$）；当控制其他变量不变时，随着互动阶段的推移，互动次数的增多，幼儿对老年人在活动中的态度越来越好。从第四周开始（即大概活动 20 次左右）态度保持稳定，这说明对于幼儿来说，20 次左右的互动可以建立幼儿对老人在活动中的稳定态度。

在模型 7 中，老幼代际交流与老人年龄、老人健康状况、幼儿发展状况有关：

表 8 - 13　影响老幼互动的聚类回归分析结果

| | 老人对幼儿 | | | 幼儿对老人 | | | 老幼之间 |
	（1）视觉注意水平	（2）主动性程度	（3）态度状况	（4）视觉注意水平	（5）主动性程度	（6）态度状况	（7）代际交流水平
互动时长（第一周为参照组）							
第二周	0.146 (0.776)	-0.071 (0.074)	0.087 (0.052)	2.094* (0.830)	0.197* (0.078)	0.428*** (0.089)	0.095 (0.095)
第三周	-0.007 (0.884)	-0.179 (0.095)	0.064 (0.068)	0.222 (1.041)	0.180* (0.087)	0.524*** (0.113)	-0.058 (0.115)
第四周	1.643* (0.789)	-0.017 (0.071)	0.066 (0.093)	2.194 (1.539)	0.251** (0.077)	0.607*** (0.124)	0.166 (0.091)
第五周	0.708 (0.638)	-0.216 (0.111)	0.101 (0.090)	1.444 (1.075)	0.222* (0.101)	0.589*** (0.122)	0.107 (0.109)
第六周	-0.190 (0.881)	-0.238 (0.154)	0.125 (0.094)	2.260 (1.301)	0.262** (0.083)	0.587*** (0.131)	-0.024 (0.127)
互动环境（公共空间为参照组）							
独立空间	-0.841 (1.534)	-0.035 (0.111)	0.053 (0.087)	-1.421 (1.645)	-0.011 (0.103)	0.218 (0.110)	0.047 (0.138)
活动内容（混合类活动为参照组）							
生活类活动	1.388 (0.978)	0.051 (0.117)	-0.000 (0.080)	1.817 (1.165)	0.009 (0.118)	0.165 (0.088)	0.242 (0.138)

续表

	老人对幼儿			幼儿对老人			老幼之间
	(1) 视觉注意水平	(2) 主动性程度	(3) 态度状况	(4) 视觉注意水平	(5) 主动性程度	(6) 态度状况	(7) 代际交流水平
益智类/艺术类活动	1.347 (0.741)	0.017 (0.094)	-0.046 (0.075)	1.446 (1.085)	-0.023 (0.082)	0.075 (0.080)	0.053 (0.109)
互动形式（一对二/二对二为参照组）							
一对一	2.590 (1.400)	0.010 (0.176)	0.137 (0.123)	-1.445 (2.209)	-0.003 (0.125)	0.096 (0.135)	0.037 (0.138)
活动的主导者（老人主导为参照组）							
幼儿主导	-0.131 (0.563)	-0.072 (0.069)	-0.009 (0.046)	-0.922 (1.035)	0.202*** (0.053)	0.021 (0.053)	0.072 (0.081)
老人基本特征 男性老人（女性老人为参照组）	1.787 (1.834)	0.396** (0.109)	0.387*** (0.101)	2.583 (2.537)	0.117 (0.103)	0.230 (0.148)	0.374 (0.184)
老人年龄	-0.219 (0.124)	-0.003 (0.009)	-0.002 (0.007)	-0.176 (0.147)	-0.021* (0.009)	-0.016 (0.008)	-0.021* (0.009)
老人认知障碍程度（认知正常为参照组）							
轻度认知障碍	0.871 (1.808)	-0.125 (0.176)	0.233 (0.133)	-7.497** (2.082)	0.123 (0.063)	0.288 (0.166)	0.104 (0.173)
中度认知障碍	3.973* (1.902)	-1.036** (0.288)	-0.354 (0.271)	3.404 (1.898)	0.148 (0.164)	0.003 (0.182)	-0.746** (0.244)

续表

		老人对幼儿				幼儿对老人		老幼之间
		(1)	(2)	(3)	(4)	(5)	(6)	(7)
		视觉注意水平	主动性程度	态度状况	视觉注意水平	主动性程度	态度状况	代际交流水平
幼儿基本特征	男孩（女孩为参照组）	-3.111 (2.045)	-0.027 (0.115)	-0.216^* (0.088)	-4.962 (2.458)	-0.208 (0.111)	-0.368^* (0.133)	-0.084 (0.140)
	幼儿发展状况（发展正常为参照组）							
	幼儿发展迟缓	-3.225 (1.596)	-0.010 (0.198)	-0.208 (0.105)	-4.881 (2.423)	-0.180 (0.144)	-0.796^{***} (0.157)	-0.921^{***} (0.174)
常数项		34.250^{**} (11.731)	5.111^{***} (0.905)	4.875^{***} (0.641)	27.600^* (13.133)	6.032^{***} (0.742)	5.058^{***} (0.753)	5.558^{***} (0.838)
R^2		0.161	0.282	0.262	0.154	0.134	0.436	0.294

注：括号标准误，$*p<0.05$，$**p<0.01$，$***p<0.001$。此处研究对象为老幼互动次数，即20组老幼*30次活动，去除活动缺失值后，得到最终样本量510。

当控制其他变量不变时，老人年龄越大，老幼代际交流情况越差（-0.021，$p < 0.05$）；当控制其他变量不变时，与健康老人以及轻度认知障碍老人相比，中度认知障碍老人和幼儿之间的交流情况更差（-0.746，$p < 0.01$）；当控制其他变量不变时，发育迟缓的幼儿比健康幼儿与老人见的交流情况更差（-0.921，$p < 0.001$）。

分析助理角色变化的影响因素，采用二元 Logit 模型，回归结果见表 8 - 14。助理扮演的角色类型与活动内容、活动主导者相关，而与互动的阶段、互动的环境、活动类型、互动形式等均不存在统计意义上的显著相关（$p > 0.05$）。具体来说，在混合类（既有生活类活动，又有益智类/艺术类）活动中，助理扮演主导角色（而非辅助类角色）是在生活类活动中的四倍（$e^{1.466}$ = 4.332，$p < 0.001$）。这表明，混合类活动更具有挑战，需要助理在互动中发挥主导性作用，帮助老人和幼儿完成整个活动过程。在活动以老人为主导时，助理扮演主导角色（而非辅助类角色）是在活动以幼儿为主导时的两倍（$e^{0.729}$ = 2.073，$p < 0.05$）。这表明，在活动以老人为主导时，老人需要助理发挥主导性作用来共同完成活动。

表 8 - 14　影响助理角色变化的 Logit 回归分析结果

	系数	标准差
互动时长（第一周为参照组）		
第二周	-0.134	(0.356)
第三周	-0.125	(0.540)
第四周	-0.380	(0.470)
第五周	-0.535	(0.510)
第六周	-0.455	(0.647)
互动环境（公共空间为参照组）		
独立空间	-0.459	(0.485)

	系数	标准差
活动内容（混合类活动为参照组）		
生活类	−1.466***	（0.290）
益智类/艺术类活动	−0.622	（0.374）
互动形式（一对二/二对二为参照组）		
一对一	−1.150	（0.658）
活动的主导者（老人主导为参照组）		
幼儿主导	−0.729*	（0.338）
常数项	−1.675	（2.726）

注：括号内为标准误，* $p < 0.05$，** $p < 0.01$，*** $p < 0.001$，已控制老年人及幼儿的基本变量。此处研究对象为老幼互动次数，即 20 组老幼 * 30 次活动，去除活动缺失值后，得到最终样本量 510。

第五节 老幼"结伴式个体互动"干预总结

一 "结伴式个体互动"的要素

老幼"结伴式个体互动"是将老人和幼儿进行多维度的配对，同时活动内容要与老人和幼儿的兴趣和能力进行匹配，赋予老人和幼儿相适应的角色。

首先，多维度的老幼配对是选择适宜的老人和幼儿"结伴"，主要包括以下四个方面。第一，以老幼的兴趣为主，相同的兴趣可以促进老幼共同学习和探索。第二，要考虑老幼的性别，相同的性别可以增强老幼间的亲密接触，增加感情。第三，要考虑老幼的性格特点。有时性格安静的老人会更喜欢性格开朗的幼儿，需要通过幼儿的主动性引导老人，提高老人参与的积极性；有时性格内敛的老人会喜欢性格安静的幼儿，需要根据实际的情况进行配对的调整。第四，老幼配对更重要的是允许灵活调整。硬性指标只是配对的第一步，是否真的适合还需在实际活动中在评估多方因素的基础上考虑，如果老幼不合适，则需要灵活调整。在老幼"结伴式个体互动"中，除为不合适的老幼更换对象外，对于特殊老人还尝试了一位老人和两个幼儿配对的形式。因为对于有中度认知障碍的老人，其自身能力有限，难以和幼儿共同完成活动内容，在老幼一对二的形式中，老人可根据自身的状况，选择随时加入或退出活动，且老人也能从旁观幼儿的互动中感受到快乐。

其次，活动内容与老年人和幼儿的兴趣和能力进行了匹配。在活动内容设计时，根据老幼的发展特点进行了个性化的内容设计，但是否符合老幼的兴趣还需要根据实际情况灵活、动态地调整，如患有认知障碍的老人能力有限，与幼儿的活动需要进一步简化；又如老人曾经擅长编织，但是由于长时间没有操作，即使在助理的帮助下，依然无法胜任教导者的角色，因此，及时为老幼更换了适合的活动内容。在互动中，鼓励老人和幼儿发挥主动性，当老人和幼儿的兴趣发生变化时，需要及时调整活动内容，如老幼进行了三次腌菜的活动后，更换为绘画活动。当遇到特殊情况时，如老人生病，则会相应地加入"医生和病人"的角色扮演活动，灵活地应用实际情况。

最后，在老幼"结伴式个体互动"中，赋予老人和幼儿有意义的角色，老年人和幼儿都可以承担"帮助者"的角色，在发展自身能力的同时，为彼此做出贡献。老幼"结伴式个体互动"为老人和幼儿提供了一个平等合作的机会，老幼在共同目标的驱使下，相互学习、相互交流。在与能力和兴趣相匹配的互动中，幼儿能够获得相应的知识，同时提高自己的能力，老人可以在自己熟悉的角色（"祖父母"）中展示自己，并获得锻炼和学习的机会。

综上，老幼"结伴式个体互动"考虑了老年人和幼儿的发展任务和需求，同时在互动中，尽可能选择相适应的老幼建立关系，这使得老幼互动通过精细化的设计，来满足老幼互动的需求，进行高质量的互动。

二 互动环境的支持

在老幼"结伴式个体互动"中，空间环境和社会环境共同支持活动的开展。在空间模式方面，相比定期随访型模式，在 T 机构的紧邻而居模式中，老人和幼儿对彼此的熟悉度和认可度更高，这更利于老人和幼儿之间建立关系。而且 T 机构独特的混合型结构为老幼互动提供了便利的互动条件，机构为老幼互动提供了安静、适宜的活动场地，以减少周边的人或事物的干扰。

社会环境方面的支持，包括活动材料的准备、参与者参与活动的主动性、机构内部的高效配合等方面。适宜的活动材料是老幼互动的关键因素之一，在老幼互动中，机构根据活动内容提前准备活动材料和适宜老幼的工具，比如为老人准备普通的剪刀，为幼儿准备安全剪刀。提供合适的材料和工具能够减少老人和幼儿互动的压力，促使老幼积极参与活动。

在老幼"结伴式个体互动"中，邀请老年参与者共同参与老幼"结伴式个体互动"的设计，包括询问老年人的兴趣爱好和能力，他们想要与幼儿开展什么样的活动，活动的时间及形式等。在互动过程中，充分发挥老年人参与者和幼儿参与者的主动性，让他们决定活动内容以及需要的活动材料，提高了老年和幼儿参与者的活动积极性。

在老幼"结伴式个体互动"中，机构管理者充分调动护工、幼师的积极性，直接或间接地参与老幼互动的过程，包括护工按时提醒老人互动的时间，协调老人的护理时间；幼师协调幼儿的上课时间等。机构管理者合理划分任务，与护工、幼师定期沟通，加强统一管理，共同支持老幼"结伴式个体互动"的顺利开展。

三 "1+1>2"的干预效应

老幼"结伴式个体互动"干预是将老人和幼儿进行一对一的配对，从干预的实施和结果来看，老幼"结伴式个体互动"实现了"1+1>2"的效应，不仅给老年和幼儿参与者带来积极的作用，同时在参与者的家庭层面以及机构层面产生益处。

老幼"结伴式个体互动"中，老人会把"结伴"的幼儿看作自己的"孙子女"，同样幼儿也会把"结伴"的老人看作自己的"爷爷奶奶"。老人和幼儿在频繁地接触和有意义的活动中，能够建立起稳定的"拟亲属关系"，使得老年人和幼儿之间的情感从陌生到熟悉，再到进一步的情感升华。

老幼"结伴式个体互动"为老幼建立情感关系，同时，情感关系的建立也能够进一步促进老幼之间的良性互动，为老人、幼儿、家庭和机构带来积极的影响。老幼"结伴式个体互动"能够强化老年人在自我效能、自尊、心盛幸福感和平和心方面的积极情绪，削弱老年人在抑郁、负性情绪方面的消极情绪。相对来说，老幼"结伴式个体互动"对老人心理方面的作用更明显。虽然记忆障碍和生活自理能力方面在统计学意义上不显著，但是老人在互动中能够主动学习新知识，对减缓认知衰退有积极的作用。而且幼儿带给老人的快乐就像"麻醉剂"一样，能够缓解老人身体方面的疼痛。

老幼"结伴式个体互动"能够提高幼儿在沟通领域方面的能力，幼儿在与老人的互动中，能够形成安全感和依恋。在这种平等、互惠的交往环境中，幼儿能够主动与老人交流、合作，共同协商解决问题，这有助于提高幼儿的言语沟通、情绪表达以及关怀他人等社交技能。幼儿能够站在老年人的处境去思考和观察，学会关心和尊重老年人，对衰老有更多正确的认识。

老幼"结伴式个体互动"为老人家属和幼儿家长带来积极的作用。老人在养老院生活得幸福能够减轻家属的心理压力，使老人与家属之间的矛盾减少，关系更加和谐。幼儿家长通过幼儿的积极反馈，对老幼同养有了更多积极的态度。老幼"结伴式个体互动"也能够帮助家长共同辅导幼儿的成长。

老幼"结伴式个体"互动在机构层面能够提高机构管理的效率，老人与机构、老人与老人之间的矛盾减少，而且老人对老幼"结伴式个体互动"的满意度高，同时对机构的信任感增强。这使得机构的管理制度能够有效地实施。老人在参与活动时，护工可以得到喘息的机会，在一定程度上减轻自身的压力。而且老人具有丰富的经验，可以辅助幼师共同教导幼儿的成长。

　　综上，老幼"结伴式个体互动"干预效果是多方面的，既作用于个体层面，也作用于家庭和机构层面，为各个相关群体带来积极的影响。

第九章 老幼"结伴式小组互动"在机构的干预研究

从定量分析结果看，老幼"结伴式个体互动"对降低老年人抑郁、负性情绪，提高其自我效能感、自尊水平，增强安适幸福感、心盛幸福感有显著作用，对提高幼儿沟通领域方面的能力也有显著效果。从定性分析结果看，老幼"结伴式个体互动"不仅对老年人和幼儿个体具有积极的作用，对老幼家庭和机构层面也可以带来积极的影响。然而，老幼"结伴式个体互动"需要为每对老幼配备一名助理，且需要特定的时间和独立的空间，对活动的开展要求相对较高。在机构中，为提高可操作性，降低成本，开展小组活动是更为普遍的组织形式。因此，本研究在老幼"结伴式个体互动"的基础上，进一步设计了老幼"结伴式小组互动"，即将老年人和幼儿首先进行一对一固定配对，然后组织"结伴"的老幼共同参加小组活动。基于对干预研究伦理准则的考量，老幼"结伴式小组互动"将为控制组的老年人和幼儿提供一对一的配对及小组互动。①

第一节 老幼"结伴式小组互动"干预实验设计

一 单组前后测实验

基于试点实验和随机对照实验的初步结果，为老人控制组（E

---

① 考虑到伦理准则，在与老人和幼儿签署知情同意书时，已告知老人和幼儿都有参与活动的机会，只是时间和活动类型可能不同。

= 17)① 和幼儿控制组② (C = 19) 设计老幼"结伴式小组互动"。采取单组前后测实验设计（如图 9 - 1），在老幼"结伴式小组互动"的前后对老人控制组与幼儿控制组进行测量（如图 9 - 2）。

| 单组前后测 | 控制组 | O1 | X | O2 |

图 9 - 1 单组前后测实验设计

说明：O1 代表前测，O2 代表后测，X 代表干预方式。

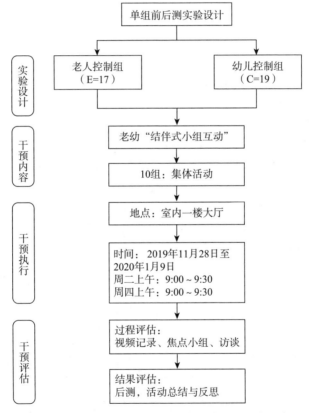

图 9 - 2 老幼"结伴式小组互动"前后测实验设计

---

① 在小组活动中，采用老年人和幼儿一对一配对的形式，考虑到幼儿和老人的人数不对等，在实验组和等候名单组以外，招募 2 位老人参与小组互动，但未将其数据纳入研究范围。

② 在干预研究设计中，原计划在 2020 年上半年为幼儿等候名单组安排老幼同乐活动，但由于新型冠状病毒疫情的影响，活动未能如期开展。

根据老幼"结伴式小组互动"干预实验的设计，研究对象参与情况和测量时间如表 9-1 所示。

表 9-1　结伴式小组互动参与情况及测量时间

	分组	测量时间 （2019 年 11 月 27 日）	测量时间 （2020 年 1 月 11 日）
老年参与者（E = 17）	控制组：E = 17	前测：E = 17	后测：E = 16[1]
幼儿参与者（C = 19）	控制组：C = 19	前测：C = 19	后测：C = 18[2]

注：①幼儿控制组 CG - DMJ51 家长未填后测问卷，数据缺失；②老人控制组 EF -ZSZ72 于 2020 年 1 月 12 日去世，未将其数据纳入一对一配对和小组互动分析。

二　老幼配对及分组

在小组互动前，根据老幼"一对一"配对的原则，对老人控制组的 19 位老人和幼儿控制组的 19 个幼儿进行了匹配。采用颜色和数字牌固定老幼配对，颜色分为红、绿、黄、蓝四种，每种颜色包含从 1 至 5 的 5 个数字牌（如图 9-3）。为了方便助理的辨认，相同颜色且相同数字的老年人和幼儿一一对应。每次活动前的 5 分钟时间为"找朋友"阶段，幼儿和老年人可以通过颜色和数字牌，找到与自己固定配对的"伙伴"。为了增强参与者对自我身份的认同，每个名牌上同时会标明老年人和幼儿各自的姓名。

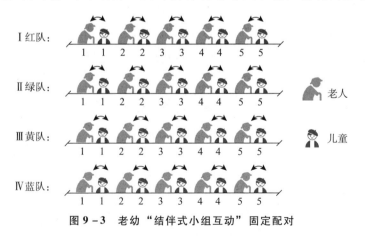

图 9-3　老幼"结伴式小组互动"固定配对

数字牌的使用，能够让参与小组互动的老年人和幼儿固定配对，在短时间内认识和熟悉彼此。同时，也能够提高老年人和幼儿对自我的认知，进而提升参与活动的积极性。

三 活动内容及安排

1. 活动内容

小组互动的内容在匹配老幼兴趣和能力的同时，也需要增强老幼之间的合作。活动内容以球类活动和手工活动为主（见表9-2），通过击鼓传球、花样拍球等活动锻炼老人和幼儿的上肢肌肉和下肢；通过制作报纸球、晴天娃娃等，锻炼老人和幼儿的手指灵活性，促进幼儿的大脑发育，延缓老年人大脑退化的速度。小组活动的内容具有多样化、多种组合的特点，在每次活动结束后，研究人员会定期举行讨论会议，与幼师、机构管理者共同评价小组活动的内容及实施过程，邀请参与活动的老年人进行满意度评估，根据其反馈灵活调整活动内容，尽可能使活动符合老年人和幼儿的兴趣。

表9-2 老幼"结伴式小组互动"活动大纲

序号	活动名称	活动内容
1	大家来传球	拍球、自由抛接球、击鼓传球、分组前后传球竞赛
2	"之"字传球	对接抛球、分组"之"字传球和投球竞赛
3	花样篮球	运球、花样拍球、分组投球竞赛、篮球操
4	螃蟹走	老幼合作螃蟹走运球、邀人示范、分组竞赛
5	送蛋宝宝回家	吸、吹、夹乒乓球
6	空中接球	互拍气球、拍手游戏、拍球表演、比赛空中接球
7	晴天娃娃	合作制作和悬挂晴天娃娃
8	时尚篮球帽	合作将半个篮球做成动物帽子、帽子介绍与佩戴
9	报纸球	将废旧报纸变废为宝，进行个性化创作
10	旗操	共同学习表演旗操

注：囿于篇幅，本研究并未列出活动大纲的具体内容。

2. 活动安排

小组互动的时间是 2019 年 11 月 28 日至 2020 年 1 月 9 日。老人控制组和幼儿控制组配对的老幼在周二、周四活动，共进行 10 次，每次活动的时间为上午 9：00 ~ 9：30，将活动的 30 分钟分为前 5 分钟、中间 20 分钟和后 5 分钟三个阶段。前 5 分钟时间打招呼、相互认识；中间 20 分钟的活动内容，每周有不同的主题；后 5 分钟，相互按摩拥抱，幼儿送老人回房间。活动地点在 T 机构一楼活动大厅，场地较为宽敞，能够容纳 20 多对老幼。

为了降低老年人和幼儿的缺失率，在时间安排上，一周活动 2 次，固定在周二和周四，便于老人提前安排自己的时间。同时，在每次活动前，由护工通知并提醒老人参加活动的时间，确保每位老人按时参加。对于参加活动的幼儿，幼师与家长提前沟通，尽量不在活动期间请假，同时对全勤的幼儿进行奖励，以此提高幼儿的参与度。

四　分析工具及方法

1. 秩和检验

对量表数据前后测的变化采取秩和检验的方法。秩和检验是非参数统计中一种常用的检验方法，它不依赖总体分布的影响，是通过将所有观察值（或每对观察值差的绝对值）按照从小到大的次序排列，每一观察值（或每对观察值差的绝对值）按照次序编号，称为秩（或秩次）。对两组观察值（配对设计下根据观察值差的正负分为两组）分别计算秩和进行检验。比较老人控制组和幼儿控制组前后的变化时采用单侧 Wilcoxon 符号秩检验（signed-rank test）。

2. 主题分析

对个人访谈及焦点小组的资料进行主题分析。主题分析（thematic analysis）是一种识别、分析和报告文本中的模式（主题）的方法（Braun & Clarke, 2006）。将访谈及焦点小组的录音进行文字转录，由两名助理分别阅读并提取出主要的主题，有争议部分由第三名助理介入讨论，最终达成一致意见。三名助理将主题归类并总结出与研究问题相关的主题，包括老幼"结伴式小组互动"对老人、幼儿、幼师、护工及机构管理者等的变化，以及影响老幼互动的有效性因素等。出于对隐私的保护，本研究对被访者进行了编码（具体编码方式见第八章）。

第二节　老幼"结伴式小组互动"干预实施过程

一　活动内容调整

活动内容是老幼互动的关键，每个老人和幼儿的性格特点、擅长的活动内容不同，在小组互动中，如何既符合幼儿的发展特点，又考虑老人的发展需要是难点。对活动内容的安排包括以下两个方面。第一，准备多样化的活动内容，以满足老幼的兴趣和需求，如多种形式的篮球活动。活动内容根据时节增加，如在元旦节时，老幼相互送祝福。多样化的活动内容提高了老幼参与活动的积极性。第二，根据老人和幼儿的具体表现，灵活调整活动内容。如参与活动的老人的身体状况和认知能力不同，有的老人听力不好、语言表达较差，与幼儿的沟通受限；有的老人认知能力在不断衰退，难以理解游戏规则。因此，对活动内容进行了简化，减少了复杂的流程和步骤，并且邀请理解能力较好的老幼进行示范，便于其他老幼理解规则。同时，对相同的内容进行重复，比如不断地强调老人和幼儿向对方介绍自己，在下次活动开始前，先重温上次活动的内容等，让老幼尽可能地掌握活动的内容。综上，多样化的活动能够顾及参与小组活动的老幼的兴趣和能力，且活动内容的灵活调整，更能符合老幼的实际需求，促进老幼高质量的互动。

二　干预的过程

1. 前期阶段——关系建立

根据老幼"结伴式个体互动"的经验，老幼间的情感基础对互动效果具有直接影响。当老人不熟识幼儿，幼儿也未建立安全感时，互动主动性与互动内容均会受到较大程度的限制，这对于性格内敛或不善于与他人沟通的老幼来说更为突出。根据老幼"结伴式个体互动"中老幼从陌生到熟悉的时间长度（6~7次活动），小组活动的前三周，助理的主要任务是帮助处于初始阶段的老年人和幼儿建立情感关系。

在小组互动中，幼师为每位参与者都准备了数字牌，这样老幼即使不熟悉也能通过所属数字牌的颜色与数字成功配对。活动前5分钟为热身打招呼环节，幼儿在助理的帮助下"找朋友"，即寻找与自己配对的老人，与老人牵手拥抱。二者间的平等关系有助于减少幼儿对老人的疑虑、不安与排斥情绪，更快拉近幼儿与老人间的心理距离。活动的后5分钟老幼会相互按摩，活动结束后幼儿会送老人回房。在活动的开始与结束阶段均会播放固定的音乐以营造仪式感。此外，幼师在游戏时会引导老幼互相自我介绍，也会带领所有幼儿向做完自我介绍的老人问好，以加快小组成员的互相了解。

2. 中期阶段——关系巩固

经过前三周的活动后，老人控制组和幼儿控制组彼此熟悉起来。当然每对老幼的具体情感变化有所差异，有些老幼进入关系巩固阶段较晚，有些则较早，助理需要尽可能地兼顾每对老幼的情况，帮助老年人和幼儿维系和巩固已建立的情感关系。

在该阶段，研究助理设置了许多老幼合作的竞争性主题游戏，如分组前后传球竞赛等。竞争性利于提高老幼的参与积极性，合作性可以增加老幼互动机会。因游戏需要老人和幼儿合作完成，在一传一递中，老幼接触逐渐增多。如分组"之"字传球和投球竞赛、分组老幼合作螃蟹走运球等游戏。这类游戏设置不仅有利于培养幼儿的团结协作意识和小组荣誉感，也有助于发掘老年群体的自我潜能。这一阶段，老幼因已建立良好情感基础且配合默契，更易达成深度合作，双方的情感联结再次得到强化，互动更加顺畅，进而形成良性循环，有助于感情进一步升温。而良性互动本身不仅能使老幼双方切实受益，还能带来许多额外收益。如被幼师邀请进行示范或因赢取游戏获得表扬时，老幼双方均能在活动中获取更大的成就感。

3. 后期阶段——感情升华

在干预的第五周，老人和幼儿之间的情感关系逐渐从熟悉过渡到升华阶段。幼儿已无须号码牌就迅速找到与其配对的老人，能主动地向老人问好，双方肢体接触、眼神交流的频次明显增加，小组活动已建立起一对一的固定配对关系。因此，助理在最后两周的主要任务是扮演老幼互动的"催化剂"，进一步促进老幼间的关系升温。

在感情升华阶段，老幼可以尝试完成更加多样的活动内容。因此，助理辅助幼师通过扩展主题游戏内容与形式，来推动老幼达成更广泛的合作，如老幼合作制作和悬挂晴天娃娃，合作摇球、花样拍球、狂欢表演等。在这一阶段，老人自我价值和自我效能得到提高，幼儿社交能力得到发展，部分老幼间的拟亲属关系得以建立，互动效果达到最佳水平。

因小组互动即将结束，老幼即将面临分离，助理需处理离别情绪，提前一周预告活动结束时间，以给老幼充分的时间作好离别准备。此外，助理也告知老幼此轮活动虽已结束，但互动项目并不会中断，减少老幼的失落感。在最后一节活动结束后，老人与幼儿彼此拥抱祝福，虽不舍与对方分离，但在助理的细心处理下并未出现情绪失控现象。

第三节　老幼"结伴式小组互动"干预结果

一　对老人的干预结果

1. 老人控制组基本特征

老人控制组基本特征参见第八章表 8-7 等候名单组，从性别来看，女性占比 63%，多于男性。从户口所在地来看，绝大多数老人是城镇户口，占比 93%。从年龄来看，老人平均年龄在 82.5

岁。从受教育水平来看，75%的老人受教育水平在小学或未受过教育。从政治面貌来看，党员占比13%，其他则为群众。退休前职业分为专业技术工作、政企部门、商业/服务业、生产业和生产运输，其中，生产运输行业占多数为56%。从婚姻状态来看，87%的老人丧偶。从宗教信仰来看，75%的老人无信仰。

2. 对老人影响的定量分析

在进行老人控制组"结伴式小组互动"前后的比较时，通过单侧 Wilcoxon 符号秩检验（the Wilcoxon signed-rank test），从结果来看，控制组老人在干预前后，虽然在自尊、负性情绪、抑郁水平、安适幸福感、心盛幸福感、生活自理能力和记忆障碍程度方面的短期变化在统计学意义上不显著（$p > 0.1$），然而，在自我效能方面的提高在统计意义上显著（$p < 0.01$），差异程度较大（$r > 0.5$）（见表 9 – 3）。这是因为在小组活动中，老幼的团队协作能力是关键，老人需要与幼儿一起合作，共同完成目标。老人在合作过程中，能够发现自己的价值，感受到来自幼儿、幼师、机构管理者等人的关注，并在帮助幼儿的过程中增强解决问题的信心，提高对自我的积极评价。

表 9 – 3　老人控制组前后的比较

	p	正秩	负秩	r	前测	后测
自我效能	0.002**	1	13	0.55	18.50（3.90）	22.5（5.28）
自尊	1.000	5	4	0.00	19.38（2.25）	20.47（3.68）
负性情绪	0.287	4	11	0.25	16.88（4.47）	18.12（3.36）
抑郁	0.421	4	10	0.12	10.06（4.45）	10.40（3.42）
安适幸福感	0.222	8	6	0.22	25.25（3.44）	26.69（3.70）
心盛幸福感	0.717	7	7	0.07	36.80（6.39）	37.75（5.80）
生活自理能力	0.322	2	4	0.18	7.00（1.46）	7.50（2.42）
记忆障碍	0.945	2	2	0.19	0.69（1.74）	0.38（0.89）

　$^+ p < 0.1$，$^* p < 0.05$，$^{**} p < 0.01$，$^{***} p < 0.001$。

　注：老幼"结伴式小组互动"的老年参与者较少（$N = 16$），采取较为宽泛的显著性水平。

3. 对老人影响的定性分析

在老幼"结伴式小组互动"中，结伴的老幼共同参与活动，并建立起"拟亲属关系"。从结果评估来看，"拟亲属关系"的建立，有利于增强老人的自我价值感，重塑自信，同时满足老人的社交需求。

（1）建立拟亲属关系，满足情感需要

老幼"结伴式小组互动"为老人和幼儿提供建立情感关系的契机。在频繁的接触中，老人和幼儿有更多的机会认识和了解彼此。老人会像呵护自家孙子女一样呵护和关爱幼儿。当情感关系建立后，老人会为这份情感的牵挂而积极地参与活动，从而满足自身的情感需要。幼师们反映：

> 老人非常呵护孩子，这是情感上的交流。整个过程非常感人，就像（孩子对）自己的爷爷奶奶，（老人对）自己的孩子一样，互相关爱和呵护。（TF-DXN）

> EM-MZC85 他揣了一个苹果，单独送给孩子，还偷偷地放在他的书包里。（TF-ZMR）

（2）自我价值感增强，自信心得到重塑

在老幼"结伴式个体互动"中，老人得到参与有意义活动的机会，老人的无用感减弱，自我价值感增强，甚至有的老人会将自己视为活动中的骨干人员，对自己的积极评价增多。同时，老人在积极参与活动的过程中，能够感受到周围人的关注和肯定，收获更多积极的反馈，从而重塑自信。据助理们的观察：

> EF-WSZ88 会将自己视为活动的骨干，觉得如果没有自己，活动可能就不会这么顺利地开展。老人看到有自己的牌子时，就会非常开心地参加活动。（AF-HQ）

> 在参与活动后，老人得到了幼儿、护工和助理的积极评

价。老人会发现其实周围的人对自己是没有偏见的，是坦诚的。老人就会更加自信，愿意交流。（AF-WWH）

（3）社交范围扩大，人际关系和谐

在老幼代际互动开展之前，老人的日常生活是比较单调的，与养老院其他老人之间的交流和联系的频率较低。老幼"结伴式小组互动"帮助老人在与其他老人共同参与活动的过程中，彼此认识和熟悉，从而建立起同辈群体的支持网络。小组互动的形式帮助老人结识更多的朋友，与其他老人的相处更为融洽。一名助理说：

> EM-FXZ85 觉得以前可能会有不太熟的，就是大家一起参加活动之后，在路上碰到了也是会打招呼什么的。（AF-HQ）

二 对幼儿的干预结果

1. 幼儿控制组基本特征

从幼儿控制组的基本特征来看，男生与女生各占一半，幼儿年龄在 4~5 岁，独生子女的比例为 78%，家庭平均同住人口为 3人，幼儿月龄的均值在 57.89，幼儿家庭同住人口的均值在 3.17（见表 9-4）。

表 9-4 幼儿控制组基本特征 （$N = 18$）

变量	人数	%
性别		
男	9	0.50
女	9	0.50
是否独生子女		
是	14	0.78
否	4	0.22

变量	人数	%
月龄		
均值（标准差）	57.89（2.42）	—
最小值到最大值	54~64	—
家庭同住人口		
均值（标准差）	3.17（1.15）	—
最小值到最大值	2~5	—

2. 对幼儿影响的定量分析

在进行幼儿控制组"结伴式小组互动"前后的比较时，通过单侧 Wilcoxon 符号秩检验（the Wilcoxon signed-rank test），从结果来看，虽然控制组幼儿在沟通领域、精细动作领域和社交情绪方面的变化在干预前后在统计学意义上不显著（$p > 0.1$）。但是控制组幼儿粗大动作领域的提高在统计意义上显著（$p < 0.10$），差异程度较小（$r < 0.3$）；个人－社会领域（评估幼儿的自主能力以及与他人互动的技能）的提高在统计意义上显著（$p < 0.10$），差异程度中等（$r > 0.3$）（见表 9-5）。可能的解释是，小组活动的内容以篮球为主，通过拍球、传球、投球等方式，幼儿在与老人共同合作的过程中，能够充分的锻炼自己的大肌肉，从而让幼儿在粗大动作领域有所提高。同时，在小组竞赛活动中，幼儿和老人需要更多的协作，老人将自己的经验和技能传递给幼儿，幼儿需要提高自己的表达和理解能力，以及团队合作能力，这都有利于增强幼儿在个人－社会领域的能力。

表 9-5　幼儿控制组前后比较

	p	正秩	负秩	r	前测	后测
粗大动作领域	0.083+	7	2	0.29	51.11（13.46）	55.00（8.04）
个人－社会领域	0.067+	7	2	0.31	51.94（10.45）	56.11（5.02）
沟通领域	0.707	4	3	0.06	56.39（8.71）	55.83（7.72）

	p	正秩	负秩	r	前测	后测
精细动作领域	0.336	7	5	0.16	54.44（6.62）	49.44（13.38）
社交情绪	0.913	7	9	0.02	45.83（29.86）	45.00（34.39）

$^+ p < 0.1$，$^* p < 0.05$，$^{**} p < 0.01$，$^{***} p < 0.001$。

注：老幼"结伴式小组互动"幼儿参与者较少（$N = 18$），采取较为宽泛的显著性水平。

3. 对幼儿影响的定性分析

根据定量评估结果，老幼"结伴式小组互动"对幼儿的粗大动作领域和个人-社会领域的能力提高有显著作用，其他发展领域并没有显著变化。与老幼"结伴式个体互动"类似，幼儿的能力发展需要提供长期且持续的干预。此外，定性评估方法可以弥补定量评估方法的局限，观察到老幼"结伴式小组互动"对幼儿发展的影响。从定性具体评估结果来看，老幼"结伴式小组互动"为"结伴"的老幼建立起"拟亲属"关系。这种关系的建立，不仅有助于幼儿安全感的建立，提高幼儿的助人及合作等亲社会行为的出现频率，而且有助于幼儿在这段关系中学会尊重老人，对衰老形成正确的认识。

（1）建立拟亲属关系，形成依恋感

老幼"结伴式小组互动"为老人和幼儿提供建立情感关系的契机。在频繁的接触中，老人和幼儿有更多的机会认识和了解彼此。相比以前，幼儿更愿意亲近老人，与老人相互关爱。当情感关系建立后，幼儿会对老人产生依恋，会为这份情感的牵挂而积极地参加活动。幼师们反映：

> 参加活动后，幼儿会亲近老人，挨着他，抱着她。整个过程非常感人，就像（幼儿对）自己的爷爷奶奶，（老人对）自己的孩子一样，互相关爱和呵护。（TF-DXN）

> 通过集体活动，孩子跟爷爷奶奶建立了一定的感情，他会为了这个情感而参加活动。（TF-LJ）

（2）安全感提高，合作意识增强

在老幼"结伴式小组互动"中，活动内容的设计无论是篮球类还是手工类，都强调老幼合作完成任务。因此在活动中，幼儿有更多的机会与老人协商，共同讨论，完成任务。幼儿在老人耐心地陪伴下，安全感逐渐建立起来，与老人更加熟悉，也愿意和老人共同完成任务，合作意识得到强化。一名助理说：

> 在活动时，幼儿具有合作意识，比如在投球游戏中，幼儿会与老人共同配合，并且协商下次投哪个位置更好，老幼之间配合得非常默契。（AF-HQ）

（3）主动帮助，增强自我价值

在老幼"结伴式小组互动"中，幼儿会主动帮助与自己"结伴"的老人。在主动帮助老人的过程中，幼儿的自我价值感得到强化，老人和幼儿之间的关系得到进一步发展。一位幼师说：

> 在活动中，幼儿能够主动帮助老人。比如当老人手脚不灵活时，小朋友会帮老人捡球，当老人走路比较慢时，小朋友会放慢脚步，等待老人。（TF-JH）

（4）正确认识衰老，学会尊重老人

幼儿在与老人频繁的互动中，对老人产生了更多积极的看法。相比以前，幼儿更喜欢老人，愿意主动地接触老人，与老人分享自己的生活和想法，并在活动结束后，搀扶着老人将其送回。正是幼儿对老人和衰老的正确认识，让幼儿能够关怀和尊重老人。据一位幼师观察：

> 通过这个活动感觉到我们的孩子非常地喜欢老人，以前就是看着老人在那，现在是亲近他们，挨着他们，抱着他们。（TF-DXN）

一名机构管理人员说：

> 孩子们很感谢老人，活动后，会主动把老人送回去。孩子不会觉得老人是无趣的，相反愿意和老人交流自己的想法，关心和帮助老人。(PF-ZMY)

三 对老幼家庭的作用

老幼"结伴式小组互动"的效果不仅体现在个体层面，对幼儿和老人的家庭也会产生相应的积极作用。

1. 对幼儿家庭的效果

老幼"结伴式小组互动"对幼儿家庭的效果主要体现在幼儿家长对老幼同养模式以及对老年人的积极态度。在老幼"结伴式小组互动"结束后，以李克特量表的形式了解家长对老幼同养的态度。家长评价老幼同养对幼儿的影响，具体如下：

① 66.7%的家长认为老幼同养有助于幼儿社交能力的提高，4.2%的家长对此持反对态度，29.2%的家长对此持中立态度。② 54.2%的家长认为老幼同养有助于提高幼儿的情绪控制能力，16.7%的家长对此持反对态度，29.2%的家长对此持中立态度。③ 54.2%的家长认为老幼同养有助于幼儿沟通能力的提高，43.8%的家长对此持中立态度，2.1%的家长对此持反对态度。④ 70.9%的家长认为老幼同养有利于幼儿与他人的分享，8.3%的家长对此持反对态度，20.8%的家长对此持中立态度。这说明，T机构老幼代际互动的效果使得大部分家长对幼儿发展能力的提高持正向态度。⑤ 75.0%的家长认为老幼同养有利于幼儿与其（外）祖父母的互动，25.0%的家长对此持中立态度。这说明，T机构老幼代际互动的效果使得大部分家长发现幼儿更愿意与老年人互动。⑥ 对于幼儿的身心健康发展方面，52.1%的家长对老幼同养不利于幼儿身体健康持反对态度，29.2%的家长对此持中立态度，18.8%的家长持支持态度，这说明部分家长对老幼代际互动对幼儿的身体健康存在一定担忧。⑦ 60.4%的家长对老幼同养不利于

幼儿心理健康持反对态度，33.3%的家长对此持中立态度，6.3%
的家长持支持态度，这说明部分家长对老幼代际互动对幼儿的心
理健康存在一定担忧。总体而言，绝大多数家长认为老幼同养对
幼儿有积极的帮助，包括提高幼儿的发展能力和社会交往能力。
因此，老幼同养模式能够帮助家长共同教导幼儿，给幼儿家庭带
来积极的作用（如表9-6所示）。

表9-6　家长对老幼同养态度

单位：%

	1 非常 不同意	2 不 同意	3 一 般	4 同 意	5 非常 同意
对幼儿的影响					
1. 老幼同养有助于孩子的社交能力提高	0.0	4.2	29.2	47.9	18.8
2. 老幼同养有助于孩子的情绪控制能力	2.1	14.6	29.2	41.7	12.5
3. 老幼同养有助于孩子的沟通能力提高	2.1	0.0	43.8	43.8	10.4
4. 老幼同养有利于孩子与他人的分享	0.0	8.3	20.8	56.3	14.6
5. 老幼同养有利于孩子与其（外） 祖父母的互动	0.0	0.0	25.0	58.3	16.7
6. 老幼同养不利于孩子的身体健康	12.5	39.6	29.2	18.8	0.0
7. 老幼同养不利于孩子的心理健康	14.6	45.8	33.3	4.2	2.1

经过长期的老幼同养互动实践，家长对老年人的态度总体为
积极正面。本研究参考Kogan's的老年态度量表（刘云娥等，
2014），并根据实际情况进行修改和调整，评估的结果从五个维度
进行分析。

对于老年人的卫生状况：56.7%的家长对大多数老人不会保
持家庭整洁持不同意的态度，22.7%的家长对此持支持态度，
20.8%的家长对此持中立态度；63.5%的家长认为大多数老年人
看起来是整洁的，11.5%的家长对此持反对态度，25.0%的家长
对此持中立态度。总的来看，家长对老年人的卫生状况持正向
态度。

对于老年人的认知状态：62.3%的家长对老年人的智慧不会随着年龄增长而增加持不同意的态度，15.2%的家长对此持支持态度，22.6%的家长对此持中立态度。因此，大多数家长对老年人衰老是正向的态度，并且认可老年人的智慧和经验。

对于老年人的行为方式：34.0%的家长认为大多数老年人的行为比较怪，难以理解，34.0%的家长对此保持中立态度，32.1%的家长对此持反对态度；65.4%的家长认为与大多数老年人相处是非常放松的，9.6%的家长对此持反对态度，25.0%的家长对此持中立态度；26.4%的家长认为大多数老年人过于主动地给出建议，37.7%的家长对此保持中立态度，35.9%的家长对此持反对态度。总的来看，有部分家长认为老年人的一些行为无法理解，存在相处困难的问题，这与老年人与年轻人之间的社会隔离有一定的关系，年青一代缺少与老年人相处的时间。

对于老年人的情绪状况：54.8%的家长对大多数老年人有易怒、不愉快的情绪持反对态度，30.2%的家长对此持中立态度，15.1%的家长对此持支持态度。总的来看，大多数家长认为老年人没有较多的负面情绪。

对于老年人所需的支持：66.0%的家长对不愿意与老人居住持反对态度，30.2%的家长对此持中立态度，3.8%的家长对此持支持态度；44.3%的家长对大多数老年人并不需要更多的爱和支持持反对态度，36.5%的家长对此持同意态度，19.3%的家长对此持支持态度（如表9-7所示）。总的来看，绝大多数的家长认为应该对老年人有更多的支持和关爱，但是也有少部分的家长持中立或反对的态度。相对来说，年青一代对老年人的支持和帮助有待进一步的倡导和促进。

总而言之，老幼同养模式为幼儿家长提供了了解老人的契机，家长通过幼儿的反馈和直接地接触，形成对衰老、对老人的正确认识和看法。这在一定程度上也为家长支持老幼同养模式奠定了基础。

表 9-7 家长对老年人的态度

单位：%

	1 非常不 同意	2 不同意	3 稍微不 同意	4 中立 的	5 稍微 同意	6 同意	7 非常 同意
维度一：对老人卫生的态度							
1. 大多数老年人不会让他们的家保持整洁并且看上去不错	5.7	34.0	17.0	20.8	9.4	7.6	5.7
2. 大多数老年人看起来都很整洁	0.0	1.9	9.6	25.0	9.6	48.1	5.8
维度二：对老人认知的态度							
3. 宣称智慧会随着年纪的增长而增长是愚蠢的	5.7	34.0	22.6	22.6	7.6	5.7	1.9
维度三：对老人行为的态度							
4. 大多数老年人有些地方比较怪，很难让人理解	7.6	15.1	9.4	34.0	22.6	7.6	3.8
5. 与大多数老年人相处是非常放松的	0.0	1.9	7.7	25.0	21.2	36.5	7.7
6. 大多数老年人花太多时间探究别人的事情并且过于主动地给出建议	7.6	15.1	13.2	37.7	15.1	9.4	1.9
维度四：对老人情绪的态度							
7. 大多数老年人有易怒、喜欢抱怨和令人不愉快的情绪	5.7	30.2	18.9	30.2	11.3	0.0	3.8
维度五：对老人所需支持的态度							
8. 为了维持良好的邻里关系，最好是没有太多的老年人居住在那	15.1	26.4	24.5	30.2	0.0	1.9	1.9
9. 大多数老年人没有比其他人需要更多的爱和支持	3.9	13.5	26.9	36.5	5.8	9.6	3.9

2. 对老人家庭的效果

老幼"结伴式小组互动"对老人家庭的效果主要体现在老人家属对活动的积极支持和肯定。在老幼互动过程中，老人会与家属分享自己参加的活动。相比老幼"结伴式个体互动"，老幼"结伴式小组互动"更具有开放性，老人的家属在探望老人时，可以亲身感受到老人在与幼儿互动中的欢乐。

老人家属对老幼互动活动普遍持支持态度，对老人能够参加有意义的活动表示肯定和认可。家属甚至为了不耽误老人参加活动，会特意更换探望的时间。此外，家属在近距离观看老幼互动活动后，对活动给予高度的评价，认为老幼"结伴式小组互动"让老人的笑容增多，生活态度更加积极。助理们反映：

> EF-JYQ82，有一次她儿子来看她，她让他儿子把东西一放就赶紧走，她说我要下去参加活动。她儿子说参加活动好呀，那我明天再来看你。（AF-TYY）

> EF-TDM86 的女儿来探望时，正好老人在参加活动，她女儿就在旁边观看，对活动的评价很高，觉得老人相比以前更开心了。（AF-WWH）

对于居住在养老机构的老年人，家属对他们来说是唯一的情感慰藉。也只有家属来探望时，老人才会开心。老幼"结伴式小组互动"为老年人和幼儿建立起情感关系，老年人在参与活动的同时，能够满足自身的情感需求，增加积极情绪。家属对老人的改变表示开心，也对老人居住在养老院更加放心。一位助理说：

> EF-JYQ82 的儿子来探望老人时，老人会跟她的儿子聊自己参加的活动，觉得自己每天有事情可做。她儿子对老人的改变很开心，对老人说，你开心了，我就开心。（AF-HQ）

四　对机构的作用

老幼"结伴式小组互动"为机构营造了其乐融融的环境，不仅对参与活动的老人和幼儿带来积极的作用，也对机构的其他老人、护工以及机构管理者带来相应的益处。

老幼"结伴式小组互动"在开放的空间，其他未能直接参与活动的老人，可以在旁边观看老人和幼儿的互动，尤其是精神状态较差的老人，他们很难与幼儿直接互动，但是可以在轻松愉悦的氛围中受益，丰富精神生活。据一位助理观察：

> 精神不太正常和身体不太方便的老人在旁边看着，一方面晒太阳，身体会好一点；另一方面他们看着心里也开心。（AF-HQ）

老幼互动带来的轻松、愉快的氛围能让护工、幼师、机构管理者感受到老幼互动的快乐，缓解自身的工作压力。如老人在参与"结伴式小组互动"时，护工可以得到短暂的喘息，减轻护理的压力，老幼互动的愉悦氛围也能够提高护工的积极情绪。一位护工说：

> 老人和孩子做活动时，我们就有时间可以照顾其他的失能老人，这样我们的照护压力也能减轻一点。（NF-HYY）

幼儿家长对 T 机构老幼同养活动的反馈，也从侧面反映了机构老幼同养模式带来的积极效应。从结果来看，20.8% 的家长认为互动可以频繁进行，27.1% 的家长对活动不应该太频繁持同意态度，52.1% 的家长对此持中立态度；27.1% 的家长同意老幼同养活动的日常化，有 62.5% 的家长对此持中立态度，10.4% 的家长对此持反对态度。这说明部分家长对老幼代际互动日常化表示认同，而大部分家长对此是中立的态度，家长对此还存在一定的担忧。

72.9%的家长支持自己的孩子参加老幼同养活动，4.2%的家长对此持反对态度，22.9%的家长对此持中立态度；52.1%的家长愿意推荐 T 机构的幼儿园给周围的朋友，4.2%的家长对此持反对态度，43.8%的家长对此持中立态度；54.2%的家长愿意推荐 T 机构的养老院给周围的朋友，6.3%的家长对此持反对态度，39.6%的家长对此持中立态度（如表 9-8 所示）。这说明 T 机构老幼代际互动的积极效果，使得家长愿意将 T 机构推荐给更多的人。

表 9-8　家长对 T 机构老幼互动的态度

单位：%

	1 非常 不同意	2 不 同意	3 一 般	4 同 意	5 非常 同意
1. 老幼同养的活动不应该太频繁	8.3	12.5	52.1	27.1	0.0
2. 老幼同养的活动可以日常化	2.1	8.3	62.5	22.9	4.2
3. 我支持我的孩子参加与 T 机构老人的互动活动	0.0	4.2	22.9	50.0	22.9
4. 我愿意推荐 T 老幼同养机构的老人院给我的老年人朋友	0.0	4.2	43.8	37.5	14.6
5. 我愿意推荐 T 老幼同养机构的幼儿园给我的家长朋友	0.0	6.3	39.6	41.7	12.5

五　对社区的作用

在 T 机构中，独特的空间优势使得机构与社区的联系紧密，社区居民能够近距离地感受到老幼互动带来的温暖和感动。不论是老幼"结伴式个体互动"还是老幼"结伴式小组互动"，都会在对老幼个体产生积极作用的同时，也会在老幼的家庭层面以及机构层面产生相应的益处。老幼互动的效果为进一步的社区推广奠定了基础。

从幼儿家长对老幼同养模式推广的态度来看，52.1%的家长对老幼同养模式在中国完全不适用持反对态度，45.8%的家长对此持中立态度，仅有2.1%的家长认为该模式在中国完全不适用。

这说明 T 机构老幼代际互动的效果，使得大部分家长认为老幼同养模式能够在中国的情景中发展。18.8%的家长认为老幼同养模式的推广条件已经成熟，56.3%的家长对此持中立态度，25%的家长认为老幼同养模式的推广条件尚不成熟。这说明 T 机构老幼代际互动的效果，使得部分家长认为老幼同养模式已基本具备在中国推广的条件。62.5%的家长认为老幼同养模式可以在社区进行（如表 9 - 9 所示），35.4%的家长对此持中立态度，仅有 2.1%的家长认为老幼同养模式不可以在社区进行，这说明 T 机构老幼代际互动的效果，使得大部分家长认为老幼同养模式可在社区进一步发展。

老幼同养模式在进一步开发的基础上，可逐渐向社区推广。通过理念的宣传和实证效果，让更多的家长愿意和幼儿一起加入老幼同养模式的发展和推广中，使更多的幼儿和老年人受益，也为社区建设和代际融合做出贡献。

表 9 - 9　家长对"老幼同养"模式推广的态度

单位：%

	1 非常 不同意	2 不 同意	3 一 般	4 同 意	5 非常 同意
1. 老幼同养在中国完全不适用	14.6	37.5	45.8	0.0	2.1
2. 老幼同养推广条件已经成熟	2.1	22.9	56.3	12.5	6.3
3. 老幼同养可以在社区内进行	0.0	2.1	35.4	47.9	14.6

第四节　老幼"结伴式小组互动"干预总结

一　"结伴式小组互动"的要素

老幼"结伴式小组互动"在老幼配对原则的基础上，以数字牌的形式将老幼进行固定配对。活动内容在匹配老人和幼儿兴趣和能力的同时，进行了简化和重复。此外，小组互动中，老幼的示范作用能够带动小组成员的积极性。

老幼间稳定的情感关系是良好互动效果的前提条件。在老幼"结伴式小组互动"中，数字牌的使用对固定老幼配对起到了关键作用，但是当老幼配对不合适或老幼频繁交换互动对象时，老幼互动的效果较差，老人和幼儿之间也难以建立情感关系。因此，在进行老幼配对时，应遵循老幼配对的原则，考虑老幼的健康状况、性别、兴趣爱好等因素。同时，结伴的老幼除遇特殊情况外，不再更换，确保老人和幼儿在频繁的互动中熟悉彼此，建立关系。

活动内容是老幼互动的关键，在设计小组活动时，活动内容考虑了老人和幼儿的兴趣和能力。为了尽可能地符合老人和幼儿的发展特点，设计并实施了多样化的活动内容。在活动中，老人和幼儿对规则的理解能力存在差异，因此，尽可能简化流程，且对相同的内容可进行重复，提高老幼对活动的掌握程度。当活动内容促进老幼以共同目标合作时，老幼之间接触和交流的频率更高，且竞争性的活动有利于提高老幼参与的积极性，为老幼互动创造机会。因此，小组互动中，合作竞争性活动更有利于老幼互动。

在老幼"结伴式小组互动"中，邀请表现良好的老幼进行示范，一方面可以帮助其他老人和幼儿理解规则，更有利于老幼间的配合；另一方面，示范的老幼可以获得更多的关注和积极的评价，从而提高老人和幼儿的自信，使其成就感得到增强。在小组互动中，"骨干"老人的存在不仅能够营造积极参与的氛围，而且会带动较为沉闷的老人主动与幼儿交流、互动。因此，小组互动中，可以充分发挥示范和骨干的作用，提高老人和幼儿参与活动的积极性。

二　互动环境的支持

在老幼"结伴式小组互动"中，空间环境和社会环境共同支持着活动的开展。小组活动的场地选在机构的庭院进行，宽敞的公共场地为老幼代际互动提供了便利的条件。庭院为开放式，其他老人、护工、幼师以及幼儿家长和老人家属可以亲身感受到老幼互动的欢乐，对老幼同养模式给予更多积极的态度。这为老幼同养模式的进一步推广带来了积极的作用。

社会环境方面的支持，包括活动材料的准备、机构内部的高效配合和社区的支持等方面。在老幼"结伴式小组互动"中，安全性是活动筹备阶段要考虑的重要因素，一方面是要考虑活动用具的安全性，如游戏时幼儿使用安全剪刀、气球不能打气过满等；另一方面是对场地的有效利用，如活动时桌椅摆放位置是否方便老人与幼儿的互动。

在老幼"结伴式小组互动"中，机构管理者充分调动护工、幼师的积极性，小组活动由幼师开展，采取评课和奖惩机制，提高幼师开展活动的热情。在幼师开展活动前，机构管理者及高校研究人员对幼师进行培训，在每次活动结束后，组织焦点小组讨论课程的优缺点，以提高老幼"结伴式小组互动"的有效性。护工则按时提醒老人，为老人合理安排护理时间。机构内部的同一协作让老幼"结伴式小组互动"顺利开展。

三　多层次的干预效应

老幼"结伴式小组互动"干预是将老人和幼儿进行一对一配对后组织他们参与集体活动。从干预的实施和结果来看，老幼"结伴式小组互动"实现了"1 + 1 > 2"的效应，不仅对老年和幼儿参与者带来积极的作用，同时为老幼的家庭、所属机构以及社区推广方面带来益处。

老幼"结伴式小组互动"中，老人会把"结伴"的幼儿看作自己的"孙子女"，幼儿也会把老人看作自己的"爷爷奶奶"，老人和幼儿在互动和交流中，情感不断升温，建立起稳定的"拟亲属关系"，这样的关系又进一步促进了老幼之间的有效互动，为老人和幼儿带来积极的影响。对于老人而言，他们在活动中得到了更多的关注和积极的反馈，成功地强化了自我效能感并拓展了社交网络。对于幼儿而言，他们不仅在与老人的互动中能够形成安全感和依恋，合作意识得到增强，对衰老形成了正面的认识，学会帮助和鼓励老人，而且在粗大动作、个人－社会领域的能力得到进一步发展。

老幼"结伴式小组互动"得到了老人家属和幼儿家长的支持，家属对活动表示认可和支持，甚至会错开老人参加活动的时间来探望老人，而老人生活得幸福也能够减轻家属的心理压力。幼儿家长积极支持活动的开展，保证幼儿的不缺席；同时，家长能够从幼儿的反馈中，发现幼儿的成长和变化。

老幼"结伴式小组互动"在机构层面能够营造其乐融融的环境，机构的其他老人、护工、幼师及机构管理者都能在轻松愉悦的氛围中受益，从而减轻工作和心理的压力。老幼"结伴式个体互动"和"结伴式小组互动"的实施，对老幼同养模式在社区的进一步推广奠定了基础，从家长对老年人的态度来看，大多数家长都持有正向的态度，对老年人有比较积极和正确的认识；从家长对老幼同养的态度来看，绝大多数家长认为老幼同养对幼儿有积极的帮助，且大多数家长认为老幼同养模式在中国是适用的，且具备了在社区推广的条件和可行性。

总体而言，老幼"结伴式小组互动"干预的效果是多方面的，既能作用于个体，也能对家庭、机构以及社区推广带来积极的影响。因此，老幼同养模式应该进一步向机构和社区推广，让更多的老人和幼儿参与进来，提高社区的凝聚力和增强居民幸福感。

第十章　老幼同养模式在中国机构和社区中的推广

第一节　老幼同养模式在机构中的推广

随着经济社会发展和社会人口结构变迁，我国老龄化程度持续加深。截至 2019 年末，我国 65 岁及以上人口占比高达 12.6%。[①] 人口老龄化必然带来家庭规模的小型化，从普查数据来看，2010 年，中国家庭平均规模就已达到 3.09 人，比 2000 年减少 0.37 人/户，比 1982 年更是减少了 1.34 人/户（胡湛、彭希哲，2004）。我国老龄化基数大、增加快，加上家庭核心化趋势增强，传统的家庭养老难以满足老年人的养老需求。现在全国共有 200 多万老人入住在约 4 万个养老院，但养老院平均 1 名护理员要服务近 10 位老人，这意味着养老机构即使有心也无力给予老人足够的情感关怀。[②] 此外，机构养老加剧了社会隔离，使得不同代际存在消极的刻板印象，这些都在较大程度上削弱了老年群体的主观幸福感，老年人的孤独、抑郁等心理问题日益凸显。与此同时，随着核心家庭的增多和二胎政策的开放，幼儿养育难度升级，早期发展问题增多。根据儿童社会化发展理论，儿童早期的发展需要成年人帮助其解

[①] 国家统计局：《中华人民共和国 2019 年国民经济和社会发展统计公报》，国家统计局官网，2020 年 2 月 28 日，http://www.stats.gov.cn/tjsj/zxfb/202002/t20200228_1728913.html。

[②] 《民政领域疫情防控与基本民生保障有关情况发布会》，中华人民共和国国务院新闻办公室官网，2020 年 3 月 9 日，http://www.mca.gov.cn/article/xw/mzyw/202003/20200300025428.shtml。

决"危机",从而增强自我力量,更好地适应环境。目前,年轻的父母一般都是双职工,由祖父母扮演"代理父母"的角色,而祖父母不正确的教养行为和观念容易导致幼儿出现过度自我、任性等问题,且幼儿缺乏多层次多元化的互动对象,社会性发展不足。

老幼同养模式作为一种创新的服务模式,将养老设施与育幼设施结合,进行统一管理。老幼同养模式的可行性在于,老年人和幼儿具有同质性,幼儿的互动内容、形式以及时间安排等与老年人非常相似,而且幼儿和老年人之间有一种天然的"亲和力",能够满足双方的发展需要。这种为老年人和幼儿在同一地点同时提供服务的方式,能够有效降低管理成本,实现资源的优化配置,其独特的空间优势,为老年人和幼儿搭建起互动和交流的桥梁。老年人和幼儿在有计划、有意义的互动中可以实现共赢,一方面,老年人与幼儿互动,能够满足老年人的精神需求,可将其作为机构老年人的精神照料服务,有利于养老服务的进 步完善;另一方面,老幼同养模式有利于培养幼儿的尊老、孝老意识,提高幼儿的发展能力,满足其社会化需要,可将其纳入幼儿园日常教学,并逐渐引入生命教育的理念,提高幼儿对衰老和生命的正面认识,有利于幼儿教育的全面发展。

一 老幼同养一体化管理模式

在机构实践中,老幼同养模式可以将养老设施和育幼设施由统一机构管理,实现"养老育幼"的一体化。与单一的养老或育幼模式相比,这种模式可以降低管理成本,提高管理效率,并将养老与育幼的相关人员与设施进行统筹规划。

老幼同养模式的组织架构大体包括园长、代际部门、人事部门和职能部门(如图 10-1 所示)。代际部门是老幼同养模式的核心部门,下设幼儿部、老年部和综合部。代际部门将幼儿部和老年部有机结合,并由综合部专门负责老幼代际互动的相关事宜,包括老幼互动的时间、地点和活动内容等。幼儿部主要负责幼儿招生、家长管理以及幼儿教育等方面。在幼儿招生时,要求幼儿身体健康,没有传染病;在家长管理中,与家长建立良好的合作

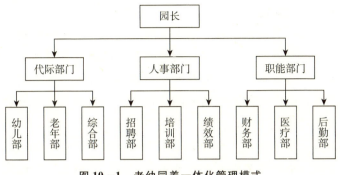

图 10 - 1 老幼同养一体化管理模式

关系，家长与机构共同教导幼儿；在幼儿教育中，在幼儿的健康、语言、社会、科学、艺术五大发展领域，开展相应的课程，提高幼儿的身体素质、沟通交流能力以及培养良好的品德修养等。老年部主要负责老人招收、家属管理以及老年照护等方面。在老人招收时，要求老年人没有传染病和精神疾病；在家属管理中，与家属建立良好的沟通关系，家属需要定期探望老年人，给老人提供情感支持；在老年护理中，除基本的身体护理外，关注老年人的心理护理，为老年人设立活动室，以丰富老年人的日常生活。活动室可以为老年人提供健身、唱歌、书法、棋牌等活动的空间和设施。综合部负责联系幼儿部和老年部，为老幼代际互动提供便利的条件和机会，促进老幼在积极的互动中建立拟亲属关系。综合部对老幼代际互动的时间、地点、活动内容以及活动流程等进行设计和规划，然后根据项目的反馈，不断提高服务的质量，形成系统性的老幼代际互动项目。在日程安排上，综合部需要充分了解幼儿和老年人各自的日程，将共同的休闲时间作为老幼代际互动的固定时间，保障老幼之间的日常化互动。在活动地点的安排上，为确保幼儿和老年人的安全，老幼同养机构需要对空间功能区进行合理的划分，使其既满足幼儿和老年人的独立性生活需求，同时，也为幼儿和老年人提供安全的、宽敞的公共活动空间，促进老年人和幼儿的互动和交流。在活动内容设计上，综合部需要对幼儿和老年人的兴趣爱好、发展特点、健康状况等进行详细的了解，以此改进老幼代际互动项目，使其更符合幼儿和老年人的实际发展需求。

人事部门下设招聘部、培训部和绩效部，主要负责机构人员的管理和薪酬的制定和发放。招聘部负责筛选具备专业能力的幼师和老年护理人员，对兼具养老和育幼两方面知识的人才可优先考虑。在招聘中，制定严格的筛选标准，对工作人员的专业素质和道德水平进行考核，以保证机构对每一位幼儿负责，对每一位老人负责。培训部的工作分为三个方面，第一，对幼师进行专业化的培训，不断提高幼师的专业素质；第二，对老年护理人员进行专业化的培训，使其具备良好的专业护理能力；第三，对幼师和老年护理人员进行交叉培训，使其同时了解老年人和幼儿的发展特点，成为代际互动的辅助人员，共同促进老幼代际互动的开展。绩效部负责对员工的考核和奖励，明细员工的各项工作，并规定相应的报酬。此外，实行绩效考核制，综合考虑管理人员、家属、家长等多方的意见和评价。

职能部门下设财务部、医疗部和后勤部（厨师、保安及清洁人员等），由于其在养老和育幼方面的差异性较小，养老院和幼儿园共用一个职能部门，以节约管理成本。财务部同时负责幼儿园和养老院的收入和支出，对每笔账目做好明细。医疗部配备专业的医疗工作人员和设备，定期为老年人和幼儿进行身体检查，保障老年人和幼儿的身体健康。后勤部包括厨师、保安和清洁人员等。值得注意的是，幼儿园和养老院需要配备两组厨师，分别为老年人和幼儿安排膳食。

园长作为总负责人是整个机构的统筹管理者，需要促进各部门间的积极合作。老幼同养模式对园长具有较高的要求，不仅需要具备养老和育幼两方面的知识，也需要具有相应的管理能力，发挥联动内部和外部的作用。在内部，总负责人是机构发展的规划者，协调机构内部的各项事宜，对养老和育幼服务相同之处进行复合，由一套班子管理，以节约资源；对不同之处进行有针对性的管理，以契合老年人和幼儿不同的需求。在外部，园长负责与其他机构、政府部门、社会组织的对接协调工作，同时需要服务社区与社会，并通过多种渠道提高社会对老幼同养模式的认同。

　　总结以往老幼同养机构的实践经验，老幼同养一体化管理模式的优势主要体现在以下几个方面。

　　第一，具有双重功能，降低宣传成本。老幼同养机构具有养老和育幼双重功能，在进行养老服务宣传时，老人家属不仅能考察养老院的情况。也能考察幼儿园的情况。同理，在进行育幼服务宣传时，幼儿家长不仅能考察幼儿园的情况，也能考察养老院的情况。因此，机构在老人招收和幼儿招生方面的宣传具有一举两得的作用，能够有效降低宣传成本。

　　第二，有效利用资源，降低运营成本。具体表现在以下三个方面。①养老院和幼儿园的制度共用，如消毒、无障碍通道、定期体检等方面对老年人和幼儿有着相似的规定，可以相互借鉴。②养老院和幼儿园的食材通用。老年人和幼儿有相似的饮食需求，如喜欢软糯、清淡、无鱼刺等，因此，老人和幼儿的食谱可共享，满足老幼多样化的营养需求。③养老院和幼儿园的设施共享。老年人和幼儿有相似的运动/活动需求，幼儿园的活动器材以及制作手工的材料、教具等都可以同时提供给老人使用。

　　第三，人员优势互补，降低人力成本。在单一的养老机构中，老年护理人员以中年人为主；在单一的幼儿园中，幼师以年轻人为主。而老幼同养机构有不同年龄阶段的工作人员，通过合理分工，能够实现人员的互通、互惠和互利，充分利用人力资源，具有优势互补的作用。例如，幼师可以协助老年护理人员进行电脑等智能设备的操作，老年护理人员可以协助幼师对教室进行消毒，对教具进行整理等工作。此外，职能部门的共用能够有效降低调休成本，例如，幼儿园的厨师/保安可与养老院的厨师/保安调班休息等。

　　第四，减少交通成本，提高老幼互动机会。与单一的养老院或幼儿园相比，老幼同养机构能够减少老年人和幼儿前往活动地点的交通成本和安全风险。一方面，老年人和幼儿都是相对弱势的群体，出行不方便；另一方面，老年人和幼儿会对另一方的环境不适应，难以有效开展互动。而老幼同养机构的老年人和幼儿在同一区域内，对彼此较为熟悉，可以开展定期、频繁地互动。

　　第五，合理划分功能区，提高空间利用率。在老幼同养机构中，空间功能区不仅能够满足老年人和幼儿独立生活的需求，也有公共的场地满足老幼互动的需求。养老院和幼儿园的公共室内和室外场地都可作为老幼互动的区域，老幼可以进行错峰活动。例如，老年人可以在幼儿园每日开园前或节假日于室外场地进行晨练，幼儿园则可以在放学时将养老院部分空间开辟为家长临时休憩场所等。老幼同养机构通过对空间的合理划分，能够物尽其用，有效提高空间利用率。

第六，加强顶层设计，提高老幼互动的有效性。在老幼同养机构中，园长及相关负责人对幼师和老年护理人员进行统一管理与培训，既有利于加强幼师对老年人的了解，也有利于增进老年护理人员对幼儿发展的认识。工作人员针对老幼互动的分工和互动情况，进行充分的交流，是制定科学合理的老幼互动方案的基础。

二 老幼代际共享空间模式

代际复合的居住模式常被视作一种特殊的养老实践方式，为弥补家庭养老的有限性，以机构为载体实现多代之间的共同居住，尤其聚焦于对养老与育幼设施或空间的结合，以此缓解家庭及社会养老压力，同时促进代际交流与互助，加强代际融合。

根据国内外在机构的实践来看，空间结构在老幼同养模式的发展中起到关键作用。空间－行为互动理论为代际共享空间实践提供理论框架，空间和行为是相互作用、相互影响的变化的过程，空间将老年人和幼儿进行相互关联，同时，老年人和幼儿利用空间交流共享，并建立情感关系。总结以往代际空间布局的实践经验，老幼代际共享空间设计的原则主要有以下三个方面。

第一，需要考虑老年人和幼儿双方的需要。环境设计的要点是基于老幼生理、心理及行为各方面特征考虑适宜老幼的空间设计。虽然老年人和幼儿处于生命的两个阶段，但是其对空间环境具有相似的需求，如充足的自然采光、环境的安逸和舒适、隔绝噪音等，这为老幼结合提供了可行性。从互动的角度看，空间需要满足老年人和幼儿交流互动的需求。可以通过空间结构划分公共空间和独立空间，满足老幼对独立性和交流性的需求。在共享空间中，组织有意义的互动活动，促使老年人和幼儿在高质量的互动中满足其对自我价值和自我实现的需求。

第二，需要平衡空间的独立性和交流性。机构层面的实践强调空间布局在独立与共享、隐私与联系之间的平衡。独立空间是老年人和幼儿进行独立生活的区域，满足其对独立性的需求；公共空间则是老年人和幼儿进行互动交流的场所，满足其对交流性的需求。在机构实践中，不同组织形式的老幼复合设施既有优点也有缺点，"并列型"结构的养老和育幼设施是横向组织，老年人和幼儿的生活区域独立划分，老幼可在复合区域进行互动和交流。但是，横向组织的流动性较强，为满足老幼对独立性的需求，应该设置独立的出入口，且老人和幼儿的活动区域需要合理划分，避免出现资源争夺的现象。"层叠型"结构的养老和育幼设施是纵向组织，老年人和幼儿的生活区域独立划分，但是居住在二层的老年人或幼儿的出行不便，也不利于老年人和幼儿的交流。"混合型"结构是"并列型"结构和"层叠型"结构的组合，在横向组织中，其养老设施与育幼设施由独立的老年人和幼儿生活区域、独立的出入口以及便利的通道连接两个空间。这既能满足老年人和幼儿对独立性的需求，也能满足其对交流性的需求，是较为合理的空间结构。在纵向组织中，老年人和幼儿交流不便，难以开展高频率的老幼代际互动活动。

第三，需要注重空间功能一体化和多样化的统一。空间功能一体化是在养老和育幼设施健全的基础上开展的，根据老年人和幼儿的需要，将老年人独立空间、幼儿独立空间和老幼共享空间进行有机结合，以达到促进老幼互动交流的作用。多样化的空间能够满足不同年龄群体的个性化与差异性需求，而空间多义的解法可以使某一空间的作用得到拓展与丰富，在有限范围和条件内实现最大化利用。在老幼同养模式中，空间是"多义"的，具有多种功能。空间的基本功能是为老年人和幼儿提供自发相遇的场所，降低空间距离带来的阻碍。空间的附加功能则是充分利用空间的功能，为老年人和幼儿提供多种类型的活动和服务。

三 老幼"结伴式互动"模式

1. 老幼"结伴式互动"的有效性因素

老幼"结伴式互动"在将老年人和幼儿进行一对一配对的基础上,实现了"1+1>2"的效应,"结伴"的老年人和幼儿在有意义的活动中建立起"拟亲属关系",这种关系使得老幼之间的情感由陌生到熟悉再到情感升华。老幼"结伴式互动"具有多方面的效应,在老年和幼儿参与者、老幼家庭、机构层面以及社区推广方面都能发挥积极的作用。

老幼"结伴式互动"干预研究表明老幼代际互动的有效性因素主要包括明确的互动目标、多维度的老幼配对、灵活的活动内容、恰当的互动时间以及适宜的互动空间五个方面。①老幼"结伴式互动"目标需要为老年人和幼儿建立"拟亲属关系",拓展双方的社会支持网络,促成二者长期性的良性互动,增强老年群体的自我效能感,促进幼儿群体社交情绪能力的良性发展,增进老幼双方的心理幸福感和生活质量。②进行多维度的老幼配对,包括老年人和幼儿的健康状况、性格特点、兴趣爱好、空闲时间等,在实施中,老幼配对可根据实际情况进行灵活的调整,选择更适宜的老幼"结伴",同时也可进行一对二的配对形式。③活动内容需要匹配老年人和幼儿的兴趣和能力,赋予老年人和幼儿重要的角色,同时对活动内容进行灵活的调整,使其更符合老幼的实际需求。④互动时长和频次会影响老幼之间的情感变化。现有干预研究结果表明,活动时长在20~30分钟且互动频次在10次以上有利于老人和幼儿从陌生阶段过渡到熟悉阶段。⑤老幼"结伴式互动"需要安静且适宜的场地和空间。在老幼"结伴式个体互动"中,自理老年人可安排在独立的活动室,对于半失能的老年人可考虑在老年人的房间进行互动。老幼"结伴式小组互动"则需要在公共的室内或室外场地进行,老年人需要具备基本的行动能力。

2. 老幼"结伴式互动"的效果对比

根据第六章和第七章的干预结果,老幼"结伴式个体互动"和老幼"结伴式小组互动"对老年人和幼儿都有积极的作用,两种干预方式有其不同的特点，对老年人和幼儿的具体干预效果不同。在实际推广中，需要根据实际情况，选择适宜的老幼互动形式。

在对老年人的干预中，"结伴式个体互动"干预比"结伴式小组互动"干预对老年人心理情绪方面的影响范围更广，参与老幼"结伴式个体互动"的老年人自我效能、自尊、安适幸福感、心盛幸福感方面的增强在统计意义上显著，负性情绪和抑郁方面的减弱在统计意义上显著。参与老幼"结伴式小组互动"的老年人自我效能的提高方面在统计意义上显著，但是其他方面在统计意义上都不显著。总结来看，"结伴式个体互动"干预的优势在于：①活动内容考虑每个老年人的兴趣爱好和特点，尊重个体的差异性，允许并鼓励老年人发挥自主性，这使得老年人能够完成活动的目标，老年人的自我效能感较高；②除周末外，老年人和幼儿每天都进行互动，互动频率较高，这让老年人每天有事可做，增加了老年人的社会参与，使得老年人的内心更加平和，减少了负面情绪；③老幼之间的关系更加紧密，幼儿通过言语、肢体和表情等自发地向老年人提供积极的反馈，这增强了老年人的自信心和心理幸福感，对自己能够有所帮助感到满意。"结伴式小组互动"的优势在于活动内容符合老年人的特点和需求，这使得老年人能够完成活动，有助于老年人自我效能感的提高。但是参与"结伴式小组互动"的老幼是在幼师的引导下进行沟通和交流，老幼之间自发的互动较少，老年人和幼儿之间的关系较为松散，这使得老年人的心理情绪方面的变化范围较小。

在对幼儿的干预中，"结伴式个体互动"干预和"结伴式小组互动"干预能够锻炼幼儿不同的发展能区，参与老幼"结伴式个体互动"的幼儿沟通领域的提高在统计意义上显著。参与老幼"结伴式小组互动"的幼儿粗大动作领域和个体－社会领域的提高在统计意义上显著。总结来看，"结伴式个体互动"干预的优势在于老年人和幼儿能够进行自发地、深入地交流，幼儿可以发挥自主性，与老年人分享活动以及日常生活中的事情，这有效地提高了幼儿对言语的理解和自我表达的能力。"结伴式小组互动"干预的优势在于幼儿能够近距离的模仿和学习老年人的行为，从而自主解决问题。同时，小组互动强调老幼之间的合作和相互帮助，这提高了幼儿与老年人之间互动的技能。而且，小组活动以篮球类为主，有利于锻炼幼儿的粗大动作方面的能力。

3. 老幼"结伴式互动"项目的发展

老幼"结伴式互动"在机构推广中可根据有效性因素和个体互动与小组互动不同的互动效果，构建多层次的老幼同养项目，以满足老年人和幼儿的需求。如老年人因其健康状况的不同，应该设计不同的互动活动。老幼"结伴式互动"主要包括以下三种类型（如表 10 – 1 所示）。

表 10 – 1　不同类型的老幼"结伴式互动"

类型	配对形式	活动特点	活动时长	互动环境	助理
老幼"结伴式个体互动"	一对一	兼顾老幼双方的兴趣和能力，发挥其主动性	15~20 分钟	安静的独立环境	每对老幼配 1 名助理
	一对二	两个幼儿互动，老人适时参与	15~20 分钟	安静的独立环境	每对老幼配 1 名助理
老幼"结伴式小组互动"	一对一小组互动	匹配老幼兴趣和能力，增加竞争性、团队协作的内容	20~30 分钟	公共场地	视具体情况而定
老幼"结伴式个体互动"和老幼"结伴式小组互动"	一对一；一对一小组互动	先开展个体互动，培养深层次情感关系；再开展小组互动，发展广泛的情感关系	15~20 分钟；20~30 分钟	安全的独立环境；公共场地	每对老幼配 1 名助理；视具体情况而定

老幼"结伴式个体互动"，配对形式一般是一对一，当老年人身体或精神状况不佳时，可调整为一对二（一位老人与两位幼儿）的形式。在一对一的形式中，活动内容匹配老年人和幼儿的兴趣爱好和能力，充分发挥二者的自主性。在一对二的形式中，老年人可根据自身情况，适时加入活动，或者仅作为两位幼儿互动的

旁观者。老幼"结伴式个体互动"一般为 20 分钟，互动环境须封闭且安静，每对老幼至少配备一名助理。

老幼"结伴式小组互动"，配对形式是一对一，通过数字牌将配对的老幼固定，共同参加小组活动。小组活动一般要求健康状况较好的老年人，活动内容在匹配老幼的兴趣爱好和能力的基础上，增加竞争性和团队协作的内容，提高老幼参与的积极性。老幼"结伴式小组互动"一般为 20～30 分钟，互动环境选择在公共的室外或室内场地，确保环境的安全和舒适。可根据参加活动的人数和机构工作人员数量，确定小组活动所需配备的助理人数。

将老幼"结伴式个体互动"与"结伴式小组互动"二者相结合。老幼"结伴式个体互动"能够促进老幼生成深层次的情感关系，老幼"结伴式小组互动"能够促进老幼建立更广泛的情感关系。因此，两者的组合可以将其优势结合起来，将一对一配对的老年人和幼儿在建立安全感和情感联系的基础上，进行小组活动，以扩展社交网络。

四　老幼同养模式在机构的推广路径

老幼同养模式推广的基本原则是，平衡项目的保真度和本土化改编。保真度（fidelity）是指一项干预按照预设实施的程度，是循证干预成功推广的关键；改编（adaptation）是指基于研究知识和实践经验，修改一项干预以适应新的人群或环境。干预项目的推广是在保真度的基础上，根据不同实践背景如环境、群体、文化等，制定出不同的推广方式，进一步测试干预项目的有效性和效果，提升干预项目的文化适应性。因此，老幼同养模式在机构的推广，需要因地制宜、因人群而异地制订差异化的方案，以适应目标环境。

1. 老幼同养模式的运作机制

老幼同养模式的推广，需要多方面的资源和人力的共同支持，同时，调动相关群体，如参与者、护理人员、幼师、老人家属、幼儿家长、机构管理者以及高校/社工机构等共同参与项目的规划和设计，并提供及时的反馈。具体运作机制如图 10 - 2 所示。

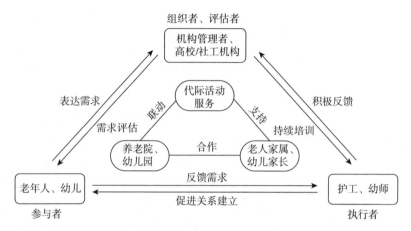

图 10 - 2　机构老幼同养模式的运作机制

老幼同养模式的运作由各相关主体相互支持和统一协调管理。其中，老年人和幼儿是项目的参与者；幼儿家长和老人家属是项目的支持者；护工和幼师是项目的执行者，即代际互动专业人员；机构管理者和高校/社工机构项目负责人是项目的组织者和评估者。为促进各主体的协调统一管理，由机构管理者和高校/社工机构项目负责人共同管理代际服务活动，包括项目方案的设计，对养老院和幼儿园进行联动，获得幼儿家长及老人家属的支持，促进各主体之间形成紧密联系的合作关系。

在项目实际运行中，管理者需要招募老年和幼儿参与者，对其进行需求评估，且老年人和幼儿可参与老幼同养项目方案的设计，提供自己的实际需求和想法。管理者对招募的护工和幼师进行培训，使其既具备老年护理知识，也具备幼儿发展知识。对护工和幼师的培训是推广中的重点，主要包括以下几点：①护工和幼师需要同时接受老年知识和幼儿发展两方面的培训，使其对老年人和幼儿都有深刻的认识和了解；②以标准化的干预流程对护工和幼师进行培训，包括项目的目标、活动内容、老幼配对、活动时长、活动场地的安排及实施者的角色等，明确可行的活动和禁止的活动，比如对老年人和幼儿的说话语气应该是不同的，不可将老年人幼稚化对待；③护工和幼师还需要接受哀伤处理的培训。在老幼同养项目中，幼儿可能会面临结伴或者熟悉的老人去世，护工和幼师需要在专业人员的培训下，帮助幼儿度过哀伤时期。面对死亡和哀伤是幼儿成长过程中必不可少的能力，哀伤可能会让幼儿出现伤心、愤怒、内疚与遗憾、恐惧、身体不适等表现，每种情况所需要的应对方式都不同。

护工和幼师遵照老幼同养项目的干预手册实施项目，同时，及时向管理者反馈意见，接受管理者的定期督导。护工和幼师通过有计划、有目的的代际互动项目，为老年人和幼儿建立情感关系，护工和幼师可根据老年和幼儿参与者的实际需求，灵活调整项目内容和实施过程，促使老年人和幼儿在积极的互动中受益。

2. 老幼同养互动模式的改编

根据国内外机构实践和干预研究的实施，互动内容和空间布局是决定老幼同养模式实践的关键，由此确定老幼同养互动模式，其空间布局如图 10 - 3 所示。根据空间 - 行为互动理论，老年人的专属空间和幼儿专属空间分别独立设置，且老年人和幼儿不可随意走进彼此的专属空间，以满足老年人和幼儿对独立性空间的需求。在老年人专属空间和幼儿专属空间中间的区域可设置老幼室内共用场地，为老幼代际互动提供便利的条件和机会。为满足老年人和幼儿对自然环境的需求，老年人和幼儿应该有各自独立的室外场地。同时，为促进老幼代际互动，老人室外场地和幼儿室外场地的中间可以设置老幼共用室外场地。养老设施和幼儿设施有各自独立的出入口。此外，机能空间既有独立区域也有复合区域，独立区域是老人和幼儿各自的厨房及餐厅区，复合区域是机构统一管理的办公区和后勤。综上，老幼同养互动模式以促进老年人和幼儿互动为目的，通过空间的布局，满足老年人和幼儿对独立生活和互动交流的需求，为正式互动和非正式互动提供空间支持，为机构营造家庭氛围。

老幼同养空间模式的目的是在满足老年人和幼儿需求的基础上，促进老年人和幼儿开展有效的互动。老幼同养空间模式的推广，需要遵循空间设计原则，结合不同机构的具体情况，进行不

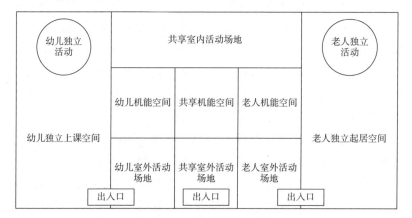

图 10 - 3 老幼同养互动模式

同的设置。为确保空间布局的合理性，可制定保真度测量，对空间功能进行分析，包括独立空间的安全性、共享空间的便利性以及办公区域的统一性等。空间保真度测量主要通过建筑学相关专业人员对空间结构的观察，对使用者的行为分析和使用情况的访谈来获取。

在实施中，需要根据实际情况进行改编，以充分利用现有的资源和空间。具备新建或改造条件的机构可遵循老幼同养互动模式的空间设计，考虑老人和幼儿双方的需求，在设计原则的基础上，建造养老与育幼复合的机构，为老年人和幼儿开展非正式互动和正式互动提供空间支持。不具备改造条件的机构，可与相近的养老院或幼儿园建立合作关系，开展定期随访型的互动。定期随访型的互动需要固定场地，进行持续性的互动。根据老年人健康状况的不同，健康状况好的老年人可探访幼儿园，健康状况不佳的老年人，则安排幼儿探访养老院。

老幼"结伴式互动"模式的推广的目标是通过代际互动，为老年人和幼儿建立"拟亲属"关系。通过标准化的干预流程实施老幼"结伴式互动"干预项目，其实施流程以干预手册的形式呈现，包括课程大纲、老幼配对原则、助理角色以及重要提示等。为确保干预项目的实施质量，可制定项目保真度测量，对实施的过程进行测量，包括对规定项目原则的运用、参与者的参与程度、以及项目活动的质量评估（弗雷泽等，2018）。项目保真度测量由两方面提供，一是由第三方评估者制定保真度评级。评估者由专业人员组成，基于对老幼同养项目实施的系统化的观察、对项目实施者的访谈以及项目报告和评分制定保真度评级。二是由项目实施者和参与者做出自我报告，表明项目完成的程度。

干预项目的本土化改编是项目实施的关键，需要考虑机构的实际情况，根据老年人、幼儿及机构工作人员的结构特征，进行不同程度的改编。

第一，考虑老年群体的结构特征，包括其健康状况和人数。如 G 市 X 机构的失能老人比例较高，不适合开展小组互动，更适合开展一对一或一对二的老幼"结伴式个体互动"，而 W 市 T 机构的自理老人的比例较高，既可以开展老幼"结伴式个体互动"，也可以开展老幼"结伴式小组互动"，或者将两者结合起来。

第二，考虑幼儿群体的结构特征，包括其发展能力和幼儿数量。如果发育迟缓或特殊的幼儿比例较高时，则更适合开展一对一的老幼"结伴式个体互动"，对幼儿进行特别的关注，并充分发挥幼儿的主动性。当发育正常的幼儿比例较高时，则三种类型都可开展。

第三，考虑机构的护工、幼师或助理的人数。对于机构护工和幼师人数较少的，可开展对助理配备要求较低的小组互动；对于机构护工和幼师人数较多的，则三种类型都可开展。

第四，考虑机构的空间特征，包括其复合方式及活动空间。在老幼同养机构，老年人和幼儿的互动具有便利性，活动的频率可一周一次，并将其纳入机构的日常活动。对于定期随访型，老年人和幼儿有一定的空间距离，活动的频率可一周或两周一次。在老幼共享空间中，如果机构不具备单独的、封闭的房间，则在公共的室内或室外场地开展小组互动。综上，老幼同养互动模式在推广中需要考虑多种因素，在权衡保真度的情况下，进行改编，以适应机构的实际情况，促进有效的老幼代际互动。

第二节　老幼同养模式在社区中的推广

随着人口老龄化、社会流动以及家庭结构的变迁，年轻人与老年人之间的距离在不断扩大，原有家庭功能严重弱化，养老和幼儿抚育逐渐从家庭转向社会。在养老方面，受中国传统文化的影响，老年人存在"就地养老"的偏好，更倾向于在家养老，目前国内90%的老人是居家养老。随着居住安排发生变化，三代同住的比例下降，老年人独居、空巢的比例不断增加，亟须社区提供日常照料、精神慰藉等服务。在育幼方面，社会公共托幼服务不足，家庭的养育负担过重。我国自2016年开始实施全面两孩政策，根据国家统计局公布的数据，2016～2019年中国人口出生率分别为12.95‰、12.43‰、10.94‰、10.48‰，出生人口仅在实施政策的第一年有所上升，接下来三年则不断下降。[①] 这种不升反降的现象与养育成本过高有关，因此，亟须社区提供公共托幼服务，为家庭减轻经济和照护压力。

养老和育幼既是家庭面临的两大重任，也是社区亟须提供的社会化服务。老幼同养模式作为一项创新的服务模式，通过联动社区老年人、幼儿、家庭、社区工作者、社会组织及高校等主体力量，促进养老和育幼服务的整合，一方面，在社区为老年人和幼儿提供日托服务，减轻家庭的负担；另一方面，老幼同养模式通过有计划、有意义的代际互动，能够发挥老年人和幼儿的价值，从而提高老年人和幼儿参与社区活动的积极性，为老幼个体、家庭及社区都能带来相应的益处。他们不仅是服务的需求者，也是服务的提供者。在社区的实践中，有能力的老年人可作为志愿者服务社区的老年人、照护幼儿，也可为隔代抚养的祖父母提供喘息服务，共同支持幼儿的照护。因此，多样化的老幼同养互动模式可以为老年人提供参与社区活动的机会，并满足老年人的精神

---

① 国家统计局：《中华人民共和国国民经济和社会发展统计公报》（2016—2019），国家统计局官网，http://www.stats.gov.cn/tjsj/tjgb/ndtjgb/。

和情感需求。与此同时，社区老幼日托服务是对现有公共托幼服务不足的补充，既能满足幼儿的照护服务需求，也能在有意义的老幼代际互动中提高幼儿的发展能力。老幼同养模式以社区发展为目标，通过挖掘社区资源并有效整合，促进代际的合作，最终实现资源共享，增加社区归属感，促进社区社会资本的形成。

一　老幼同养在社区中的空间模式

1. 老幼同养的空间设计探索

学者基于空间结构提出老幼复合设施的设计想法，将社区日间照料中心与幼儿园结合，既能实现资源的有效利用，也能为老年人和幼儿提供互动交流的空间。相比而言，中国在社区老幼复合设施方面的实践较少，大多数研究是从空间功能、环境设计以及户外空间等方面提出老幼复合设施的可行性。

（1）老幼同养的环境设计

在环境设计上从本能层和行为层进行考量，使其达到适老又适幼的目的与效果。本能层次的体现主要依靠人体感官的本能反应，如视觉、震动、感觉、嗅觉、声音、视觉等。对应到环境设计中，研究者关注较多的有物理层面的光环境、声环境和热环境设计，以及色彩、材质、肌理等细节化设计。以光与声环境设计为例具体而言，自然采光和人工照明对老年人和儿童的安全及心理起到很大的作用。充足的天然采光有助于防止骨质疏松，增强抵抗力；而室内光源亮度的强弱、色彩的冷暖以及灯具的布置能营造出不同的氛围，进而影响居住者的心理感受。此外室外满足夜间活动需求的路灯设置也对保障安全十分重要（张园，2015；曹容溪，2018；王超越，2018；马莹，2015；霍冰心，2015）。老年人和儿童都需要充足的睡眠，但他们对噪音的干扰却比一般人敏感，尤其是老年人，他们的身体机能正在老化，有些噪音甚至会加速他们的听觉能力的丧失，所以老幼院对环境的声音要求更高。因此远离噪音声源以及隔离噪音传播的措施较有必要（张园，2015；Larkin et al.，2010）。

在行为层次上，主要基于对老幼空间的独立性和复合性、无障碍性与限制性进行分析，使得空间的功能性、易理解性、易用性得以更好实现。其中研究中讨论得最多的因素为"无障碍化"设计。而对其的理解不能简单等同于增加轮椅坡道、扶手设施、易懂标识等，或消除地面高差、复杂路线这类，实际上无障碍设计可以体现在方方面面，采光、材质、色彩、各家具设施以及空间的规划处理上都可以体现无障碍设计的人文关怀。

（2）老幼同养的空间布局

虽然关于整体共居模式、主体建筑组织方式以及建筑与户外活动用地分布格局等均没有出台一个公认的、明确的最佳选项，但从促进代际交流与融合的视角考虑空间布局时，研究者们具有共性化的思考路径，即平衡空间独立性与共享性、人际隐私性与联通性。胡惠琴、闫红曦（2017）对于社区老幼设施复合形式提出了空间横向组织与纵向组织两种设想，并分别讨论了优点与劣势。以横向交通组织各类空间，即在平面上划分老幼功能。儿童与老年人各自专用空间分别独立设置，中间以完全共享型复合空间相连接，部分共享型复合空间可以相对自由分布。这种组合方式的优点在于，在同一水平线上会产生更多的视线或者其他感官交流，增加使用者的交流，其弊端在于设施所占面积相对较大。纵向组织形式则将这些功能区分层而设，这将有利于营造各自专用空间的独立性和私密性，在儿童和老年人各自需要隐私空间时减少彼此间的干扰，而其缺点在于使用者的交流会受到一定阻碍，不利于产生自发的交流。

即使是户外共享空间也会倾向于"半透明性"的界面打造，通过单一或综合的感知，使两个独立的空间发生关联，打破彼此的封闭性而呈现出的"半透明"状态。例如，在室外不同功能空间之间采用低矮的灌木或是疏密有致的植被来创造不同空间视线上的半透明性。这种联系既可以是休息区域和活动区域，也可以是老人活动区域和儿童活动区域的联系（李逸舟，2019）。一方面这种联系可以提供给不同功能区的使用者一个相对独立的空间，另一方面也不阻断两边的联系与互通。

（3）老幼同养的空间功能

为满足不同代际共同居住的个性化、差异化需求，代际居住模式对空间功能提出更高的要求，代际共享空间的理想设计方向主要可概括为两点。

第一，空间功能多样化。首先，必须具备功能分区，以适用于不同年龄层（主要是老幼）的使用习惯、行为能力等。不仅是室内空间，室外公共休闲用地也可以划分出一定的带有侧重点的功能空间，如更具适老性的老年康复花园、坐息观赏区，又或更具适幼性的儿童拓展乐园、多功能草坪（李逸舟，2019）。其次，功能类型须全面，除了必备的起居室、餐饮区、交通区等，还可以配备娱乐休闲区、健身运动区、阅览学习区等。第二，设施或空间组合实现功能一体化，以及做到某一单个空间的"空间多义"。如交通空间可以通过路线设计和增添沿路设施等方法改变其只是起到连接各个封闭空间的传统作用，通过提供更多驻停场所和机会，促进代际间或同辈间的交流与互动（张园，2015）。此外，在考虑空间功能时，可以将社区所具备的特点特色融合进来。高校社区由于存在较多在职或退休教师职工，因此可以利用这一条件和优势，通过增设文化讲堂、兴趣特长班、技能培训室等丰富和拓展文体等空间所承担的基本功能（马莹，2015）。

综上所述，在老幼同养空间布局方面，中国学者借鉴国外已有的空间模式，在实地调研的基础上，提出具有中国情境的老幼同养空间设计。在老幼同养空间布局方面的实践，空间结构需要与互动活动相联系，两者相互作用才能体现出空间的价值和功能。

2. 老幼同养空间模式在城市社区的设计

目前，城市社区的社会服务设施较为完备，拥有社区居家养老中心和社区多功能活动中心（供老年人、青少年和幼儿使用），有条件的社区还引入托幼机构，为 0～3 岁的婴儿提供服务。老幼同养空间模式在社区的实践，可充分利用社区现有的空间结构，进行不同功能区的划分，在整合资源的基础上，为老幼代际互动提供空间支持。老幼同养空间模式在社区的设计可借鉴其在机构的实践经验，遵循老幼代际共享空间的设计原则，对社区老幼代际共享空间的室内和室外空间两方面进行空间功能的划分。

城市社区的老年人和幼儿以家庭照护为主，因此社区为其提供日托照料服务。在室内空间设计中，老年人和幼儿分别有各自独立的专属空间，此空间不进行开放，以满足老年人和幼儿对独立性的需求。餐厅区是进行非正式互动的场地，可进行适度的开放，老年人和幼儿可共同进餐，或进行包饺子、分享食物等生活类活动。共享空间的中心区域是老年人和幼儿进行互动和交流的场地，为了促进老年人和幼儿之间的自发互动，可将活动区域设置为圆形，在圆形外围放置多样化的活动道具和材料，便于老年人和幼儿自主选择。同时，除集体活动区域外，可在周边设置区域，使老幼之间可以进行小范围互动，如1位老人和2~3名幼儿共同互动的小组活动。此外，可在公共活动区域的外围设置代际中心办公区，便于工作人员能够监管老人和幼儿之间的互动，并处理各种应急问题（如图10-4所示）。在室外空间设计中，社区的内庭院和室外活动场地都可作为老幼代际互动的场地，且室外

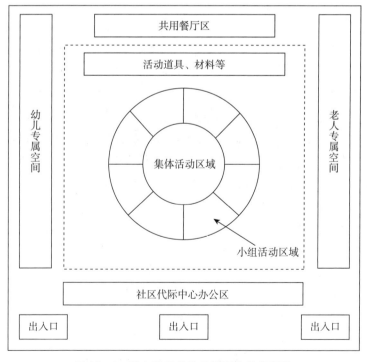

图 10-4 城市社区老幼日托室内空间设计

活动场地可对社区居民开放，便于家长、其他老人及中年人等近距离感受老幼代际互动的温暖和效果，吸引更多的社区居民参与进来（如图 10 - 5 所示）。

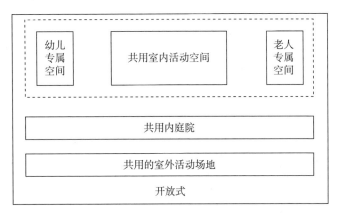

图 10 - 5　城市社区老幼日托室外空间设计

3. 老幼同养空间模式在农村社区的设计

农村社区的留守老人和幼儿的比例较高，且居住较为分散，因此，不同于城市社区，农村社区不仅需要提供日托服务，也需要提供集中居住服务，为缺少家人照护的老人和幼儿提供服务。

农村社区老幼同养空间模式设计也是遵循老幼代际共享空间的设计原则，对室内和室外空间功能进行合理的划分。在社区为幼儿和老人提供各自独立的集中居住区域，对幼儿和老人进行共同照护。对社区活动中心的空间进行重新划分，使其既有幼儿和老人各自独立的室外活动场地，也有共享的室内活动场地，可以在共享区域开展老幼代际互动。室内活动场地临近的是室外活动设施，也划分为幼儿和老人独立区域和老幼共享区域。社区的室外活动场地是开放式的，便于其他居民亲身感受老幼代际互动的氛围，吸引更多的居民共同参与（如图 10 - 6 所示）。

综上，老幼同养空间模式在城市社区和农村社区具有不同的空间布局形式，无论是城市社区还是农村社区，对其空间的灵活、合理规划都是非常重要的。例如，虽然农村社区的基础设施不完善，但是已有的功能空间，如图书室、棋牌室等存在闲置的状态。

因此，可整合社区的资源，划分独立和共享区域，开展正式和非正式的代际互动，实现动静皆宜。

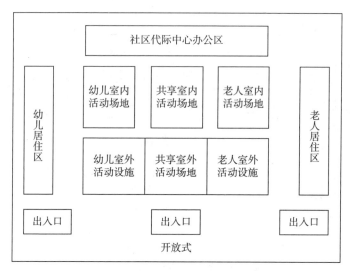

图 10 - 6　农村社区老幼代际共享空间设计

二　多层次老幼同养互动模式的设计

基于已有不同类型老幼同养的实践以及正在进行的探索，设计多层次老幼同养互动模式在社区中具有可行性。在社区建立老幼日托服务，一方面能够为家庭提供喘息服务，减轻养老与育幼的"双重压力"；另一方面，也能促进社区社会养老服务和育幼服务体系的完善。根据"增能"理论，老年群体和幼儿群体既是服务的需求者，也是服务的供给者。因此，老幼同养互动模式基于供需匹配的原则，对老年人和幼儿具有互惠的益处，且老年人和幼儿通过有意义的活动，能够为家庭和社区提供服务。

在老年群体中，根据其健康状况，可以分为自理老人、半失能和失能的老人。对于自理老人，其具备一定的生活能力，主要是对精神慰藉和情感的需求。同时，自理老人可以作为志愿者照护社区的幼儿以及其他老年人。对于半失能或失能的老年人，其需要一定的日常照料，如家居清洁、购物、做饭等，同时需要精神慰藉和满足情感需求。一般半失能或失能的老年人由其家人照护，但是也需要社区提供日间照护和医疗支持。在幼儿群体中，婴儿指 0 ~ 3 岁的未就读幼儿园的幼儿，幼儿指年龄在 3 ~ 6 岁的已就读幼儿园的幼儿。社区幼儿照护有三种类型，一是家庭照护系统，由亲属、朋友、邻居照护；二是商业性早教机构照护，由专业人员照护；三是公共/政府照护中心，由社区建立的公立托幼机构照护。对于婴儿，其需要专业的照护服务；对于幼儿，其既需要照护服务，也需要社会化发展，即可以作为志愿者，参加社区活动，实现自我价值。

通过对老年人和幼儿需求与供给的匹配，形成多层次的老幼同养互动模式，共有四种组合形式（如表 10 - 2 所示）。第一，自理的老年人照护 0 ~ 3 岁的婴儿。在社区，可以招募健康状况较好、有能力的老年人接受专业的培训，获得幼儿护理证书，以志愿服务的形式照护婴儿，或成为幼儿照护中心兼职的员工，为婴儿提供早期照护和发展服务。在这种服务形式中，老年人需要经过专业化的培训，具备幼儿发展知识，并具有较强的实践能力。在互动中，幼儿专业照护人员需全程陪同，进行指导并提供相应的辅导，帮助老人共同照护幼儿。在互动类型中，采取一对一的形式，有助于婴儿建立安全感。可在社区托幼机构进行照护服务，可一周一次，每次 30 ~ 60 分钟。在自理的老年人照护 0 ~ 3 岁的婴儿服务中，老年人作为志愿者，可对其进行有偿支付，包括交通补贴、就餐补贴等。

第二，自理的老年人与 3 ~ 6 岁幼儿的代际互动。在这种组合中，可以开展不同类型的互动活动。一种是以老年人和幼儿的兴趣爱好为主，开展老幼"结伴式个体互动"和老幼"结伴式小组互动"，具体细则参照老幼"结伴式"干预项目。在这种形式中，需要对老年人进行基本知识的培训，使其了解幼儿的发展特点、自身的角色和互动的目标等。对专业辅助人员的要求较高，需要全程陪同，链接资源，并视具体情况提供相应的辅导。在互动类型中，老幼"结伴式个体互动"采取一对一的形式，老幼"结伴式小组互动"采取一对一配对的小组形式。活动地点可在社区活动中心，频率在一周一次或两周一次，时间在 20 ~ 30 分钟。在老幼"结伴式互动"中，老年人不作为志愿者，因此不进行有偿支付。

表10-2 多层次老幼同养互动模式设计

服务形式	具体活动内容	所需专业人士辅助水平	老年人所需培训水平	互动类型	互动地点	互动时间	志愿服务	有偿劳动
(1) 自理的老年人照护0~3岁的婴儿	老年人提供0~3岁婴儿早期发展课程，为婴儿提供照护服务	5	5	一对一	社区活动中心	一周一次，30~60分钟	是	是
(2) 自理的老年人与3~6岁的幼儿代际互动	①结合老幼兴趣爱好开展"结伴式个体互动""结伴式小组互动"	4	2	一对一或小组	社区活动中心	一周一次或两周一次，20~30分钟	否	否
	②老幼"结伴"进行社区参与活动	4	4	小组	灵活设置	一周一次或两周一次，30~60分钟	是	是
(3) 自理的老年人0~3岁的婴幼儿探访半失能或失能的老年人	老幼共同为半失能或失能的老人提供情感支持	1	1	二对一	上门服务	一周一次，20~30分钟	是	是
(4) 自理的老年人与3~6岁的幼儿探访半失能或失能的老年人	①老幼共同为半失能老人提供日常生活帮助	2	2	二对一	上门服务	一周一次，30~60分钟	是	是
	②老幼共同为半失能或失能老人提供情感支持	1	1	二对一	上门服务	一周一次，20~30分钟	是	是

注：所需专业人士辅助水平［1＝低（陪同）；2＝较低（陪同、提供专业辅导和指导）；3＝一般（陪同、提供辅导，提供日常指导）；4＝较高（陪同、提供专业咨询）；5＝高（陪同，提供专业知识培训）］；老年人所需培训水平［1＝低（日常知识培训）；2＝较低（基本知识培训）；3＝一般（基础专业知识）；4＝较高（具备专业基础知识）；5＝高（具备专业知识和实践能力）］。互动类型（二对一，自理老年人和婴幼儿半失能或失能老人配对）。社区参与活动，包括服务社区特殊群体（残疾人、特殊儿童等），社区活动宣传以及社区维权等活动。有偿劳动补贴，包括交通补贴，就餐补贴等服务。

另外一种是老年人和幼儿"结伴"参与社区活动，包括服务社区特殊群体（残疾人、特殊儿童等）、社区活动宣传以及社区维权等以社区发展为目标的活动。在老年友好型社区和儿童友好型社区建设中，要求老年人和幼儿作为社区自治者，参与社区活动，维护自身权益，同时，强化自我价值感。在这种形式中，需要对老年人进行专业基础知识的培训，使其具备一定的解决问题的能力。对专业辅助人员的要求较高，需要全程陪同，链接资源，为老年人和幼儿提供辅导，帮助其共同服务社区。互动类型可在老幼"结伴"的基础上成立服务小组，每个小组负责一个活动多个问题。活动的地点可视情况而定，频率在一周一次或两周一次，时间在 30 ~ 60 分钟。在老幼"结伴"参加社区活动中，老年人作为志愿者服务社区，因此，为老年人提供有偿支付。

第三，自理老年人与 0 ~ 3 岁的婴儿共同探访半失能或失能的老年人。对于半失能或失能的老年人，他们也可以在老幼同养中做出贡献。比如，为婴幼儿提供家人般的陪伴，营造类似家庭的氛围，弥补部分家庭在这方面的不足。婴幼儿的定期探访，可以提高老年人的生命质量，建立其与外界的联系。因此，自理老年人可先与 0 ~ 3 岁的婴儿结伴，然后共同探访半失能或失能的老人，为其提高情感支持。在这种形式中，对老年人的培训要求低，只需其具备一定的日常知识。对专业辅助人员的要求低，基本只需要全程陪同参与。互动类型是一对二的形式，即自理老人、半失能或失能老人和 0 ~ 3 岁的婴儿。采取上门服务，频率在一周一次，时间是 30 ~ 60 分钟。在老幼共同探访服务中，老年人作为志愿者为其他老人提供情感支持，因此，进行有偿支付。

第四，自理老年人与 3 ~ 6 岁的幼儿共同探访半失能或失能的老年人。相比 0 ~ 3 岁的婴儿，3 ~ 6 岁的幼儿可为老年人提供力所能及的日常照料服务。因此，在自理老人与 3 ~ 6 岁幼儿共同探访服务中，共有两种互动形式。一是为半失能或失能的老年人提供日常照料支持。在这种形式中，需要对老年人进行基本知识的培训，使其指导幼儿共同进行照护服务。对专业辅助人员的要求较低，全程陪同，并提供日常指导。互动类型是一对二的形式，即自理老人、半失能或失能老人、3~6岁的幼儿。采取上门服务，频率在一周一次，时间在30~60分钟。在这种形式中，老年人作为志愿者服务其他老年人，因此提供有偿支付。二是为半失能或失能的老年人提供情感支持。在这种形式中，对老年人的培训要求低，进行日常知识的培训。对专业辅助人员的要求低，全程陪同参与即可。互动类型采取一对二的形式，即自理老人、半失能或失能老人、3~6岁的幼儿。采取上门服务，频率在一周一次，时间在20~30分钟。在这种形式中，老年人作为志愿者服务其他老年人，因此提供有偿支付。

在实际操作中，城市社区和农村社区有较大的差异，需要根据具体情况，进行灵活的运用和调整。第一，考虑时间的灵活处理。在社区，老年人和幼儿的时间相对分散，因此，为确保活动的有效实施，老幼互动的时间和频率需要与参与者、代际专业人员、家属及家长等共同协商，确定较为合适的时间段。在同一时间段内，可进行滚动式的活动安排，老年人和幼儿可自由选择活动的具体时间和内容。第二，制定详细的有偿支付方式。在自理老年人以志愿者进行社区服务时，可进行有偿支付。但是，不同社区、不同老年人所需的服务内容不同，因此，需要根据社区的具体情况，制定详细的支付方式。如，社区服务中心有食堂，则可支付用餐补贴。第三，考虑代际专业人员的数量。相对来说，城市社区的社会组织发展更为成熟，社区有养老和育幼专业人员，但是农村社区的服务发展较为缓慢，缺少专业人员。因此，针对上门服务和一对一互动类型的互动，可根据专业人员的具体情况，采取滚动式的方式，进行合理的人员安排。

三 老幼同养模式在社区的推广路径

老幼同养模式在社区的发展需要多方力量的共同支持，对社区现有养老服务资源和托幼服务资源进行整合，新建或改造老幼代际共享空间，根据年龄阶段的不同，构建多层次的社区老幼日托模式。但是我国社区间的差异性较大，每个社区的文化背景等不同，尤其是城乡之间。因此，不同区域的社区实践需要根据实际的需求，实行一区一策，在政府、社区、高校、社会力量等多主体的共同作用下发展老幼同养模式。简而言之，社区老幼同养模式是对资源的高度整合，通过多元主体间的联动，能够有效调动社区的人力资源、物力资源和社会资本，促进社区居民的共同参与，从而扩大老幼同养模式的影响力，实现对参与者和社区共赢的局面。

1. 老幼同养模式的多元主体联动机制

从社会资本理论的角度出发，老幼同养模式将老年人和幼儿进行有效的结合，双方合作实现共同的目标，并为彼此的发展做出贡献，这使得建设有信任、归属感和代际融合的社区成为可能。社区发展需要不断地与社区居民、团体、组织和机构及其相互之间建立关系，人际关系网络是其中的驱动力量。社会关系为社会资本的产生提供了积极的环境。多元主体联动是将社区各相关利益群体有机结合，通过老幼代际互动，联动社区家庭的参与，并调动社会组织、社区工作者、高校等资源，共同搭建社区网络关系网，以推动社区社会资本的产生。

在社区，养老和育幼资源分别归属于不同组织管理，由于缺乏统一协调，难以形成有效地合作。因此，老幼同养模式在社区的发展，需要在现有社区资源的基础上，链接养老和育幼两方面的资源，建立社区代际中心，统筹规划社区老幼同养模式的相关事宜。社区代际中心是对社区参与者、家庭、社区工作者、社会组织及高校等各方主体的联动（如图 10 - 7 所示），在对社区优势（现有的活动空间及设施、幼儿和老年人照护人员、志愿者等物力和人力资源）和发展需求评估的基础上，以促进社区代际融合为导向，共同确定社区老幼同养模式的发展目标。

（1）提供参与渠道，培育社区领袖

社区代际中心与居民建立合作关系，招募社区居民参与老幼代际互动，并发挥社区的作用，充分调动社区内部的资源。社区居民对老幼同养模式的认知和了解有限，因此，代际中心可通过上门走访、举办讲座、社区微信、微博等线下线上的方式发布老幼同养模式的服务信息。此外，代际中心可通过社区社会工作者

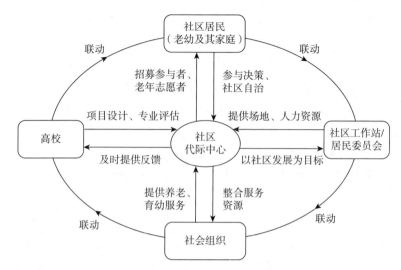

图 10 − 7 多元主体联动的社区老幼同养模式

向社区居民介绍服务，吸引更多的居民参与。在老幼同养模式中，老年人和幼儿是直接参与者，其家庭是间接参与者，也是老幼代际互动的支持者。在社区发展中，社区居民不仅是服务的需求者，也是资源的供给者。因为社区居民在此长期生活，对社区更为熟悉，是社区问题解决的"专家"。代际中心需要培育老人和幼儿家长代表，社区代表通过其网络关系，便于招募更多的老人和幼儿参与者。此外，社区代表为居民和代际中心之间搭建沟通的桥梁，及时反馈居民的需求。

（2）联动社会组织，提供整合服务

社区代际中心联动社会组织，为社区提供整合的养老和育幼服务资源。在老幼同养模式中，社区需要具备老幼代际共享空间、代际服务专业人员（包括幼儿护理和老年护理）、对老年志愿者的培训机构、对项目的第三方评估机构以及临终关怀和生命教育等服务。代际中心需要清楚识别社区已有的老幼同养资源，与其所在的组织和机构达成合作关系。对资源不足的，可进行跨社区合作或引进新的社会力量。代际中心是社区资源的整合者，需要对社区现有空间功能进行重新划分，形成满足老幼需求的代际共享空间；招募幼儿护理和老年人护理人员，并进行交叉培训，使其既具备幼儿早期发展知识，也具备老人护理能力；链接资源，为老年志愿者开展专业的培训，使其获得幼儿护理的证书；整合具有项目评估资质的机构，对项目的实施效果进行评估；链接临终关怀及生命教育机构，完善养老和育幼服务体系。

（3）链接高校资源，提供专业支持

社区代际中心与高校等研究部门建立长期合作关系。老幼同养模式在社区的发展是以干预项目的形式推广，因此，老幼同养模式的实施分为两个阶段：一是根据老幼同养互动模式的有效性因素和实施准则，制定社区干预项目的流程，在社区进行试点实验，通过系统性的评估方式确实老幼同养互动模式在社区的有效性因素和干预效果；二是在平衡保真度和本土化改编的基础上，将社区老幼同养互动模式在不同的社区进行效果实验，进一步推广老幼同养模式。高校等研究部门能够为老幼同养模式提供项目设计，制定干预流程，对代际服务专业人员、老年志愿者提供专业的培训和咨询，对项目实施的质量进行评估。此外，高校具有多学科的人才资源，可以招募建筑学、社会学、心理学等多个学科的学生，作为代际中心的人才储备，促进老幼同养模式的持续性发展。

（4）挖掘社区资源，促进持续发展

为确保老幼同养模式的可持续性，社区代际中心需以社区的优势出发，挖掘社区拥有的资源，通过有效地整合，使其能够促进社区居民的参与，增进社区福利。社区代际中心与社区工作站/居民委员会是社区的管理者，代际中心与其建立合作关系，可以得到社区在场地、人员、组织技能、资源等方面的支持。老幼同养模式所需的资源不是一成不变的，而是伴随整个社区的发展过程不断扩大，需要有长远的发展规划，以应对社区未来面对的挑战和机遇。

2. 老幼同养模式在社区的运作方式

（1）有效合作机制

在老幼同养模式中，代际中心是多方主体的联动者，是养老和育幼资源的整合者。多方主体联动的目标是将各主体紧密联动，形成各主体资源共享、优势互补、相互促进的合作机制，从而实现资源的有效整合，促进老幼同养模式的发展。在具体运行中，代际中心需要形成"决策层、协调层和执行层"三层的合作机制。在决策层，代际中心进行项目的顶层设计，从社区的资源和参与者的需求出发，对各个阶段的目标和要素进行统筹规划。通过利益相关方的反馈，对目标进行优化和调整，以促进社区发展。在协调层，代际中心需要考虑不同主体的利益诉求，协调各方的供给和可能的冲突，促进不同主体为共同的目标而努力。在执行层，代际中心统一管理，要求对各部门的责任划分清晰，分工明确，并对项目执行的过程进行监督，保障项目的有序运行。

（2）专业培训机制

在老幼同养模式中，老年人和幼儿是两个相对弱势的群体，为确保老人和幼儿开展有效地互动，需要建立专业的培训机制，对代际服务专业人员和老年志愿者进行培训。代际服务专业人员是老幼代际互动的中间力量，起到关键性作用，因此，代际服务专业人员需要具备养老和育幼两方面的护理能力。目前，国内对养老和育幼服务人员是分开管理和培训，代际中心需要联合相关部门和组织，为招募的服务人员进行交叉培训，提高其整合服务的专业化水平。与城市社区相比，农村社区缺少养老和育幼服务的相关人员，因此，可招募社区留守的中年妇女作为代际服务人员，对其进行专业化的培训，一方面能够解决农村社区服务人员短缺的问题，另一方面，也能促进农村留守妇女的再就业。在自理老人照护0～3岁婴儿的服务中，招募的老年志愿者能力参差不齐，需要经过专业组织的严格培训，获得相应的证书。使老年志愿者持证上岗，能够确保护理服务的规范化，提升服务质量。

（3）兑换服务机制

在老幼同养模式的运行中，需要完善老年志愿服务的兑换机制，增加服务的兑换形式，使其更符合老年志愿者的需求。兑换服务形式可采取"服务与服务""时间与服务""服务与实物"等方式，在"服务与服务"的兑换形式中，可对老年志愿者提供的服务进行量化和等级划分，然后换取同等或老人需要的其他服务；在"时间与服务"的兑换中，将老年志愿提供服务的时间进行累计，可在日后兑换同等时数的服务；在"服务与实物"的兑换中，可为提供服务的老年志愿者发放服务券，包括交通补贴、餐饮券、医疗补贴及日常用品等。在实际运行中，可根据社区的具体情况，将单独应用某种兑换形式或对三种兑换形式进行组合，为老年人提供多样性的回馈。如，农村社区的服务商发展不足，可采取"服务与服务""时间与服务"的兑换形式。老年志愿服务兑换机制一方面能够吸引更多的老年人参与进来，提高参与的积极性；另一方面，有利于促进社区养老"时间储蓄"常态化发展。

（4）供需匹配机制

在老幼同养模式的运行中，需要建立供需匹配机制，通过平台精准对接服务供给和需求。平台可采取线上和线下的方式运营，对老年人和幼儿进行有计划、有针对性的匹配（如图 10 - 8 所示）。在具体实施中，代际中心工作人员通过线下走访社区老人及社区幼儿园的幼儿家长，进行项目宣传，并招募服务对象。服务对象可以通过微信、App 等平台录入基本特征、服务需求和服务供给信息。若服务对象无法或不会使用平台，代际中心工作人员将上门服务。平台的匹配包括两个阶段：第一个阶段是根据老人和幼儿的健康状况和服务信息，对老年人和幼儿进行服务供给和需求的匹配；第二个阶段是根据老年人和幼儿兴趣爱好、性格、活动时间等对老幼进行一对一的匹配。

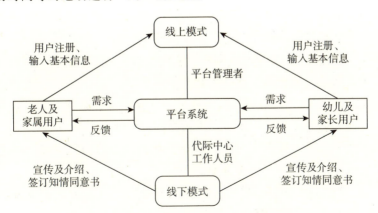

图 10 - 8　线上与线下相结合的运营模式

参考文献

Amy Chong、于开莲，2003，《新加坡日托中心的代际交往项目——
　　"淡兵泥"三合一家庭中心简介》，《幼儿教育》第 6 期。

拜争刚、吴淑婷、齐铱，2017，《循证理念和方法在中国社会工作
　　领域的应用现状分析》，《社会建设》第 4 期。

卞晓燕、姚国英、Jane Squires、魏梅、Ching – I Chen、方秉华，
　　2010，《年龄与发育进程问卷上海市儿童常模及心理测量学特
　　性研究》，《中华儿科杂志》第 7 期。

曹容溪，2018，《德国汉堡地区"多代屋"空间特征研究》，硕士
　　学位论文，沈阳建筑大学。

柴彦威、谭一洺、申悦、关美宝，2017，《空间——行为互动理论
　　构建的基本思路》，《地理研究》第 10 期。

陈玥、赵忠，2012，《我国农村父母外出务工对留守儿童健康的影
　　响》，《中国卫生政策研究》第 11 期。

程鑫、房志勇，2015，《德国"多代屋"对我国城市养老和发展模
　　式的启示》，《城市住宅》第 5 期。

邓长明、陈光虎、石淑华，2003，《隔代带养儿童心理行为问题对
　　比分析》，《中国心理卫生杂志》第 3 期。

冯笑、郭丽娜、刘堃，2016，《精简版流调中心抑郁量表在社区老
　　年人中的信效度评价》，《中国现代医学杂志》第 10 期。

付本臣、孟雪、张宇，2019，《社区代际互助的国际实践及其启
　　示》，《建筑学报》第 2 期。

《关于印发〈关于推进老年宜居环境建设的指导意见〉的通知》，
　　中国政府网，2016 年 11 月 25 日，http://www.gov.cn/xinwen/
　　2016 – 11/25/content_5137617.htm。

《关于印发〈2020 年上海养老服务工作要点〉的通知》，白鹿智库，2020 年 3 月 24 日，http://www. bailuzhiku. com/policy/detail/20200324163 214251001627207P. html。

《关于印发〈上海市民政局贯彻落实乡村振兴战略规划实施方案（2018—2022 年）〉的通知》，白鹿智库，2019 年 2 月 11 日，http://www. bailuzhiku. com/policy/detail/2019021119460387500197 7335P. html。

郭筱琳，2014，《隔代抚养对儿童言语能力、执行功能、心理理论发展的影响：一年追踪研究》，《中国临床心理学杂志》第 6 期。

国家统计局，2011，《中华人民共和国 2010 年人口普查资料》，国家统计局官网，http://www. stats. gov. cn/tjsj/pcsj/rkpc/6rp/indexch. htm。

《国务院关于印发"十三五"国家老龄事业发展和养老体系建设规划的通知》（国发〔2017〕13 号），中国政府网，2017 年 3 月 6 日，http://www. gov. cn/zhengce/content/2017 – 03/06/content_5173930. htm。

《合肥市民政局、合肥市财政局关于印发〈合肥市政府购买社区"老少活动家园"活动服务实施方案〉的通知》，北大法宝网，2016 年 4 月 21 日，https://www. pkulaw. com/lar/4a6373fb204b66 a291a9c65122f119f5bdfb. html。

何燕玲、瞿光亚、熊祥玉、迟玉芬、张明园、张梅青，1990，《老年人日常生活活动能力的评定》，《老年学杂志》第 5 期。

贺聪志、叶敬忠，2009，《农村留守老人研究综述》，《中国农业大学学报》（社会科学版）第 2 期。

胡惠琴、闫红曦，2017，《"421"家庭结构下社区老幼复合型福利设施营造》，《西部人居环境学刊》第 3 期。

胡湛、彭希哲，2014，《中国当代家庭户变动的趋势分析——基于人口普查数据的考察》，《社会学研究》第 3 期。

黄丽、杨廷忠、季忠民，2003，《正性负性情绪量表的中国人群适用性研究》，《中国心理卫生杂志》第 1 期。

霍冰心，2015，《助老目标下高校住区户外休闲空间多代际共享策略研究——以西安市为例》，硕士学位论文，西安建筑科技大学。

李碧舟、杨健，2016，《英国"合作居住"社区研究》，《建筑与文化》第 11 期。

李海乐，2004，《多义空间——空间适应性研究及设计策略》，硕士学位论文，重庆大学。

李建新、李嘉羽，2012，《城市空巢老人生活质量研究》，《人口学刊》第 3 期。

李俏、贾春帅，2020，《合作社养老：运行逻辑、实践检视与未来展望》，《改革》第 2 期。

李俏、王建华，2017，《转型中国的养老诉求与代际项目实践反思》，《学习与实践》第 10 期。

李珊珊、王博雅、陈鹏、汤蕾、史耀疆，2019，《中国农村贫困地区婴幼儿社交情绪发展及影响分析的实证研究》，《华东师范大学学报》（教育科学版）第 3 期。

李涛、王华丽、杨渊韩、James E. Galvin、John C. Morris、于欣，2012，《中文版〈AD8〉信度与效度的初步研究》，《中华内科杂志》第 10 期。

李怡真，2009，《安适幸福感的构念发展与情绪调控机制之探讨》，台北：台湾大学心理学研究所。

李逸舟，2019，《感知体验下的老幼复合养老机构室外共享空间设计研究》，硕士学位论文，北京工业大学。

李宗华，2009，《老年人社会参与的理论基础及路径选择》，《山东省农业管理干部学院学报》第 4 期。

连维良，2019，《各相关部门将把提升养老育幼服务质量作为行业监管的重中之重》，中国日报中文网，2019 年 3 月 6 日，http://cn. chinadaily. com. cn/a/201903/06/WS5c7f4a1aa31010568 bdcdbf1. html。

刘云娥、杨文丽、马艳林、Alison While、叶文琴、陈洁，2014，《中文版 Kogan 老年态度量表的修订研究》，《中华护理杂志》第 11 期。

卢芳霞，2011，《农村社区服务中心在发达地区的推进模式及启示——以"全国农村社区建设实验全覆盖示范单位"诸暨市为例》，《中共浙江省委党校学报》第 3 期。

马克·W. 弗雷泽、杰克·M. 里奇曼、梅达·J. 加林斯基、史蒂文·H. 戴，2018，《干预研究：如何开发社会项目》，安秋玲译，上海教育出版社。

马斯洛，1987，《人的动机理论》，华夏出版社。

马莹，2015，《助老目标下高校住区公共服务设施多代际共享策略研究——以西安市为例》，硕士学位论文，西安建筑科技大学。

《民政部、中央组织部、中央综治办等关于印发〈城乡社区服务体系建设规划（2016—2020 年）〉的通知》，白鹿智库，2016 年 10 月 28 日，http://www. bailuzhiku. com/policy/detail/2016102 8072742279001493048P. html。

秦敏、朱晓，2019，《父母外出对农村留守儿童的影响研究》，《人口学刊》第 3 期。

《上海市民政局关于本市开展老年认知障碍友好社区建设试点的通知》，白鹿智库，2019 年 10 月 17 日，http://www. bailuzhiku. com/policy/detail/201910171308090600013246 04P. html。

《上海市民政局关于印发〈上海市社区嵌入式养老服务工作指引〉的通知》，白鹿智库，2019 年 12 月 11 日，http://www. bailuzhiku. com/policy/detail/2019121111441687200152 6190P. html。

《上海市人民政府办公厅关于促进本市养老产业加快发展的若干意见》，白鹿智库，2020 年 5 月 19 日，http://www. bailuzhiku. com/policy/detail/2020051915465600500199 4358P. html。

申继亮、唐丹，2004，《一般自我效能感量表（GSES）在老年人中的使用》，《中国临床心理学杂志》第 4 期。

申悦、柴彦威、郭文伯，2013，《北京郊区居民一周时空间行为的日间差异》，《地理研究》第 4 期。

《市老龄工作委员会办公室等关于培育发展本市社区老年人示范睦邻点的指导意见》，白鹿智库，2017 年 9 月 4 日，http://www.

bailuzhiku. com/policy/detail/20170904091055983001956850P. html。

司敏，2004，《"社会空间视角"：当代城市社会学研究的新视角》，《社会》第5期。

孙涛，2016，《以"三社联动"推进基层社会治理创新》，《理论月刊》第10期。

塔娜、柴彦威、关美宝，2005，《北京郊区居民日常生活方式的行为测度与空间—行为互动》，《地理学报》第8期。

谭英花、于洪帅、史健勇，2015，《中国城市独居老人精神慰藉缺失》，《中国老年学杂志》第23期。

唐踔，2016，《构建以需求为导向的农村留守老人社会支持体系》，《中国老年学杂志》第8期。

唐永佩、房艳刚、李宁、王晗，2018，《山区村民居业空间行为匹配特征及其演化——以山东省沂源县菜园村为例》，《资源开发与市场》第2期。

田录梅，2006，《Rosenberg（1965）自尊量表中文版的美中不足》，《心理学探新》第2期。

汪萍、宋璞、陈彩平、梁娟、简芳芳、张金宝，2009，《隔代抚养对1~3岁婴幼儿智能发展影响的对照研究》，《中国当代儿科杂志》第12期。

王超越，2018，《老龄人口居住空间的情感化设计——以老幼复合空间为例》，硕士学位论文，苏州大学。

王敬峰，2010，《农村留守儿童心理与教育问题及对策研究》，《继续教育研究》第4期。

王萍、高华、许家玉、黄金菊、王成江，1998，《自尊量表信度效度研究》，《山东精神医学》第4期。

王武林、杜志婕，2019，《新时代乡村振兴视角下农村留守老人关爱服务体系构建》，《中共福建省委党校学报》第5期。

王雪峤，2015，《农村留守老人情感与精神需求困境破解》，《人民论坛》第20期。

王亚南、刘艳丽，2011，《农村社区公共服务体系建设的问题与对策研究——以山东农村社区服务中心为例》，《济南大学学报》

（社会科学版）第 5 期。

魏梅、卞晓燕、Jane Squires、姚国英、王晓川、解慧超、宋魏、陆健、朱春生、岳虹霓、朱国伟、王强、许汝钗、万春、孙守兰、陈菁，2015，《年龄与发育进程问卷中国常模及心理测量学特性研究》，《中华儿科杂志》第 12 期。

温芳、王竹、裘知，2015，《德国"多代屋"项目发展评述与启示》，《华中建筑》第 3 期。

邬沧萍、王高，1991，《论"老有所为"问题及其研究方法》，《老龄问题研究》第 6 期。

徐明刚、罗彤彤，2017，《以教促养，教养融合，回归老年教育本源》，《社区教育》编委会编《社区教育》（2017 年 3 月），四川大学出版社。

许惠娇、贺聪志，2020，《"孝而难养"：重思农村留守老人的养老困境》，《中国农业大学学报》（社会科学版）第 4 期。

闫红曦，2018，《基于现有家庭结构的既有社区老幼复合型设施设计研究》，硕士学位论文，北京工业大学。

姚国英、卞晓燕、J. Squires、魏梅、宋魏，2010，《年龄与发育进程量表中文版的婴幼儿发育筛查界值标准研究》，《中华儿科杂志》第 11 期。

叶敬忠、王伊欢、张克云、陆继霞，2006，《父母外出务工对留守儿童情感生活的影响》，《农业经济问题》第 4 期。

尤吾兵，2015，《中国老年人口精神慰藉的现实矛盾及支持系统构建》，《中国老年学杂志》第 12 期。

张燕，2017，《特殊儿童家庭共同养育及其对母亲亲职压力和儿童发展的影响——与普通儿童家庭的比较》，硕士学位论文，华东师范大学。

张园，2015，《"老"有所养，"老""幼"所乐——与幼儿园相结合模式下养老院建筑设计研究》，硕士学位论文，河北工业大学。

赵如钦，2018，《幼儿园参与老年教育的现状调查研究——以武汉市"童心苑"养老院为例》，硕士学位论文，宁波大学。

《中国共产党第十九届中央委员会第五次全体会议公报》，中国政府网，2020 年 10 月 29 日，http://www. gov. cn/xinwen/2020 - 10/29/content_5555877. htm。

周怡，2017，《幼儿园参与老年教育的可行性、价值和模式》，《河北大学成人教育学院学报》第 4 期。

American Association of Retired Persons. 1994. *Connecting the Generations: A Guide to Intergenerational Resources*. Washington, DC.

Alder, R. P. 2003. *The Potential of Older Workers for Staffing California's After-School Programs*. San Francisco, CA: Civic Ventures.

Allen, G. 2011. *Early Intervention: The Next Steps, An Independent Report to Her Majesty's Government by Graham Allen MP*. London: Cabinet Office.

Allport, G. W. , Clark, K. , & Pettigrew, T. 1954. *The Nature of Prejudice*. Reading, MA: Addison-Wesley.

Andrews, E. J. , Staples, K. , Reed, M. G. , Carriere, R. , Maccoll, I. , McKay-Carriere, L. , et al. 2019. "Insights for Building Community Resilience from Prioritizing Youth in Environmental Change Research. " *Sustainability* 11 (18): 1 – 17.

Altman, I. , & Taylor, D. A. 1973. *Social Penetration: The Development of Interpersonal Relationships*. New York: Holt, Rinehart & Winston.

Atchley, Robert, C. , & Smith, B. A. 1991. *Social Forces and Aging: An Introduction to Social Gerontology*. Wadsworth Pub, CO.

Avlund, K. , Lund, R. , Holstein, B. E. , & Due, P. 2004. "Social Relations as Determinant of Onset of Disability in Aging. " *Archives of Gerontology and Geriatrics*, 38 (1): 85 – 99.

Bandura, A. 1977. "Self-efficacy: Toward a Unifying Theory of Behavioral Change. " *Psychological Review*, 84 (2): 191.

Bandura, A. 1994. "Social Cognitive Theory and Exercise of Control over HIV Infection. " In R. J. DiClemente, & J. L. Petereson (eds.), *Preventing AIDS: Theories and Methods of Behavioral Interventions*, pp. 25 – 59. Boston, MA: Springer.

Bandura, A. 2002. "Social Cognitive Theory in Cultural Context." *Applied Psychology* 51 (2): 269 – 290.

Berk, L. 2002. *Infants, Children and Adolescents.* Boston: Allyn and Bacon.

Berry J. O., & Jones W. H. 1995. "The Parental Stress Scale: Initial Psychometric Evidence." *Journal of Social and Personal Relationships* 12 (3): 463 – 472.

Bertalanffy, L. V. 1968. General Systems Theory as Integrating Factor in Contemporary Science. *Akten des XIV. Internationalen Kongresses für Philosophie*, 2, 335 – 340.

Biggs, S., & Carr, C. 2015. "Age-and Child-friendly Cities and the Promise of Intergenerational Space." *Journal of Social Work Practice* 29 (1): 99 – 112.

Biggs, S., & Lowenstein, A. 2011. *Generational Intelligence: A Critical Approach to Age Relations.* Abingdon, Oxon: Routledge.

Bloomfield, P. 2006. "The Challenging Business of Long-Term Public-Private Partnerships: Reflections on Local Experience." *Public Administration Review* 66 (3): 400 – 411.

Bordalo, P., Gennaioli, N., & Shleifer, A. 2014. *Stereotype.* Cambridge, MA: National Bureau of Economic Research. Retrieved from http://www.nber.org/papers/w20106.

Boström, A. 2003. "Intergenerational Learning in Stockholm County Sweden: A Practical Example of Elderly Men Working in Compulsory Schools as A Benefit for Children." *Journal of Intergenerational Relationships* 7 (4): 425 – 444.

Boström, A. K. 2004. Intergenerational Learning in Stockholm County in Sweden: A Practical Example of Elderly Men Working in Compulsory Schools as A Benefit for Children. *Journal of Intergenerational Relationships*, 1 (4), 7 – 24.

Boström, A. 2009. "Social Capital in Intergenerational Meetings in

Compulsory Schools in Sweden. " *Journal of Intergenerational Relationships* 7 (4): 425 – 441.

Bowling, A. , & Dieppe, P. 2005. "What Is Successful Ageing and Who Should Define It?" *British Medical Journal* 331: 1548 – 1551.

Braun, V. , & Clarke, V. 2006. "Using Thematic Analysis in Psychology. " *Qualitative Research Psychology* 3 (2): 77 – 101.

Bringle, R. G. , & Kremer, J. F. 1993. "Evaluation of an Intergenerational Service Learning Project for Undergraduates. " *Educational Gerontology* 19 (5): 407 – 416.

Brownell, C. A. , Ramani, G. B. , & Zerwas, S. 2006. "Becoming A Social Partner with Peers: Cooperation and Social Understanding in One-and Two-year-olds. " *Child Development* 77 (4): 803 – 821.

Bureau of Labor Statistics. 2005. *Volunteering in the United States*, 2005. Washington, DC: US Department of Labor.

Burnetted, D. , Sun J. , & Sun, F. 2013. "Comparative Review of Grandparent Care of Children in the U. S. and China. " *Aging International* 38 (1): 43 – 57.

Butts, D. M. 2003. *Intergenerational Service Learning and Volunteering.* Edited by: Burlingame, Dwight F. , Philanthropy Across the Generations.

Canedo-Garcia, A. , Garcia-Sánchez, J. N. , & Pacheco-Sanz, D. 1. 2017. A Systematic Review of the Effectiveness of Intergenerational Programs. *Frontiers in Psycholog*, 8: 1882.

Camp, C. J. , Judge, K. S. , Bye, C. A. , et al. 1997. "An Intergenerational Program for Persons with Dementia Using Montessori Methods. " *The Gerontologist* 37 (5): 688 – 692.

Campbell, D. , & Erbstein, N. 2012. "Engaging Youth in Community Change: Three Key Implementation Principles. "*Community Development* 43 (1): 63 – 79.

Caspi, A. 1984. "Contact Hypothesis and Inter-age Attitudes. " *Social Psychology Quarterly* 47 (1): 74 – 80.

Chamberlain, V. M. , Fetterman, E. , & Maher, M. 1994. "Innovation in Elder and Child Care: An Intergenerational Experience. " *Educational Gerontology: An International Quarterly* 20 (2): 193 –204.

Chaiklin, S. , & Lave, J. (Eds.). 1996. *Understanding Practice: Perspectives on Activity and Context.* Cambridge University Press.

Cheung, S. K. 2000. "Psychometric Properties of the Chinese Version of the Parental Stress Scale. " *Psychologia* 43 (4): 253 –261.

Cohen, U. , & Weisman, J. 1991. *Migration: Holding on to Home.* Baltimore, M. D. , Johns Hopkins University Press.

Coleman, J. S. 1988. "Social Capital in the Creation of Human Capital. " *American Journal of Sociology* 94 (Supp.): 95 –120.

Couper, D. P. , Sheehan, N. W. , & Thomas, E. L. 1991. "Attitude toward Old People: The Impact of an Intergenerational Program. " *Educational Gerontology: An International Quarterly* 17 (1): 41 –53.

Day, K. , Carreon, D. , & Stump, C. 2000. "The Therapeutic Design of Environments for People with Dementia: A Review of the Empirical Research. " *The Gerontologist* 40 (4): 397 –416.

Davis, L. , Larkin, E. , & Graves, S. B. 2002. Intergenerational Learning through Play. *International Journal of Early Childhood*, 34 (2), 42 –49.

Dellman-Jenkins, M. , Lambert, D. , & Fruit, D. 1991. "Fostering Preschoolers' Prosocial Behaviors toward the Elderly: The Effect of an Intergenerational Program. " *Educational Gerontology* 17 (1): 21 –32.

Detmer, M. R. , Kern, P. , Jacobi-Vessels, J. , & King, K. M. 2020. "Intergenerational Music Therapy: Effects on Literacy, Physical Functioning, Self-Worth, and Interactions. " *Journal of Intergenerational Relationships* 18 (2): 175 –195.

DeVore, S. , & Aeschlimann, E. 2016. "Song Partners for Kindergartens: An Intergenerational Program in Switzerland. " *Journal of Intergenerational Relationships* 14 (1): 60 –64.

Diener, E. , Diener, M. , & Diener, C. 2009. "Factors Predicting the Subjective Well-being of Nations. " In Ed Diener (ed.), *Culture and Well-being: The Collected Works of Ed Diener*, pp. 43 – 70. Dordrecht: Springer.

Dionigi, R. A. 2015. "Stereotypes of Aging: Their Effects on the Health of Older Adults. " *Journal of Geriatrics* 2015. https://doi. org/ 10. 1155/2015/954027.

Dunham, C. C. , & Casadonte, D. 2009. " Children's Attitudes and Classroom Interaction in An Intergenerational Education Program. " *Educational Gerontology* 35 (5): 453 – 464.

Edwards, J. 2004. "Bilingualism: Contexts, Constraints, and Identities. " *Journal of Language and Social Psychology* 23 (1): 135 – 141.

Eggers, S. J. , & Hensley, B. H. 2005. "Empowering Spirituality and Generativity through Intergenerational Connections. " *Journal of Religion, Spirituality and Aging* 17 (1 – 2): 87 – 108.

Ellis, S. , & Granville, G. 1999. "Developing Theory into Practice: Researching Intergenerational Exchange. " *Education and Ageing* 14 (3): 231 – 248.

Erikson, E. H. 1950. *Childhood and Society*. New York: W. W. Norton & Co.

Erikson, E. H. 1959. *Identity and the Life Cycle: Selected Papers*. New York: International Universities Press.

Erikson, E. H. 1963. "El Problema de la Identidad Del Yo. " *Revista Uruguaya de Psicología* 2: 267.

Erikson, E. H. 1980. *Identity and the Life Cycle*. New York: W. W. Norton & Co.

Erikson, E. H. 1982. *The Life Cycle Completed*. New York, NY: Norton.

Erikson, E. H. , Erikson, J. M. , & Kivnick, H. Q. 1986. *Vital Involvement in Old Age*. New York: Norton.

Erikson, E. H. 1994. *Identity and the Life Cycle* (revised ed.). New York: Norton.

Evans, W. 2009. *Trease and Evans' Pharmacognosy*. Philadelphia, PA: Saunders.

Faer, M. 1995. "The Intergenerational Life History Project: Promoting Health and Reducing Disease in Adolescents and Elders. " *Public Health Reports* 110 (2): 194 – 8.

Fees, B. S. , & Bradshaw, M. H. 2003. "Path Across the Generations: Older Adults' Perceptions on the Value of Intergenerational Contact. " *Care Management Journals* 4 (4): 209 – 215.

Fernyhough, C. 1997. "Vygotsky's Sociocultural Approach: Theoretical Issues and Implications for Current Research. " In S. Hala (ed.), *The Development of Social Cognition*, pp. 65 – 92. East Sussex: Psychology Press.

Fewster, G. 1990. "Growing Together: The Personal Relationship in Child and Youth Care. " *Child and Youth Services* 13 (1): 25 –40.

Feather, J. 2013. "Why We Need Age-friendly Communities. " *Huffington Post*. Retrieved from http://www. huffingtonpost. com/john-feather-phd/why-we-need-agefriendly-c_ b_ 3141398. html.

Fisher, J. C. 1998. "Major Streams of Research Probing Older Adult Learning. " *New Directions for Adult and Continuing Education* 77: 27 – 39.

Foster, K. 1997. *Creating A Child Care Center in A Nursing Home and Implementing An Intergenerational Program*. ERIC Document Reproduction Service: ED 411 053.

Fried, L. P. , Carlson, M. C. , McGill, S. , et al. 2013. "Experience Corps: A Dual Trial to Promote the Health of Older Adults and Children's Academic Success. " *Contemporary Clinical Trials* 36 (1): 1 – 13.

Fried, L. P. , Carlson, M. C. , Freedman, M. , Frick, K. D. , Glass, T. A. , Hill, J. , et al. 2004. "A Social Model for Health Promotion for an Aging Population: Initial Evidence on the Experience Corps Model. " *Journal of Urban Health* 81 (1): 64 – 78.

Fujiwara, Y. , Nishi, M. , Watanabe, N. , Lee, S. , Inoue, K. , et al. 2006. "An Intergenerational Health Promotion Program Involving Older Adults in Urban Areas 'Research of Productivity by Intergenerational Sympathy (REPRINTS)': First-year Experience and Shortterm Effects." *Japanese Journal of Public Health* 53 (9): 702 – 714.

Gaggioli, A. , Morganti, L. , Bonfiglio, S. , Scaratti, C. , Cipresso, P. , Serino, S. , & Riva, G. 2014. "Intergenerational Group Reminiscence: A Potentially Effective Intervention to Enhance Elderly Psychosocial Wellbeing and to Improve Children's Perception of Aging." *Educational Gerontology* 40 (7): 486 – 498.

Galbraith, B. , Larkin, H. , Moorhouse, A. , & Oomen, T. 2015. "Intergenerational Programs for Persons with Dementia: A Scoping Review." *Journal of Gerontological Social Work* 58 (4): 357 – 378.

Gallagher, P. , & Carey, K. 2012. "Connecting with the Well-Elderly through Reminiscence: Analysis of Lived Experience." *Educational Gerontology* 38 (8): 576 – 82.

Galvin, J. E. , Roe, C. M. , Powlishta, K. K. , Coats, M. A. , Muich, S. J. , et al. 2005. "The AD8: A Brief Informant Interview to Detect Dementia." *Neurology* 65 (4): 559 – 564.

Gamliel, T. , & Gabay, N. 2014. "Knowledge Exchange, Social Interactions, and Empowerment in an Intergenerational Technology Program at School." *Educational Gerontology* 40 (8): 597 – 617.

George, D. R. 2011. "Intergenerational Volunteering and Quality of Life: Mixed Methods Evaluation of a Randomized Control Trial Involving Persons with Mild to Moderate Dementia." *Quality of Life Research* 20 (7): 987 – 995.

Ghazaleh, R. A. , Greenhouse, E. , Homsy, G. , & Warner, M. 2011. "Using Smart Growth and Universal Design to Link the Needs of Children and the Aging Population: Family-Friendly Communities Briefing Papers 2." American Planning Association. Retrieved from http://www. planning. org/research/family/ briefifingpapers/multigenerational. htm.

Gigliotti, C. M. , Morris, M. , Smock, S. , Jarrott, S. E. , & Graham, B. 2005. "An Intergenerational Summer Program Involving Persons with Dementia and Pre-school Children. " *Educational Gerontology* 31 (6): 425 –441.

Giles, D. E. , Jr. & Eyler, J. 1994. "The Impact of a College Community Service Laboratory on Students' Personal, Social, and Cognitive Outcomes. " *Journal of Adolescence* 17 (4): 327 –339.

Giles, H. , & Reid, S. A. 2005. "Ageism across the Lifespan: Tow ards a Self-categorization Model of Ageing. " *Journal of Social Issues* 61 (2): 389 –404.

Glass, T. A. , Freedman, M. , Carlson, M. C. , Hill, J. , Frick, K. D. , Ialongo, N. , et al. 2004. "Experience Corps: Design of an Intergenerational Program to Boost Social Capital and Promote the Health of an Aging Society. " *Journal of Urban Health*, 81 (1): 94 –105.

Gleeson, J. 2019. "Planting Seeds: Fostering Preschool Children's Interactions with Nature and Enhancing Intergenerational Relationships in a Campus Community Garden. " *Journal of Childhood Studies* 44 (5): 129 –133.

Golenko, X. , Radford, K. , Fitzgerald, J. A. , Vecchio, N. , Cartmel, J. ,& Harris, N. 2020. "Uniting Generations: A Research Protocol Examining the Impacts of an Intergenerational Learning Program on Participants and Organisations. " *Australasian Journal on Ageing* 39 (3): 425 –435.

Gould, R. 1978. *Transformations: Growth and Change in Adult Life.* New York, NY: Simon & Schuster.

Goyer, A. 1998. "Intergenerational Shared-site Programs. " *Generations*, 22 (4): 79 –80.

Goyer, A. 2001. "Intergenerational Shared Site and Shared Resource

Programs: Current Models. " *Generations United Project Share Background Paper*. Washington, DC: Generations United.

Greaves, C. J. , & Farbus, L. 2006. "Effects of Creative and Social Activity on the Health and Well-being of Socially Isolated Older People: Outcomes from a Multi-method Observational Study. " *The Journal of the Royal Society for the Promotion of Health* 126 (3): 134 – 142.

Griff, M. , Lambert, D. , Dellmann-Jenkins, M. , & Fruit, D. 1996. "Intergenerational Activity Analysis with Three Groups of Older A-dults: Frail, Community-living, and Alzheimer's. " *Educational Gerontology: An International Quarterly* 22 (6): 601 –612.

Hamilton, G. , Brown, S. , Alonzo, T. , Glover, M. , Mersereau, Y. , & Willson, P. 1999. "Building Community for the Long Term: An Intergenerational Commitment. " *The Gerontologist* 39 (2): 235 –238.

Harter, S. 1982. "The Perceived Competence Scale for Children. " *Child Development* 53 (1): 87 –97.

Hatton-Yeo, A. 2010. "An Introduction to Intergenerational Practice. " *Working with Older People* 14 (2): 4 –11.

Havighurst, R. J. 1970. *Developmental Tasks and Education*. Edinburgh, UK: Longman Group United Kingdom.

Hayden, C. D. 2003. *Financial Analysis and Considerations for Replica-tion of the One Generation Intergenerational Daycare Program*. Oak-land, CA: National Economic Development and Law Center.

Hayes, C. L. 2003. An Observational Study in Developing an Intergener-ational Shared Site Program: Challenges and Insights. *Journal of Intergenerational Relationships*, 1 (1): 113 – 132.

Helliwell, J. 2001. "Social Capital, the Economy and Well-being. " *The Review of Economic Performance and Social Progress* 1: 43 –60.

Herrmann, D. S. , Sipsas-Herrmann, A. ,Stafford, M. ,& Herrmann, N. C. 2005. "Benefits and Risks of Intergenerational Program Participation by Senior Citizens. " *Educational Gerontology* 31 (2): 123 – 138.

Heydon, R. M. 2013. *Learning at the Ends of Life: Children, Elders, and Literacies in Intergenerational Curricula.* Toronto, ON: University of Toronto Press.

Heydon, R. , McKee, L. , & O' Neill, S. 2018. "Singing Our Song: The Affordances of Singing in an Intergenerational, Multimodal Literacy Programme. " *Literacy* 52 (3): 128 – 136.

Higgins, J. P. T. , & Green, S. 2011. Cochrane Handbook for Systematic Reviews of Interventions. Version 5. 1. 0. *The Cochrane Collaboration*, http://www. cochrane-handbook. org.

Jaccard, J. , & Jacoby, J. 2010. *Theory Construction and Model-building Skills.* New York: The Guilford Press.

Jarrott, S. E. , Gigliotti, C. M. , & Smock, S. A. 2006. "Where Do We Stand? Testing the Foundation of a Shared Site Intergenerational Program. " *Journal of Intergenerational Relationships* 4 (2): 73 – 92.

Jarrott, S. E. 2011. "Where Have We Been and Where Are We Going? Content Analysis of Evaluation Research of Intergenerational Programs. " *Journal of Intergenerational Relationships* 9 (1): 37 – 52.

Jarrott, S. E. , & Bruno, K. 2007. "Shared Site Intergenerational Programs: A Case Study. " *Journal of Applied Gerontology* 26 (3): 239 – 257.

Jarrott, S. E. , & Smith, C. L. 2011. "The Complement of Research and Theory in Practice: Contact Theory at Work in Non-familial Intergenerational Programs. " *The Gerontologist* 51 (1): 112 – 121.

Jarrott, S. E. , & Bruno, K. 2016. "Shared Site Intergenerational Programs: A Case Study. " *Journal of Applied Gerontology* 26 (3): 239 – 257.

Jordan-Marsh, M. , Harden, J. T. 2005. "Fictive Kin: Friends as Family Supporting Older Adults as They Age. " *Journal of Gerontological Nursing* 31 (2): 24 – 31.

Kaplan, M. , Thang, L. L. , Sánchez, M. , & Hoffman, J. (eds.). 2016. *Intergenerational Contact Zones: A Compendium of Applications*. University Park, PA: Penn State Extension. Retrieved from https://aese. psu. edu/outreach/intergenerational/articles/intergenerational-contact-zones.

Kaplan, M. , & Sánchez, M. 2014. "Intergenerational Programsand Policies in Ageing Societies. " In S. Harper, K. Hamblin, J. Hoffman, K. Howse, & G. Leeson (eds.), *International Handbook on Ageing and Public Policy: Handbooks of Research on Public Policy Series*, pp. 367 – 383. Cheltenham, UK: Edward Elgar Publishing.

Kaplan, M. 1997. "Intergenerational Community Service Projects: Implications for Promoting Intergenerational Unity, Community Activism, and Cultural Continuity. " *Journal of Gerontological Social Work* 28 (2): 209 – 225.

Kaplan, M. S. 2002. "International Programs in Schools: Considerations of Form and Function. " *International Review of Education*48 (5): 305 – 334.

Kelley, L. S. 2005. "Minor Children and Adult Care Exchanges with Community-dwelling Frail Elders in a St. Lucian Village. " *Journals of Gerontology Series B , Psychological Sciences and Social Sciences* 60 (2): S62 – S73.

Krueger, M. 1998. *Interactive Youth Work Practice*. Washington, DC: Child Welfare League of America.

Ko, P. C. , & Hank, K. 2014. "Grandparents Caring for Grandchildren in China and Korea: Findings from Charls and Klosa. " *The Journals of Gerontology Series B , Psychological Sciences and Social Sciences* 69 (4): 646 – 651.

Kochanska, G. , DeVet, K. , Goldman, M. , Murray, K. , & Putnam, S. P. 1994. "Maternal Reports of Conscience Development and Temperament in Young Children. " *Child Development* 65 (3): 852 – 868.

Kohlberg, L. 1958. *The Development of Modes of Thinking and Choices in Years* 10 *to* 16 (*Unpublished doctoral dissertation*). University of Chicago, Illinois.

Kuehne, V. S. , & Kaplan, M. 2001. *Evaluation and Research on Intergenerational Shared Site Facilities and Programs: What We Know and What We Need to Learn.* Un-published manuscript commissioned by Generations United, Washington, DC.

Labit, A. , & Dubost, N. 2017. "Housing and Ageing in France and Germany: The Intergenerational Solution. " *Housing Care & Support* 19 (2): 45 – 54.

Larkin, E. , Kaplan, M. S. , & Rushton, S. 2010. "Designing Brain Healthy Environments for Intergenerational Programs. " *Journal of Intergenerational Relationships* 8 (2): 161 – 76.

Larkin, E. , Sadler, S. E. , & Mahler, J. 2005. "Benefits of Volunteering for Older Adults Mentoring At-risk Youth. " *Journal of Gerontological Social Work* 44 (3 – 4): 23 – 37.

Laura, E. , & Berk. 2005. *Infants, Children, and Adolescents.* Pearson Education Inc.

Lave, J. , & Wenger, E. 1991. *Situated Learning: Legitimate Peripheral Participation.* New York, NY: Cambridge University Press.

Lawrence-jacobson, A. R. 2006. "Intergenerational Community Action and Youth Empowerment. " *Journal of Intergenerational Relationships* 4 (1): 137 – 147.

Lawton, M. P. , & Brody, E. M. 1969. "Assessment of Older People: Self-maintaining and Instrumental Activities of Daily Living. " *The Gerontologist* 9 (3): 179 – 186.

Lee, Y. C. , Lin, Y. C. , Huang, C. L. , & Fredrickson, B. L. 2013. "The Construct and Measurement of Peace of Mind. " *Journal of Happiness Studies* 14 (2): 571 – 590.

Leedahl, S. N. , Brasher, M. S. , Estus, E. , Breck, B. M. , Dennis, C. B. , & Clark, S. C. 2019. "Implementing an Interdisciplinary Intergenerational Program Using the Cyber Seniors (R) Reverse Mentoring Model within Higher Education. " *Gerontology and Geriatrics Education* 40 (1): 71 –89.

Liberati, A. et al. 2009. "The PRISMA Statement for Reporting Systematic Reviews and Meta Analyses of Studies that Evaluate Health Care Interventions: Explanation and Elaboration. "Journal of Clinical Epidemiology, 62 (10): e1 –e34.

Low, L. F. , Russell, F. , McDonald, T. , & Kauffman, A. 2015. "Grandfriends, an Intergenerational Program for Nursing-home Residents and Preschoolers: A Randomized Trial. " *Journal of Intergenerational Relationships* 13 (3): 227 –240.

Lux, C. , Tarabochia, D. , & Barben, E. 2019. "Intergenerational Program Perceptions and Recommendations: Perspectives from Teachers, Children, Residents, and Staff. " *Journal of Intergenerational Relationships* 18 (2): 196 –213.

MacCallum, J. , Palmer, D. , Wright, P. , Cumming-Potvin, W. , Brooker, M. , & Tero, C. 2010. "Australian Perspectives: Community Building through Intergenerational Exchange Programs. " *Journal of Intergenerational Relationships* 8 (2): 113 –127.

Mancini, J. A. , Martin, J. A. , & Bowen, G. L. 2003. Community Capacity. in *Encyclopedia of Primary Prevention and Health Promotion* (pp. 319 –330). Springer, Boston, MA.

Mancini, J. A. , Bowen, G. L. , & Martin, J. A. 2005. "Community Social Organization: A Conceptual Linchpin in Examining Families in the Context of Communities. " *Family Relations* 54 (5): 570 –582.

Marcia, S. M. , Alicia, R. P. , Parpura-Gill, A. , & Cohen-Mansfield, J. 2004. "Direct Observations of Children at Risk for Academic Failure: Benefits of an Intergenerational Visiting Program. " *Educational Gerontology* 30 (8): 663 –675.

Maria, E. , & Souza, D. 2010. "Evaluation Methods in Health Promotion Programmes: The Description of A Triangulation in

Brazil. " *Ciencia and Saude Coletiva* 15 (5): 2521 – 32.

McAlister, J., Briner, E. L., & Maggi, S. 2019. "Intergenerational Programs in Early Childhood Education: An Innovative Approach that Highlights Inclusion and Engagement with Older Adults. " *Journal of Intergenerational Relationships* 17 (4): 505 – 522.

McNair, B., & Moore, K. 2010. "The Effects of Intergenerational Programs on Individuals with Alzheimer's Disease or Dementia. " *Annual in Therapeutic Recreation* 18: 141 – 156.

Miller, J. B. 1976. *Toward A New Psychology of Women.* Boston, MA: Beacon Press.

Moher, D., Shamseer, L., Clarke, M., Ghersi, D., Liberati, A., et al. 2015 "Preferred Reporting Items for Systematic Review and Meta-analysis Protocols (PRISMA-P) 2015 Statement. " *Systematic Reviews* 4 (1): 1.

Morita, K., & Kobayashi, M. 2013. "Interactive Programs with Preschool Children Bring Smiles and Conversation to Older Adults: Time-sampling Study. " *BioMed Central Geriatrics* 13 (1): 1 – 8.

Murayama, Y., Fujiwara, Y., Yasunaga, M., Takeuchi, R., Nonaka, K., Yajima, S., Nishi, M., Lee, S., & Ohba, H. 2011. Development of A Japanese Version of the Intergenerational Exchanges Behavior Scale. *Jpn Soc Intergenerational Study*, 1 (1): 27 – 37.

Murayama, Y., Ohba, H., Yasunaga, M., Nonaka, K., Takeuchi, R., Nishi, M., et al. 2015. "The Effect of Intergenerational Programs on the Mental Health of Elderly Adults. " *Aging and Mental Health* 19 (4): 306 – 14.

Nahapiet, J., & Ghoshal, S. 1998. "Social Capital, Intellectual Capital, and the Organizational Advantage. " *Academy of Management Review* 23 (2): 242 – 266.

Newman, S. 1989. "A History of Intergenerational Programs. " *Journal of Children in Contemporary Society* 20 (3 – 4): 1 – 16.

Newman, S. 1997. "History and Evolution of Intergenerational Programs." In S. Newman, et al. (eds.), *Intergenerational Programs: Past, Present and Future*, pp. 55 – 79. Washington, DC: Taylor and Francis.

Newman, S., & Ward, C. 1993. "An Observational Study of Intergenerational Activities and Behavior Change in Dementing Elders at Adult Day Care Centers." *The International Journal of Aging and Human Development* 36 (4): 321 – 333.

Newman, S., Faux, R., & Larimer, B. 1997a. "Children's Views on Aging: Their Attitudes and Values." *The Gerontologist* 37 (3): 412 – 417.

Newman, S., Ward, C., Smith, T., Wilson, J. & McCrea, J. 1997b. *Intergenerational Programs: Past, Present, and Future*, Washington, DC: Taylor & Francis.

Newman, S., Morris, G. A., & Streetman, H. 1999. *Elder-child Interaction Analysis: An Observation Instrument for Classrooms Involving Older Adults as Mentors, Tutors, or Resource Persons*. In V. S. Kuehne (Ed.), Intergenerational Programs: Understanding What We Have Created (pp. 128 – 45). Binghamton: The Haworth Press.

Noble, N. 1981. *Close Harmony*. 16mm/30 min/color/1981. Distributor, Learning Corporation of America, 1350 Avenue of the Americas, New York, NY 10019; (212) 397 – 9330.

Norouzi, N., Chen, J. C., & Jarrott, S. E. 2015. "Intergenerational Explorations: Where Everyone Has a Purpose." *Journal of Intergenerational Relationships* 13 (3): 260 – 265.

Ohsako, T. 2002. *German Pupils and Jewish Seniors: Intergenerational Dialogue as A Framework for Healing History*. In M. Kaplan, N. Henkin, and A. Kusano (Eds), Linking Lifetimes: A Global View of Intergenerational Exchanges (pp. 209 – 219). Lanham, MD: University Press of America.

Pain, R. 2005. *Intergenerational Relations and Practice in the Development of Sustainable Communities.* Background Paper for the Offifice of the Deputy Prime Minister. Durham University: ICRRDS.

Park, A. L. 2015. "The Effects of Intergenerational Programmes on Children and Young People." *International Journal of School and Cognitive Psychology* 2 (1): 1 - 5.

Peterat, L. , & Mayer-Smith, J. 2006. "Farm Friends: Exploring Intergenerational Environmental Learning." *Journal of Intergenerational Relationships* 4 (1): 107 - 116.

Peterson, J. , & Butts, D. M. 2001. *Intergenerational Shared Site and Shared Resource Programs: Public Policy Barriers and Opportunities.* Washington, DC: Project SHARE.

Pettigrew, T. F. 1998. "Intergroup Contact Theory." *Annual Review of Psychology* 49 (1): 65 - 85.

Pine, P. 1997. "Learning by Sharing: An Intergenerational College Course." *Journal of Gerontological Social Work* 28: 93 - 102.

Posey, C. , Lowry, P. B. , Roberts, T. L. , & Ellis, T. S. 2010. "Proposing the Online Community Self-disclosure Model: The Case of Working Professionals in France and the UK Who Use Online Communities." *European Journal of Information Systems* 19 (2): 181 - 195.

Radloff, L. S. 1977. "The CES-D Scale: A Self-report Depression Scale for Research in the General Population." *Applied Psychological Measurement* 1 (3): 385 - 401.

Ramón-Gancedo, F. 2018. "Gent Gran, Gent Petita, A Shared Experience: Program Profile." *Journal of Intergenerational Relationships* 16 (1 - 2): 190 - 195.

Rebok, G. W. , Carlson, M. C. , Glass, T. A. , McGill, S. , Hill, J. , et al. 2004. "Short-term Impact of Experience Corps ® Participation on Children and Schools: Results from a Pilot Randomized Trial." *Journal of Urban Health* 81 (1): 79 - 93.

Rosenberg, M. 1965. *Society and the Adolescent Self-Image.* Princeton University Press, Princeton, NJ.

Rosenberg, M. K. , 1993. "The Design and Implementation of An Intergenerational Program at A Private Long-term Healthcare Facility with On-site Childcare. " Doctoral Dissertation, Nova University.

Rothman, J. , & Thomas, E. J. , eds. 1994. *Intervention Research: Design and Development for Human Service,* New York: The Haworth Press.

Ruggiano, N. 2012. "Intergenerational Shared Sites: An Examination of Socio-physical Environments and Older Adults' Behavior. " *Research on Aging* 34 (1): 34 –55.

Sakurai, R. , Yasunaga, M. , Murayama, Y. , Ohba, H. , Nonaka, K. , et al. 2016. "Long-term Effects of an Intergenerational Program on Functional Capacity in Older Adults: Results from a Seven-year Follow-up of the REPRINTS Study. " *Archives of Gerontology and Geriatrics* 64: 13 –20.

Salari, S. M. 2002. "Intergenerational Partnerships in Adult Day Centers: Importance of Age-appropriate Environments and Behaviors. " *The Gerontologist* 42 (3): 321 –333.

Samuelsson, P. I. , & Johansson, E. 2006. "Play and Learning-Inseparable Dimensions in Preschool Practice. " *Early Child Development and Care* 176 (1): 47 –65.

Sánchez, M. 2007. *Intergenerational Programmes: Towards A Society for All Ages* (Vol. 23, Social Studies Collection). Barcelona: La Caixa Foundation.

Sánchez, M. , Campillo, M. , & Díaz, M. P. 2020. "Reading Mentors in Primary Education: Lessons Learned from Piloting an Intergenerational School Model. " *International Journal of Educational Research* 100: 101539.

Sánchez M. , Kaplan M. S. 2019. Intergenerational Programs. In: Gu D. , Dupre M. (eds) *Encyclopedia of Gerontology and Population*

Aging. Springer, Cham. https://doi. org/10. 1007/978 - 3 - 319 -
69892 - 2959 - 1.

Schwarzer, W. W. 1981. Communicating withJuries: Problems and Reme-
dies. *Calif. L. Rev.* , Vol. 69, pp. 731.

Short-DeGraff, M. A. , & Diamond, K. 1996. "Intergenerational Pro-
gram Effects on Social Responses of Elderly Adult Day Care Mem-
bers. " *Educational Gerontology: An International Quarterly* 22
(5): 467 -482.

Sinclair, D. & Watson, J. 2014. *Making Our Communities Ready for
Ageing: A Call to Action.* London: ILC-UK.

Skropeta, C. M. , Colvin, A. , & Sladen, S. 2014. "An Evaluative
Study of the Benefits of Participating in Intergenerational Playgroups
in Aged Care for Older People. " *Bio Med Central Geriatrics* 14
(1): 109.

Slaght, E. , & Stampley, C. 2006. "Promoting Intergenerational Prac-
tice. " *Journal of Intergenerational Relationships* 4 (3): 73 -86.

Smith, D. P. 2010. "Generation Recreation: From Multigenerational to In-
tergenerational Programming. " Recreation Management. Retrieved from
https://recmanagement. com/feature_print. php? fid =201002FE03.

Sparling, J. W. , & Rogers, J. C. 1985. "Intergenerational Intervention:
A Reciprocal Service Delivery System for Preschoolers, Adolescents,
and Older Persons. " *Educational Gerontology* 11 (1): 41 -55.

Spencer, R. 2000. *A Compurison of Relational Psychologies: Project
Report No. 5.* Wellesley, MA: Wellesley College Stone Center.

Spiteri, D. 2016. "What Do Older People Learn from Young People? Inter-
generational Learning in 'Day Centre' Community Settings in Malta. "
International Journal of Lifelong Education 35 (3): 235 -53.

Statham, E. 2009. "Promoting Intergenerational Programmes: Where Is
the Evidence to Inform Policy and Practice?" *Evidence and Policy:
A Journal of Research, Debate and Practice* 5 (4): 471 -488.

Swisher, M. E. , Rezola, S. , & Sterns, J. 2009. "Sustainable Community Development Step 3: Create a Community Vision and Develop a Roadmap. " University of Florida IFAS Extension. Retrieved from http://edis. ifas. uflfl. edu/CD027.

Tam, M. 2014. "Intergenerational Service Learning between the Old and Young: What, Why and How. " *Educational Gerontology* 40 (6): 401 – 13.

Tang, X. , Duan, W. , Wang, Z. , & Liu, T. 2016. PsychometricEvaluation of the Simplified Chinese Version of Flourishing Scale. *Research on Social Work Practice*, Vol. 26, No. 5, pp. 591 – 599.

The United Nations. 2015. "Follow-up to the Second World Assembly on Ageing. " Resolution adopted by the General Assembly on 18 December 2014 [on the report of the Third Committee (A/69/ 480)].

Travis, S. S. , Stremmel, A. J. , & Duprey, P. A. 1993. "Child and Adult Day Care Professions Converging in the 1990s? Implications for Training and Research. " *Educational Gerontology: An International Quarterly* 19 (4): 283 – 293.

Travis, S. S. , Stremmel, A. J. , Kelly-Harrison P. 1997. Attitudes toward Intergenerational Exchanges among Administrators in Child and Adult Day Care Centers. *Educational Gerontology: An International Quarterly*, 23 (8): 775 – 787.

VanderVen, K. 1999. Intergenerational Theory: The Missing Element in Today's Intergenerational Programs. In V. Kuehne (Ed.), *Intergenerational Programs: Understanding What We Have Created* (pp. 33 – 47). Binghamton, NY: The Haworth Press.

VanderVen, K. 2011. "The Road to Intergenerational Theory Is Under Construction: A Continuing Story. " *Journal of Intergenerational Relationships* 9 (1): 22 – 36.

Van-Vliet, W. 2011. "Intergenerational Cities: A Framework for Policies and Programs. " *Journal of Intergenerational Relationships* 9 (4): 348 – 365.

Vecchio, N. , Radford, K. , Fitzgerald, J. A. , Comans, T. , Harris, P. , & Harris, N. 2018. "Intergenerational Care: An Exploration of Consumer Preferences and Willingness to Pay for Care. " *Aging and Mental Health* 22 (8): 996 – 1004.

Vygotsky, L. S. 1979. "Consciousness as aProblem in the Psychology of Behavior. " *Soviet Psychology* 17 (4): 3 – 35.

Vygotsky, L. S. 1997. *The Collected Works of L. S. Vygotsky: Problems of the Theory and History of Psychology* (Vol. 3). Springer.

Watson, D. , Clark, L. A. , & Tellegen, A. 1988. "Development and Validation of Brief Measures of Positive and Negative Affect: The PANAS Scales. " *Journal of Personality and Social Psychology* 54 (6): 1063.

Watson, J. B. , Church, C. , Darrville, R. , & Darrville, S. 1997. University-community College Partnership Development for Elder Care Service-learning: A Model for Rural Community impact. *Building Civic Responsibility in Higher Education.* 2: 59 – 64.

Weaver, R. H. , Naar, J. J. , & Jarrott, S. E. 2019. "Using Contact Theory to Assess Staff Perspectives on Training Initiatives of an Intergenerational Programming Intervention. " *The Gerontologist* 59 (4): 770 – 779.

Wellman, M. P. 1988. *Formulation of Tradeoffs in Planning Under Uncertainty.* Doctoral dissertation, Massachusetts Institute of Technology.

Wenger, E. 1998. *Communities of Practice, Learning, Meaning, and Identity.* Cambridge, UK: Cambridge University Press.

Wertsch, J. V. 1985. *Vygotsky and the Social Formation of Mind.* Harvard University Press.

Whitebread, D. , Coltman, P. , Pasternak, D. P. , Sangster, C. , Grau, V. , et al. 2009. "The Development of Two Observational Tools for Assessing Metacognition and Self-regulated Learning in Young Children. " *Metacognition and Learning* 4 (1): 63 – 85.

Whitten, T. , Vecchio, N. , Radford, K. , & Fitzgerald, J. A. 2017.

"Intergenerational Care as a Viable Intervention Strategy for Children at Risk of Delinquency. " *Australian Journal of Social Issues* 52 (1): 48 –62.

Yasunaga, M. , Murayama, Y. , Takahashi, T. , Ohba, H. , Suzuki, H. , et al. 2016. "Multiple Impacts of an Intergenerational Program in Japan: Evidence from the Research on Productivity through Intergenerational Sympathy Project. " *Geriatrics and Gerontology International* 16: 98 – 109.

Yarrow, M. R. , Scott, P. M. , & Waxler, C. Z. 1973. " Learning Concern for Others. " *Developmental Psychology* 8 (2): 240.

附　录

附录一　老人编码及基本情况

表 1　老人编码及基本情况

序号	老人编号	生活自理能力	认知障碍水平	教育程度	入住年限
1	EF-LWP87	自理	正常	文盲	3 年
2	EF-WCL86	自理	正常	文盲	6 年
3	EF-YSM85	自理	正常	文盲	1 年
4	EF-WSZ88	自理	正常	文盲	2 年
5	EF-PPX87	半失能	正常	文盲	< 1 年
6	EM-MZC85	自理	正常	初高中	1 年
7	EF-YMF80	失能	中度认知障碍	初高中	3 年
8	EF-LRQ82	自理	轻度认知障碍	初高中	1 年
9	EM-LSS88	自理	正常	文盲	1 年
10	EM-HSX70	自理	正常	本科及以上	2 年
11	EF-ZSY91	自理	轻度认知障碍	文盲	< 1 年
12	EF-WCY71	半失能	正常	初高中	1 年
13	EF-HHY90	自理	正常	文盲	3 年
14	EM-LMY91	自理	正常	小学	< 1 年
15	EF-HWZ76	自理	正常	小学	8 年
16	EF-JAY80	自理	正常	文盲	2 年
17	EF-ZXX79	自理	正常	文盲	< 1 年
18	EF-LCX85	自理	正常	文盲	< 1 年

序号	老人编号	生活自理能力	认知障碍水平	教育程度	入住年限
19	EM-SSS70	自理	正常	初高中	6 年
20	EF-LSL80	半失能	正常	初高中	1 年
21	EM-FXZ85	自理	正常	文盲	5 年
22	EF-XCL71	半失能	正常	小学	2 年
23	EM-HQM91	自理	正常	初高中	3 年
24	EF-LXY85	自理	轻度认知障碍	文盲	<1 年
25	EF-HYY75	自理	正常	初高中	5 年
26	EF-GXM87	自理	正常	小学	2 年
27	EM-HYH84	自理	正常	小学	6 年
28	EF-TDM86	自理	轻度认知障碍	文盲	2 年
29	EF-XFJ89	半失能	正常	文盲	<1 年
30	EM- TK85	自理	正常	小学	1 年
31	EF-ZXF84	自理	轻度认知障碍	初高中	3 年
32	EF-ZSZ72	自理	正常	初高中	1 年
33	EF-JYQ82	自理	正常	文盲	6 年
34	EF-YYQ85	自理	正常	小学	9 年
35	EM-AYS58	自理	正常	初高中	<1 年
36	EF-WMC85	自理	正常	文盲	<1 年
37	EM-WRQ88	自理	轻度认知障碍	小学	<1 年

注：编码方式为 E 代表老人，F 代表女性，M 代表男性，数字代表年龄。

附录二　幼儿编码及基本情况

表 1　幼儿编码及基本情况

序号	编号	发育情况	序号	编号	发育情况
1	CF-CXT55	发育正常	3	CM-CZQ54	发育正常
2	CF-CZQ56	发育正常	4	CM-CJX61	发育正常

序号	编号	发育情况	序号	编号	发育情况
5	CM-DYX50	发育正常	34	CM-SHY59	发育正常
6	CM-DHB57	发育正常	35	CF-SYX56	发育正常
7	CM-DKN57	发育正常	36	CF-SYT51	发育正常
8	CF-DMJ52	发育正常	37	CF-WZT54	发育正常
9	CM-DYH54	发育迟缓	38	CM- WN58	发育正常
10	CM- GZ46	发育正常	39	CF-WNY51	发育正常
11	CF-GYQ55	发育正常	40	CM-WSJ52	发育正常
12	CM-HTC56	发育正常	41	CF-WXY51	发育正常
13	CM-HYK59	发育正常	42	CF-WZX49	发育正常
14	CM-HHR47	发育正常	43	CM-XZC52	发育正常
15	CM-HHH49	发育正常	44	CF-XSQ53	发育正常
16	CM-HZH54	发育正常	45	CM-YSQ49	发育正常
17	CF-JCC56	发育迟缓	46	CM-YFJ55	发育正常
18	CM-LSH57	发育正常	47	CF-YHX57	发育正常
19	CF-LXY57	发育正常	48	CF-YMZ55	发育正常
20	CM-LZH55	发育正常	49	CF-YML52	发育迟缓
21	CM-LHR54	发育正常	50	CF-YMT52	发育正常
22	CF-LHX46	发育正常	51	CF-YSY50	发育正常
23	CF-LMS57	发育迟缓	52	CF-ZLX56	发育迟缓
24	CM-LYB54	发育正常	53	CF-ZCX45	发育正常
25	CM-LZX58	发育正常	54	CF-ZSQ53	发育正常
26	CF-LYE55	发育正常	55	CF-ZSY53	发育正常
27	CM-LJX54	发育正常	56	CM-ZSC57	发育正常
28	CF-NZY52	发育正常	57	CM-ZZH58	发育正常
29	CM-PYF59	发育正常	58	CM-ZHX57	发育正常
30	CF-PZX60	发育正常	59	CF-ZZM54	发育正常
31	CF-QXY56	发育正常	60	CM-ZJH58	发育正常
32	CF-RWT53	发育迟缓	61	CM-ZLX54	发育正常
33	CM-SRH50	发育正常			

注：编码方式为 C 代表幼儿，F 代表女孩，M 代表男孩，数字代表月龄。

附录三 辅助人员编码

表1 辅助人员编码

角色	序号	编码	角色	序号	编码
机构管理人员	1	PF-GDM	护工	1	NF-ZYT
	2	PF-LJA		2	NF-HYY
	3	PF-YXY		3	NF-TSZ
	4	PF-ZMY		4	NF-TJF
幼师	1	TF-DXN		5	NF-ZMY
	2	TF-ZNN		6	NF-PJX
	3	TF-GLL		7	NF-CMR
	4	TF-ZMR	助理	1	AF-CYQ
	5	TF- HD		2	AF-YZY
	6	TF-PDX		3	AF-ZYY
	7	TF-WSH		4	AF-XYJ
	8	TF- TH		5	AF-LXY
	9	TF- LJ		6	AF-TYY
	10	TF- TY		7	AF-MMH
	11	TF-ZBL		8	AF-WHY
	12	TF- JH		9	AF-WWH
	13	TF- YJ		10	AF- HQ
	14	TF- ZQ		11	AF-LHY
	15	TF-ZHJ			

注：编码方式为 P 代表机构管理人员，T 代表幼师，N 代表护工，A 代表助理，F 代表女性，M 代表男性。

附录四　老幼互动交流测量

表 1　老幼互动交流表

互动形式	互动环境	活动内容		视觉注意次数		老人/幼儿主动性		老人/幼儿态度		代际交流	助理角色
		活动主导者	活动内容分类	老人对幼儿的视觉注意次数	幼儿对老人的视觉注意次数	老人主动性	幼儿主动性	老人对幼儿的态度	幼儿对老人的态度		
1											
2											
3											
4											
…											
…											
30											

注：互动形式（0=一对一；1=一对二）；互动环境（0=共用空间；1=独立空间）；活动主导者（1=老人主导；2=幼儿主导）；活动内容分类（1=生活类活动；2=益智类/艺术类活动；3=生活类、益智类/艺术类活动兼有）；视觉注意次数（0~20计分，每次活动选取5分钟，以15秒划分20个时间段，然后加总得到，如表2所示）；老人/幼儿主动性（1=非常不好；2=不好；3=一般；4=好；5=非常好）；老人对幼儿态度/幼儿对老人态度（1=非常不好；2=不好；3=一般；4=好；5=非常好）；代际交流（1=非常不好；2=不好；3=一般；4=好；5=非常好）；助理角色（0=协助；1=主导）

表 2 老幼视觉注意次数

视觉注意次数	总计	1	2	3	4	5	6	7	8	9	10	11	12	13	14	15	16	17	18	19	20
		0:00～0:15	0:15～0:30	0:30～0:45	0:45～1:00	1:00～1:15	1:15～1:30	1:30～1:45	1:45～2:00	2:00～2:15	2:15～2:30	2:40～2:45	2:45～3:00	3:00～3:15	3:15～3:30	3:30～3:45	3:45～4:00	4:00～4:15	4:15～4:30	4:30～4:45	4:45～5:00
老人对幼儿的视觉注意																					
幼儿对老人的视觉注意																					

后　记

中国当代社会快速变迁，人口老龄化、出生率低、社会隔离等问题日益明显。与此同时，经济的发展和城镇化进程正在弱化家庭和社会关系提供给人们的支持，导致不同代际缺乏接触和联系。通过研究发现，美国、日本、德国等国家已发展出较为成熟的代际项目模式。其中，美国是发展最早，也是探索项目最多的国家，包括体验团计划，老年人作为志愿者辅导幼儿和小学生课业及纠正问题行为；代际学习中心，将养老院和幼儿园结合，开展规律性的老幼互动；共享设施代际项目，老年人和幼儿、青少年在共享设施进行代际互动。日本以代际支持项目的生产力促进研究为主，老年人作为志愿者为幼儿和小学生阅读图画书。德国多代屋是为老年人、青少年和幼儿提供共同居住和生活的空间，促进正式和非正式的互动。总结起来，国外代际项目的实践在互动环境方面，更侧重共享站点模式，即老年人、幼儿和青少年共同居住或持续联系，这有利于代际的高度融合，达到有效互动的目标；在互动设计方面，具有多样化的形式和内容；在管理方面，联动政府和社会组织组成多元力量，共同支持代际项目的实施。

中国虽然在代际项目方面的探索较为缓慢，但是已有老幼同养机构的实践以及农村和城市社区在代际互动方面的探索，为老幼同养模式在中国的推广提供了本土实践经验。本书在借鉴国外已有模式的同时，结合我国的基本国情，探索了适合中国本土的老幼同养模式。

为评估本土老幼同养模式的效果，本研究选择在老幼同养 T 机构进行干预研究的设计和实验。研究结果表明，老幼"结伴式"互动有助于老年人和幼儿建立稳定的拟亲属关系，对老年人、幼儿个体、老幼各自家庭、老幼同养机构以及所在社区均有积极影响，相信这一模式可以进一步向养老机构、托幼机构以及社区推广，促进老幼同养模式的发展。

T机构的干预研究只是老幼同养模式本土化的一个开端，仍然需要更深入的理论研究和更广泛的实践研究。在理论研究方面，本书从个人导向的发展理论、双方导向的关系理论以及社会导向的组织理论三个层面对代际理论进行论述。与此同时，将涌现理论应用到代际理论中，将各个相关理论系统整合，以此来解释代际项目的价值以及有效性。根据涌现理论，老幼同养模式不仅有助于为老年人和幼儿建立亲密关系，这种关系还会产生系统性作用，促进代际友好社会的全面发展。在实践研究方面，老幼同养模式可以根据参与群体、活动参与、组织人员等分为多种类别。例如，老幼同养在不同的群体间进行组合，包括老年人为0~3岁的幼儿提供托幼服务，老年人与3~6岁幼儿的互动，也包括特殊群体，包括认知障碍、失能的老年人以及发育迟缓的幼儿等，进行不同的、有针对性的组合，在不同场域进行互动，包括托幼机构、养老院、社区活动中心、图书馆、学校等，灵活开展多样化的代际互动。由不同执行者开展互动，包括基层工作者、高校研究者、社会组织、社会团体等，多方发挥多元主体的联动作用。

将养老服务和幼儿服务有效整合，实现资源的合理利用，为不同代际提供情感支持和人际关系需要，这对积极应对人口老龄化和幼儿早期发展具有积极意义。本书旨在抛砖引玉，为有志于此的研究者和实践者提供中国老幼同养模式的可行性探讨，相信读者可以在此基础上开发并发展更加多样、成熟的本土化实践，为实现"老有所养，幼有所依"的最终目标做出贡献。

图书在版编目（CIP）数据

老幼同养模式的本土化实践／王彦蓉，王海玉著
. -- 北京：社会科学文献出版社，2021.10
（华中科技大学社会学文库.青年学者系列）
ISBN 978 - 7 - 5201 - 9097 - 8

Ⅰ.①老… Ⅱ.①王…②王… Ⅲ.①养老 - 研究 -
中国 Ⅳ.①D669.68

中国版本图书馆 CIP 数据核字（2021）第 192320 号

华中科技大学社会学文库·青年学者系列
老幼同养模式的本土化实践

著　　者／王彦蓉　王海玉

出 版 人／王利民
责任编辑／胡庆英
文稿编辑／王亚楠
责任印刷／王京美

出　　版／社会科学文献出版社·群学出版分社 （010）59366453
　　　　　地址：北京市北三环中路甲 29 号院华龙大厦　邮编：100029
　　　　　网址：www.ssap.com.cn
发　　行／市场营销中心（010）59367081　59367083
印　　装／三河市尚艺印装有限公司

规　　格／开　本：787mm × 1092mm　1/16
　　　　　印　张：19.25　字　数：270 千字
版　　次／2021 年 10 月第 1 版　2021 年 10 月第 1 次印刷
书　　号／ISBN 978 - 7 - 5201 - 9097 - 8
定　　价／98.00 元

本书如有印装质量问题，请与读者服务中心（010 - 59367028）联系